学记

# 荫麟学记

李欣荣 编

浙江古籍出版社

图书在版编目（CIP）数据

张荫麟学记 / 李欣荣编 . -- 杭州：浙江古籍出版
社，2023.5
（学记）
ISBN 978-7-5540-2016-6

Ⅰ．①张… Ⅱ．①李… Ⅲ．①张荫麟（1905-1942）
—文集②史学—文集 Ⅳ．① K0-53

中国版本图书馆 CIP 数据核字（2021）第 022219 号

## 学　记
# 张荫麟学记
李欣荣　编

**出版发行**　浙江古籍出版社
　　　　　　（杭州体育场路 347 号　电话：0571-85068292）
**网　　址**　https://zjgj.zjcbcm.com
**责任编辑**　刘　蔚
**文字编辑**　徐　立
**封面设计**　吴思璐
**责任校对**　吴颖胤
**责任印务**　楼浩凯
**照　　排**　浙江时代出版服务有限公司
**印　　刷**　浙江海虹彩色印务有限公司
**开　　本**　880mm×1230mm　1/32
**印　　张**　11.75　　**插　页**　4
**字　　数**　270 千字
**版　　次**　2023 年 5 月第 1 版
**印　　次**　2023 年 5 月第 1 次印刷
**书　　号**　ISBN 978-7-5540-2016-6
**定　　价**　72.00 元

如发现印装质量问题，影响阅读，请与本社市场营销部联系调换。

张荫麟先生（1905—1942）近照
（1941年摄于遵义）

张荫麟与其弟炜麟合照（李炳球提供）

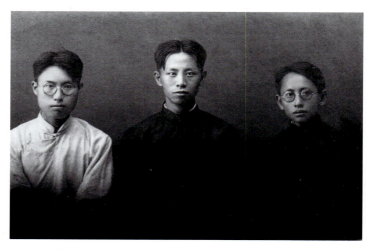

张荫麟（左）与贺麟（中）、陈铨（右）（1926年摄）

史学研究会同仁1934年摄于北平汤泉

（左起：刘隽、梁方仲、谷霁光、罗尔纲、张荫麟、吴晗、佚名、汤象龙。梁承邺提供）

张荫麟赠梁方仲扇面（梁承邺提供）

张荫麟致张其昀书（刊于《思想与时代》第18期，1943年1月）

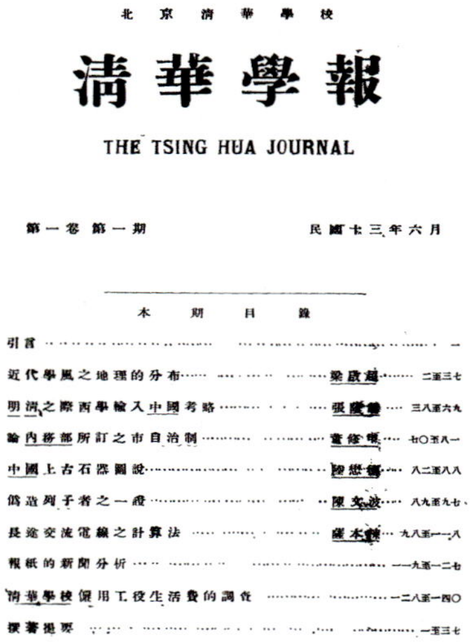

北京清華學校

# 清華學報

THE TSING HUA JOURNAL

第一卷 第一期　　民國十三年六月

本期目錄



张荫麟在《清华学报》首期发表论文（1924年6月）

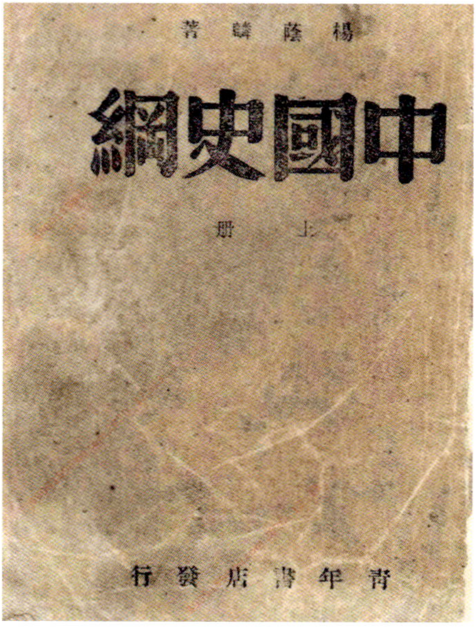


重庆青年书店初版《中国史纲》封面（1941年6月）

《思想与时代》张荫麟先生纪
念号封面（1943年元旦）

重庆青年书店再版《东汉前中
国史纲》封面（1944年）

# 出版前言

20世纪中国风云激荡，社会文化在剧变中前行，学术也面临转型与重构，涌现出大量学有所成、卓然自立、风格各异的学术大家。中国学术之所以生生不息，正由于有这么一大批优秀学人的贡献，才得以承前启后，继往开来。随着他们陆续从学术舞台"谢幕"，其身影也渐渐隐入学术史之中。

学脉需要传承，学人需要纪念，学术需要总结，为了对已故杰出学人的生平与学术进行系统而深入的梳理，在多方鼎力支持下，本社推出此套"学记"丛书。丛书收录关于近代以来学术大家的生平和学术的精心之作，以文史哲为主，兼顾社会科学。所收文章多为三亲史料，研究论著优中选优，力求通过不多的文字，重估传主一生学术历程、学术成果和学术地位。因每卷皆以关于传主的学术生平和学术研究为主，故名曰"学记"丛书。

"高山仰止，景行行止。"本社秉承"明德载道、会古通今"的出版理念，通过全面梳理总结前辈学人的学术生命史，集腋成裘，聚沙成塔，以人物为视角，揭示学人的学术历程，进而汇聚成丛书，展示20世纪中国人文学术的整体风貌。述往事，思来者，真切希望通过丛书的出版，能有助于传承近代以来学术大家的治学精神和学术遗产，为推进新时期人文学术略尽绵薄之力。

祈盼学界同仁赐予宝贵意见，欢迎不吝赐稿，共同壮大"学记"丛书。

浙江古籍出版社

2022 年 3 月

# 序　言

　　梁启超在 1902 年提倡有别于帝王家谱，而以进化论为主线的"新史学"，有意于"史学革命"。惟其说长期处于宣言阶段，破坏的意味重于建设，不仅自己少有实践，而且亦缺乏有力的追随者，实际影响未必如今日所见之大。[1]直到二十年代初，梁氏看到在政坛已无可为，才转而在清华作育英才。以往研究多看到清华国学研究院的学生，有明显师承梁氏者，如吴其昌、姚名达等。[2]其实在同校的旧制生（公费留美预备班）当中，还有一位名曰张荫麟的私淑弟子，也许更能承继梁氏之"新史学"，并发扬光大。以至当时任教清华的萧一山有言："任公先生的薪传，荫麟兄实为接承之第一人。"[3]

　　张荫麟（1905—1942），广东东莞人，与梁氏同隶粤籍。他曾自道任公的著作令其"童年心醉"[4]。据张氏弟子李埏说："新思潮的洗礼使他很早就能出入旧学，不受传统局限。他特别喜好那'笔锋常带情感'的辟蹊径开风气的饮冰室主人的学术著作，每得一篇，

---

1　参见黄敏兰：《梁启超〈新史学〉的真实意义及历史学的误解》，《近代史研究》1994年第2期；王汎森：《晚清的政治概念与"新史学"》，罗志田编：《20世纪的中国：学术与社会（史学卷）》，山东人民出版社2001年。

2　例如夏晓虹：《梁启超与吴其昌》，《博览群书》2004年第5期；罗艳春：《姚名达的中国史学史研究》，《史学史研究》2013年第1期。

3　萧一山：《悼张荫麟君》，收入其《非宇馆文存》，经世学社1948年，第60页。

4　素痴（张荫麟）：《梁任公辛亥以前的政论与现在中国》，《大公报·史地周刊》第79期，1936年4月3日。

都视作'馈贫之粮'，细加玩索，可以说，早在清华亲炙之前很久，他已经私淑任公先生了。"[1] 不过，其对任公学说的态度，并非盲从，而是以补充和商榷的方式以广其说。张氏的第一篇论文《老子生后孔子百余年之说质疑》便是与梁氏商榷老、孔的先后问题，此后的《明清之际耶稣会教士在中国者及其著述》亦是为梁氏的《中国近三百年学术史》作校补。梁启超在校讲演"读书示例"，张认为"于《解蔽》《正名》两篇，颇多新诂"，然"尚多未尽之处"，故有《〈荀子·解蔽篇〉补释》之作。[2] 梁氏对此不仅不以为忤，反而大加赞赏："张君之才，殆由天授，吾辈当善加辅导，俾成史学界之瑰宝。"[3] 并当面称赞他"有作学者的资格"[4]。

梁氏名著《中国历史研究法》及其《补编》（后者内容便是在清华讲授），引起了张荫麟对于史学方法论的重视。张氏评论说："（该书）虽未达西洋史学方法，然实为中国此学之奠基石。其举例之精巧亲切而富于启发性，西方史法书中实罕其匹。"[5] 并在乃师研习中国史法的基础上，继续探索西方的史学理论。也正因为此，张氏的学术眼光能够与众不同，特别表现在书评上的见识非凡。最著名一例，其引用法国史家瑟诺博司（Ch. Seignobos）和朗格诺

---

1　李埏：《张荫麟先生传略》，《东莞文史》第29期，1998年12月。

2　张荫麟：《〈荀子·解蔽篇〉补释》，陈润成、李欣荣编：《张荫麟全集》中册，清华大学出版社2013年，第873页。

3　萧一山：《悼张荫麟君》，《非宇馆文存》，第59页。

4　贺麟：《我所认识的荫麟》，《天才的史学家：追忆张荫麟》，清华大学出版社2009年版，第37页。张氏得到梁启超的赞赏，还引起了贺麟的歆羡。贺麟对任继愈说，"梁启超对张说（用广东话）：'你有作（jie）学者（xue zhe）的资格呀。'他没说我有作学者的资格"。见任继愈：《贺麟先生》，《念旧企新——任继愈自述》，山西人民出版社1997年版，第79页。

5　素痴（张荫麟）：《近代中国学术史上之梁任公先生》，《学衡》第67期，1929年1月，第8页。

瓦（C.V.Langlois）*Introduction to the Study of History* 中的"默证"
（Argument from Silence）之说[1]，来批评顾颉刚的"层累古史观"，
指出顾氏以"不知为无有"[2]，当时赞同或响应者甚多，如徐旭生、
陈寅恪、陈垣、张岱年等均认为"疑古"论的要害在此。[3] 不过，
张氏毕竟年轻，亦留下了一些可供辩论的空间。岑仲勉初时也有类
于张氏之见，但细考之后又有存疑：何以现存之史料为何偏偏没有
"夏禹"连读之记载，"以统计学决疑律（probability）衡之，岂其
称者均在遗佚之中，不称者皆幸而传于今世耶？"因此觉得张氏"为
德〔法〕儒似是而非之'科学方法'所误矣"[4]。

　　关于以"默证"批评疑古的是非，近年仍在争辩。例如彭国良
著文认为，张荫麟的"默证适用之限度"属于伪命题，顾颉刚对默
证的应用，不过是"文献无征"情况下的无奈选择，但也因此开辟
史学的新视野。[5] 宁镇疆则撰文反驳，彭文"无非是借助于现代哲
学的玄思"，"根本无力证伪张说"[6]。乔治忠后又著文指出，张
荫麟论"默证"的"论据、论点有根本方法的错误"，"晚期已经

---

1　张荫麟所用为G.G.Berry的英译本，当时已有李思纯参酌法文原本和英译本而成
的商务印书馆中译本。见李思纯译：《史学原论》，陈廷湘、李德琬主编：《李思
纯文集》（已刊论著卷），巴蜀书社2009年。

2　张荫麟：《评近人对于中国古史之讨论（古史决疑录之一）》，《学衡》第40
期，1925年4月。

3　参见卢毅：《试论民国时期"整理国故运动"的缺失》，《史学理论研究》
2004年第4期。

4　岑仲勉：《禹与夏有无关系的审查意见书》，《东方杂志》第43卷第2号，1947
年1月30日。

5　彭国良：《一个流行了八十余年的伪命题——对张荫麟"默证说"的重新审
视》，《文史哲》2007年第1期。

6　宁镇疆：《"层累"说之"默证"问题再讨论》，《学术月刊》2010年第7期。

暗地改正了自己的观点"[1]。是非且不论，但已可概见张荫麟早年治史之勇于趋新，留心西方的史学方法，颇有益于学界对上古史的研讨。

1929年张荫麟到美国留学，在斯坦福大学研习哲学和社会学，直到1933年底回国。他在清华读书时期便已确立了研究国史之志，却为何有这般选择呢？用他自己的话来说："国史为弟志业，年来治哲学，治社会学，无非为此种工作之预备。从哲学冀得超放之博观与方法之自觉，从社会学冀明人事之理法。"[2]这与傅斯年当年留学欧洲，"打算从生理学以通心理学而进于哲学"[3]，颇有异曲同工之妙。同样是不满国内甚至海外史学的学术理路，而要去国外借鉴最"科学"的理论，以锻造属于自己的"新史学"。

在张荫麟的日后作品中，显著可见这四年寝馈于西学所留下的印记。例如以康德的美学理论建立中国的书法批评学，赞赏郭沫若以人类学的方法解读中国上古史，以统计学的方法证明北宋的社会骚动与土地集中无甚关系。[4]对于当时新兴的唯物史观，虽然认为"大抵议论多而实证少"，但对其学说应用于历史研究，还是抱持乐观其成的态度。在评论冀朝鼎的《中国历史中的经济要区》时，张氏认为："此等著作自有其时代之需要，而非桎梏于资产阶级意识之井底蛙所得妄诽。"[5]有时他也会从唯物史观中衍生出治史的问题。

---

1　乔治忠：《张荫麟诘难顾颉刚"默证"问题之研判》，《史学月刊》2013年第8期。

2　张荫麟：《与张其昀书》，《思想与时代》第18期，扉页。

3　毛子水：《傅孟真先生传略》，《自由中国》（台）第4卷第1期。转引自李泉：《傅斯年学术思想评传》，北京图书馆出版社2000年，第72页。

4　见张荫麟：《中国书艺批评学序言》《评郭沫若〈中国古代社会研究〉》《北宋的土地分配与社会骚动》诸文，均收入《张荫麟全集》。

5　张荫麟：《评冀朝鼎〈中国历史中的经济要区〉》，《大公报·史地周刊》第107期，1936年10月16日。

对于北宋初王小波、李顺起义，其认为"有裨于阶级斗争说之史实"，惜"当世无道及者，今故表而出之"，乃撰有《宋初四川王小波李顺之乱》一文，对农民战争史的研究产生深远的影响。[1]

张荫麟写过很多精彩的考据作品，如《伪〈古文尚书〉案之反控与再鞫》《中国历史上之"奇器"及其作者》《甲午中国海军战迹考》均为名文。陈寅恪向傅斯年推荐张氏进入史语所和北大，也是以《燕京学报》上的考证论文为据。[2]然而张荫麟最想要完成的，却是中国通史的大业。他在1929年写信给好友容庚："近读英国大史家吉朋自传，其有名之《罗马衰亡史》属始于三十岁，成于五十一岁。弟回国时犹未三十，始天假以吉朋之年，未必不容抱吉朋之愿也。"[3]其中应有继承梁启超晚年志愿（写一部"宏博之中国文化史"[4]）的考虑，亦符合其治学追求博通的内在要求。而在回国之后，由于得到傅斯年的推荐，张荫麟从国民政府获得了编撰高小、初中和高中三套中国通史教本的机会，得以一展抱负。

以往修撰通史，主要依凭史家个人之力，发愤著述，可成一家之言。然而近代学术分工趋于细密，独力完成通史的难度已超乎想像。张荫麟决定自创方法：以他和吴晗为核心，并采用向国内专家征稿的方式来完成通史，同时请有意者自动投稿。具体分工是：汉以前由张执笔，唐以后归吴负责。其他专题分别邀请专家撰述，例如千家驹写鸦片战争后的社会变化，王芸生先生写中日战争，贺昌

---

1　参见黎华赵：《张荫麟研究：生平、著述及其史学》，台湾师范大学历史研究所1981年硕士论文，第280页。

2　陈寅恪致傅斯年，1933年11月2日，《陈寅恪集·书信集》，三联书店2001年，第46、47页。

3　张荫麟致容庚，1929年11月4日，广东省立中山图书馆藏容庚档案。

4　张荫麟：《近代中国学术史上之梁任公先生》，《学衡》第67期，1929年1月，第8页。

群写隋唐史，均为一时之选。但无论约稿还是投稿，"所征求的稿是作参考的长编用的，而不是供定稿直接采用的"。此后总纂（张氏）"仍须尽其力之所能，作些第一手的研究"，最后形成定稿。[1]

可惜最后因为抗战全面爆发和时局动荡等关系，各人均未完成任务。这个庞大修史计划的最大成果只是张荫麟亲撰的《中国史纲》和改定的《儿童中国史》。《中国史纲》作为高中教本，在抗战前已完成上古至西汉初年的部分，在抗战间完成到东汉初年的内容，东汉、三国、两宋等部分均撰有未完之稿。

张氏直接负责中国上古史的修撰，说明其意识到数十年来国史研究之重点与突破口之所在。该书明显可见傅斯年和史语所"史学革命"的最新成果。《中国史纲》的第一章《中国史前黎明期的大势》宣称"本书即以商朝为出发点，然后回顾其前有传说可稽的四五百年，即以所知商朝的实况为鉴别这些传说的标准"[2]；而张氏对商代的叙述，以"商代文化"为题，基本以殷墟发掘所得为据。此外，张荫麟对于傅斯年的周史研究成果颇有吸收，如引其《所谓五等爵》说明侯、伯、子等称谓的意义，以《周颂说》证"大武"，以《周东封与殷遗民》解释亳社与周社。[3]

对比同时期的通史著述，更能凸显张荫麟靠近史语所一脉的上古史观。邓之诚的《中华二千年史》以秦之统一为始，因为在其看来，"若论远古，则杨朱所谓三皇之事，若存若亡，五帝之事，若明若暗。……求证于金石甲骨，所得既渺，毋宁付之阙如"[4]。钱穆的《国

1　张荫麟：《中学本国史教科书编纂会征稿启事（附高中本国史教科书草目）》，《大公报·史地周刊》第21期，1935年2月7日。
2　张荫麟：《中国史纲》，商务印书馆2003年，第1页。
3　张荫麟：《周代的封建社会》，《清华学报》第10卷第4期，1935年10月，第832、834、835页。
4　邓之诚：《中华二千年史》，商务印书馆1934年，第4页。

史大纲》认为"比较可靠的古史，姑从虞、夏起"。他甚至在课堂上公开说"龟甲文外尚有上古史可讲"[1]，颇有与傅氏"史学革命"立异的意味。而缪凤林的《本国史》《中国通史纲要》《中国通史要略》把"唐虞以前"称作"传疑时代"，"唐虞夏商西周"则曰"封建时代"，所用史料基本以旧史为据。[2] 这就正如陈寅恪在1935年的观察："今日出版的许多课本，多不能利用新材料，有的用了也往往用错。"[3]

有鉴于此，1929年便由"疑古"转向"信古"的胡适对张氏通史颇为赞叹："张荫麟从商朝写起，他的史学眼光是不错的。……他写上古史的时候，殷墟文物已经出土了，应该从商朝写起；所以他写商朝文化之后，再写夏朝以前的文化。夏朝以前的文化，不能不提一提。"[4] 傅斯年在《中国学校制度之批评》一文中也对之评价极高，认为"非常之好的，可为大学之用"，而据傅的观念"大学（课本）则是领导人研究的读物"[5]。胡、傅的好评实已证实张氏通史与史语所一脉有着密切的学术思想的联系。

张荫麟另有《儿童中国史》之作，本为高小历史教科书初稿，刊于《大公报·史地周刊》。可惜因为抗战全面爆发，只发表至杜甫为止。此书初稿由郑侃嬟、袁振之（吴晗夫人）和杨联陞三人提供，然后张氏进行润色删节。书中采用以人物贯通历史的"钻观"之法："以若干重要人物为隙牖，以窥探其时代及其时代之前后；

---

1　钱穆：《八十忆双亲 师友杂忆》，三联书店1998年版，第163页。

2　缪凤林：《本国史》，南京钟山书局1932年；《中国通史纲要》，南京钟山书局1932年；《中国通史要略》，商务印书馆1943年。

3　蒋天枢：《陈寅恪先生编年事辑（增订本）》，上海古籍出版社1997年版，第97页。

4　胡颂平：《胡适之先生晚年谈话录》，中国友谊出版公司1993年，第62页。

5　傅斯年：《中国学校制度之批评》，《傅斯年全集》第6册，台北联经出版公司1980年，第134页。

以其所行所言所感所愿，以贯串其并世之大事；从其事业之所承所启，以觇世变之潮流。"[1] 这充分体现了乃师梁启超在《中国历史研究法补编》的主张：分门别类地选择历史上的一百个人物做传记，便可包括中国全部文化的历史。[2]

比较诸家通史的实践与理想，张氏通史的最大特色便是有哲学上的方法论的支援。严耕望在《治史三书》中强调"研究历史不要从哲学入手"，因为哲学讲抽象，"总不免有浮而不实"的习惯。[3] 这于张氏身上并不适用。他在哲学门类方面，比较欣赏数理逻辑和分析哲学，而对于直指内心的心灵哲学不大感兴趣，也就避免了严耕望的担心。反映在通史的方法论上，他重在解决通史材料的选择标准问题。前人如韩愈，固已指出"记事者必提其要"；不过张荫麟并不满足于"重要"这一类似是而非的形容词，而是从逻辑分析的角度去考察何为"重要"。要用理智上之澄明，分析种种概念，不接受模棱两可的传统思维方式。

他在《中国史纲·自序》基础上撰成《论史实之选择与综合》一文（另有《通史原理》之编撰），[4] 指出判断史实重要程度有六个标准：即"新异性的标准"、"决定性的标准"、"实效的标准"、"文化价值的标准"、"训诲功用的标准"和"现状渊源的标准"。张氏以哲学的思辨性论述了这些标准。例如"新异性的标准"是指史事的新异程度，强调时空位置和内容的特殊性。就其看来，新异

---

1　张荫麟：《高小历史教科书初稿征评》，《大公报·史地周刊》第130期，1937年4月2日。

2　梁启超：《中国历史研究法补编》，上海书店1989年，第129页。

3　严耕望：《治史三书》，辽宁教育出版社1998年，第145页。

4　张荫麟：《论史实之选择与综合》，《思想与时代》第18期，1943年1月1日。以下未注明出处者，均来自本文。参见李欣荣：《哲学与史学：张荫麟〈通史原理〉的史学底蕴探析》，《齐鲁学刊》2013年第3期。

程度也不是一目了然、确定不变的。既要注意同一类史事的首例和后例的新异程度不同，也要认识到新异程度的高下和新异范围的大小都必须加以顾及，而且对于新异程度的认识也每每随着人类认识的发展而有不同。

张荫麟认为，除了《资治通鉴》式的"训诲功用的标准"外，其他五种标准，都是"今后作选择的历史叙述的人所当自觉地、严格地、系统地采用的"。但是要熟练运用于通史写作并非易事，因为这五种标准"都不是有明显的分寸，可以机械的辨别的"，并要熟悉整个通史的范围，才能做到权衡至当。

选择出"重要"的历史片断之后，如何将之贯穿成有"秩序"的通史作品，是张荫麟要解决的第二个问题。他比较推崇时间的"秩序"，即编年的体裁，虽然"最原始""最粗浅"，但却是"最客观""最少问题的"，也可打下进一步研究的基础。然而时间"秩序"并不能弄清史实间的一切关系，在时间"秩序"的基础上，还需要去认识因果、循环、演化（发生变化而大体不变）、矛盾发展（新旧组织体发生蜕变）和定向发展（循一定方向变化）五种"秩序"。荫麟强调，这五种秩序并没有识见的高下之分，而是"任何通史所当兼顾并容的"。哲学家兼好友谢幼伟指出，《中国史纲》"就是要在哲学的意识和方法的控制下来写的"[1]。这话确是见道之言。

可惜抗战军兴，学人生活困苦，张荫麟未及完成通史大业，便遽逝于山城遵义。当时陈寅恪、钱锺书、吴晗、吴宓、朱自清、梁方仲、熊十力等学人以各种方式表达哀惜之情。其中，同样有志于通史之学的钱穆指出："张君天才英发，年力方富，又博通中西文哲诸科，学既博洽，而复关怀时事，不甘仅仅为记注考订而止。然

---

1　谢幼伟：《张荫麟先生言行录》，《天才的史学家》，第75页。

则中国新史学之大业，殆将于张君之身完成之。"[1]另一方面，钱穆也私下谈及对于梁启超的意见："任公讲学途径极正确，是第一流路线，虽然未做成功，著作无永久价值，但他对于社会、国家的影响已不可磨灭！"[2]显然，梁、张师徒两人治学求博通的途径一致，可惜为时势和命运所迫，学术事业均未及完成便戛然而止，致使这一脉的"新史学"长期处于隐而不彰的地位，不能不说是近代学术史的一大遗憾。后来者正当追踪其学行，接续其学脉，造就博通之"新史学"，自可立于史学之林。

李欣荣

识于永芳堂观棉室

2022 年 6 月 16 日

---

1　钱穆：《中国今日所需要的新史学与新史学家——本文悼故友张荫麟先生》，《思想与时代》第18期，1943年1月，第12页。

2　严耕望：《治史三书》，第250页。

# 目　录

1

**弟子怀师**

**史迹留存**

# 目 录

## 学术评议

时人纪念

# 我所认识的荫麟

贺　麟

　　荫麟是一个那样生命力充实、意志力坚强的人，他的名字与死几可说是两个不相容的概念。然而他的死耗竟传来了！竟无可怀疑地自各方面证实了！死神毫不容情地在我们中间劫夺去了一个最值得生存的人的生命。我不仅感觉悲痛，我同时感觉愤恨。我痛恨那些使得他不能永其天年的因素。

　　他的死耗固然是突如其来，出乎意外，但我也并不是毫无预感。自从他于民国二十九年七月底离开昆明到遵义后，我就没有得着他一封亲切有意趣的信。所接到的两三封，大都是替《思想与时代》索稿的信，对于他的生活情形，努力方向，一字不提。那信札之短简潦草，墨迹之枯淡，总令我感到那是精力短绌、神志不旺的征象。后来听说他曾大淌鼻血一次，又听说他在贵阳中央医院治病，我便料想他的病必不轻。故此次因由昆来渝之便，特由公路顺便到遵义一探视。那是本年八月十三日的下午，我在遵义文庙街五号他的寓所内晤见他了。当时见得他形容消瘦，颜色不佳，为之吃一大惊，觉得他陷入了病的深渊，颇有黯然神伤之感。我当时便忍不住，很凄然地问他道："你的颜色很不好，何以你的身体会弄得这样坏？"他立即取出镜子来照，并自己辩解道，脸色不算坏，又说他睡得很好，胃口颇佳，病与梁任公相同，但轻得多。我又看见他当着我面前，用白水吃了三个烧饼。而一谈起来，也还有精神。说着说着，他又

3

在骂人了，又说他对人是如何忠厚。谈得大概有一个多钟头，我心下又稍觉宽释些，那知这次晤谈，就是我们最末一次的晤谈呢！

荫麟平日身体很好，也少得病，他常自信至少可活七八十岁。我常觉我体弱多病，不会享高寿。记得有一次说笑时，他曾经许了我于我死后，为我写篇传，因为当学生时代在毕业纪念册上，他曾经为我写了一篇很有趣致的小传；在寥寥百余字中，他把我的弱点和性情都描述无遗。我也尝想，假如我死后，能得荫麟的文笔，替我写篇传记，真是我的至荣奇福了。那知我没有这种福气和荣耀！如今不是他哭我，而是我哭他。不是他为我写传记，而要我来综叙他的生平。命运这样颠倒错差，直令我执管唏嘘，不知所云了。

荫麟的生活最堪回忆的是他的学生时代。他于民国十二年的秋季考入清华中等科三年级。他是一个天天进图书馆的学生。在别的同学往体育馆运动，或在操场上打球的时间，他大概仍在图书馆里。他给我的第一个印象是：一个清瘦而如饥似渴地在图书馆里钻研的青年。记得有一天晚上在梁任公的中国文化史演讲班上，梁任公从衣袋里取出一封信来，"在听众中间张荫麟是那一位？"荫麟当即起立致敬。这时我才初次认识他。原来他写信去质问梁任公前次演讲中的某一点，梁任公在讲台上当众答复他。他那时已在《学衡》杂志上登过一篇文章，批评梁任公对于老子的考证。那时他还是年仅十七、初进清华的新生，《学衡》的编者便以为他是清华的国学教授。那知这位在学生时代质问梁任公、批评梁任公的荫麟，后来会成为承继梁任公学术志业的传人。

我因为认得与荫麟同寝室的一位同学，特地托他介绍。所以我虽然比他高三级，他在中等科，我在高等科，但他进清华不到半年，便与我时相过从了。我们共同的兴趣是听梁任公的演讲。记得有一次梁任公讲《文史学家之修养》一题，还是荫麟和我共同作笔记，联名发表的。但他决不愿意拜访人。直到民国十五年的夏初，我才第一次陪着他去拜谒梁任公。梁先生异常欢喜，勉励有加，当面称赞他"有作学者的资格"。但此后两三年中，他却从未再去谒见过梁任公。他很想请梁任公写字作纪念，也终于没有去请。所以当时许多清华同学，都得着有梁任公手书的对联或条幅，而他竟未得只字。他对他所最向往追踪的人，形迹尚如此疏简，则他之不理会一般人的态度，可以想见了。及至民国十八年，梁任公逝世，全国报章杂志纪念追悼他的文章寂然无闻，独有荫麟由美国写了一篇《史学家的梁任公先生》寄给天津《大公报·文学副刊》发表。这文恐怕至今仍是最能表彰梁任公的史学的文章，也最足以表现他与梁任公在学术史上的关系。

民国十四年，吴宓（雨僧）先生初到清华，任研究院主任。无疑地，吴宓先生是当时清华的一个精神力量。他开了一班"翻译"的课程，选习的人并不多，有时课堂上，只有荫麟、陈铨和我三人。我们三人也常往吴先生住的西工字厅去谈论。记得有一次全体学生正在酝酿罢课的大风潮，我们三人提出建议几点，密请吴先生转达学校当局。经吴先生转达后，学校当局立即采纳施行，于是轩然大波，顿即平息。在吴先生鼓励下，荫麟译了不少的西洋诗。据我所读过的，除零星短诗外，他曾译了史考德的长诗《幸福的女郎》。这诗是用七言古诗译的，声调好，诗的境界也高，曾在《文学副刊》发表过。他曾经加以修改，剪贴好了寄给我一份。他自己曾说过，他的文学兴趣是雨僧先生启发的。我尝举出诗教、礼教、理学为中国学人应有的学养，他也常以他具有诗教的陶养，引为自慰。他对于古文，也很用了一番工夫。我那时曾写信恭维过他，说他的古文"没有章太炎的晦涩，没有梁任公的堆砌，没有章士钊的生硬，而另具有独特的风格"。但他并不有意地想做一个古文家，而且后来多年内（大约在留美期间及在北平期间），他反而常写白话文。他的白话文亦一样地认真不苟，有其独到的风格。他要努力使他的文章字斟句酌，条理谨严，无浮词废话，纯粹是朴素的学术文字，但又要保持些文学风味，于组织结构上用一番文学的匠心。他常说作文章要具有"作家的尊严"（the dignity of an author）。他认为许多人随便说话，东拉西扯，写出来的文章连作家的尊严都没有。"作家的尊严"一语，确是他作文甘苦有得之言，颇值得玩味。我想至少包括有个性、有独到处、有风格、够学术水准等意思在内。

民国十四年秋季，我任《清华周刊》总编辑，荫麟主持《书报介绍副刊》，陈铨主持《文艺副刊》。他们特别热心，每月各出单行本一册，半年之内共出《书报介绍副刊》四册、《文艺副刊》四册，内容异常精彩充实，害得我时常向学校当局交涉增加印刷经费。我虽任总编辑，但我写的文章，要先经他看过才发表。记得有一次我写一篇短文，被他批驳得体无完肤。我只好自己将稿子撕掉了。又记得我有一次为清华学生会起草一篇文言文的宣言，他看了，说太没有力量，并说我的古文太缺乏根柢，于是只有偏劳他起草宣言，我自己回到屋子里多读几篇古文。这些地方虽小，颇足表示他对文字的认真，对朋友的直爽，也足以表示他与朋友共事合作的精神。这种合作精神，是中国一般旧式学者所少有，而是他所最特有的。凡是后来与他共过事的人，都可以知道他的确具有合作负责的热忱。这是他的一种值得大书特书的美德。我们当时同办《清华周刊》，有一个根本主张，就是想藉周刊的力量，一扫清华有教会学校风气的耻辱。我们各写了两篇文字，攻击教会风气。他的文章尤其精干有力。结果使得那年的清华基督青年会没有增加一个新会员，清华教会化或洋化的风气也扫除不少。

我因与他接近，谈学问办周刊，种种经验，觉得思想学问真得

益不少。感佩之余,以素不会作诗的我,也不能自已地写了下面这样一首诗:

> 四海寻畏友,所得惟两人。
>
> 一是东莞张,一是富顺陈。
>
> 张脑有如金刚石,钻研精透无比伦。
>
> 陈心好似大明镜,万事万理无遁形。
>
> 张口默如磬,终日静沉沉,不叩永不鸣。
>
> 陈言利似刀,斩金截铁解纠纷,判析毫芒惊鬼神。
>
> 我思本混沌,资质亦鲁顿,自得二君后,神志渐清明。
>
> 性懒喜浅尝,不欲探幽深,切磋砥励馀,勇气觉倍增。
>
> 好友相挟持,欲罢也不能。

这的确是我受他的益处之真诚的自白,不是雨僧先生看后,批了"状二友甚工肖"几个字,连在这里我也不敢发表。

他平时总不多说话,对生人更不愿说话。但说起话来,总是诚恳朴直,知无不言,出言必有斤两,批评人、指斥人,毫不客气。他不喜欢交际应酬,更不会敷衍客套。朋友相处一熟,他总是忘形迹、无拘束。辩论起来,更决不相让。记得有一天,他在我屋子内谈论。我提出一个意见,他不赞成。我同他辩论,他生气向桌子上一巴掌。他的手掌恰巧打在一颗小钉上,皮破血流。于是我只好叫工友去买一包花生米请他吃,以表示歉意。又记得十五年夏天,我已考试完毕,正准备留美。有一天晚上,他同我谈得很久,意思多不合,言语间也有冲突的地方。我疑心他也许心存芥蒂。那知次晨他却亲自交来一个信封,内中乃是他送别我留美的一首诗。这诗我一直保留至现在,兹抄录在下面:

人生散与聚，有若风前絮。三载共晨昧，此乐胡能再。

世途各奔迈，远别何足悔。志合神相依，岂必聆馨欬。

折柳歌阳关，古人徒吁慨。而我犹随俗，赠言不厌剀。

毋为姁姁态，坚毅恒其德。君质是沉潜，立身期刚克。

温良益威重，可与履圣域。为学贵自辟，莫依门户侧。

审问思辨行，四者虑缺一。愧缀陈腐语，不足壮行色。

丙寅夏六月　荫麟。

他这首赠别诗，才算奠定了我们的终身友谊。因为我正在恐惧着，以为他或许心存芥蒂，友谊上有了裂痕，而他反以古人学行相励的高风来作诗送别。那时他不过是年仅二十的青年，对于学行有这种识见，对于朋友有这种雅量和这种忠于友道的精神。我后来之得免于堕落，学问上能摸着一点门径，我不能不感谢他所给我的真挚的友情和剀直的劝勉。

荫麟幼年丧母，民国十五年的夏天，他的父亲又复去世。这时他父母双亡，又无兄长，不惟他自己学费的来源断绝，而且他还须担负弟妹求学的费用。师友中有知道他家庭窘况的人，莫不向他表示，愿意尽力予以帮助。但是他打定了自立谋生的主意。此后数年间，他求学费用的来源，主要的是靠向《东方杂志》《清华学报》《大公报·文学副刊》三处投稿的稿费。他因丁艰，须回家料理丧葬事宜，我因须往沪，准备放洋。于是我们便于七月内搭海船同路到上海。他再由沪搭轮返粤。在上海黄浦码头上握别时，他又谆谆以"埋头学问，少写肤浅的文章发表"相劝勉。并且很痛切地说："没有学问的人，到处都要受人轻视的。"他说这话的声音姿态，我都仿佛记得如昨日事。他这话诉诸人的自尊心，鞭策着我，使我几年在外国，不敢不在学问上多努力。我想他这话不仅是对我一个人讲的。

我要替他广播到全国青年都知道：没有学问的人，无论你做多大的官，发多大的财，随处都是要被人轻视的！一个没有学问的民族，也是要被别的民族轻视的！

此次我们分别，一别就是七年半之久。在这几年之中，我们都喜欢写长信。他初到美国时，曾给我写过英文长信，在我留德期间，我们又通过两封德文信。这种朋友通信论学之乐，至今回想起来，每愈增凄楚。在他民国十八年初到美国时，那封英文长信里，他把他过去三年内的两件大事告诉我了：

第一，就是在他出国前一两年内，他曾堕入了情网，对伦小姐（即他后来的夫人）发生了恋爱。他因做家庭教师，教授伦小姐的国文，于是他这个充满热情的青年对于一个女子初次激动起诚挚纯洁的爱慕。然而对方却没有接受他的爱。在痛楚之余，他仍然"死心塌地"去追，以为对方终有觉悟爱他的可能。在他出国之前，经友人从旁提醒，劝他勿再迷恋。在失恋后，他曾写有忏悔录式的日记，以志他的情思与痛苦。（他说了要把日记寄给我，但终于没有寄来。）所以他说他心上带有一个很大的伤痕而出国。好得他是有点学养和精神生活的人，不然，这次失恋的打击，就会使得他发狂，甚或会牺牲他的性命。

第二，从那信里，知道他的政治思想，随北伐成功之后，也有了新的发展。最初他的政治见解，可以说是单纯的民族主义。这乃是对于民族文化的忠爱与维护。他之反对教会化、洋化，和反对离开传统文化而谈政治、谈革命的人，即系基于此种立场。因为他的思想接近民族主义，所以有许多讲国家主义的同学也很想拉拢他。及至北伐成功后，他乃由民族主义的思想，进而赞成一种近似英国费边式的社会主义（Fabian Socialism）。他意在站在文士学者的超然立场，尽量鼓吹改善贫苦阶级的经济生活。这时他颇有社会改革家的怀抱，且勉我多读费边社会主义的书，并谓此后应勿太偏于理论，且须兼顾到实行。由民族文化的维护，进而注意到平民实际生活的改善，这是他思想上的一大进展。这使得他在美国斯丹福大学于研究哲学逻辑之外，又费了一两年工夫去旁涉社会科学的书籍。从此以后，直至他的死，他所发表的短篇的关于政治和时事的文章，几乎没有一篇离开了这个宗旨。他曾在《大公报》发表过改良士兵生活的建议，即在《修明政治》一文中，亦归结到提高下层政治人员（即所谓书办、差役之类）的生活水准，使上层和下层政治人员的经济生活，不要太相悬绝。即在他的主要著作《中国史纲》里，他每叙述到历代大政治家的社会政策或社会改革思想时，如对子产、墨子、王莽、王安石等人的思想，亦每加以同情的解释和着重的发挥。所以《中国史纲》一书，不仅是他对于民族历史文化的整理与发扬，这里面实寄寓着他对于现在和将来的贫苦大众的无限同情。他这些见解与言论，完全出于他个人的爱国爱民的至性至情，和他对社会现状、世界潮流的观察和研究的心得。他纯是站在学者超然的立场说话，没有政党的偏见，希望他这方面的言论应可得到普遍的重视。

他到美国进的美国西部的斯丹福大学，专攻哲学。他进斯丹福大学的主要理由，系因西部生活程度低，可以节省一些美金，汇回国内供给他的弟弟读书。他在斯丹福大学一直住了四年（中间曾往加州大学作过短期研究），完成他的学士、硕士学位，并履行了博士考试的手续，只有博士论文尚未写成缴进。他因想提早得到学位，选习的功课异常繁重，而他平日的生活却又异常孤寂。哲学和逻辑方面的教授，也不能令他满意。我那时在哈佛大学，屡次写信劝他东来，他都以节省金钱以免弟弟失学为理由，而未果来。他在理论上素来是反对家庭制度的，所以他平日绝口不谈家庭事。然而他实在是笃于兄弟之情，多年来不断地供给他弟弟学费，并严厉教导督责其向学，费心血不少，牺牲也不小。

他的生平志事虽在史学，特别国史的研究，然而在留学期间他却专研究哲学，意在为史学奠广博深厚的基础。他治哲学所取的途径，比较偏重数理哲学，所以他读了不少关于数理逻辑的课程。对于与史学有密切联系的历史哲学、文化哲学或哲学史，他却不甚措意。后来我曾对他说过笑话："以胡适之什么专家都赞成，惟有不赞成哲学专家。（因为适之先生在北平常提倡专家主义，但又常说哲学是坏的科学，哲学要关门，哲学没有饭吃等议论。）张荫麟什么历史都研究，惟有不研究哲学历史。"在美国最后一两年，他又广涉及社会科学及伦理学。他的硕士论文是关于摩尔（G. E. Moore）的伦理思想的题目。他曾经读过康德。读康德后，他曾写了一篇谈中国书艺的文章，寄回国内发表。此文用批导的态度，分析中国书艺所包含的美学原则，显得受了康德的方法的影响。

当他在美国最末一年时，他来信提到他打算写一本哲学概论，以清算他几年来研究哲学的收获。并说俟将这册哲学概论写成时，他便要与哲学告别了。我当时便觉得哲学之为物，不与之发生真切的关系，便不能说告别的话，只能终身以之，老而弥笃。不过他的意思乃是指由哲学又回到史学的研究而言。他的哲学概论终于没有写成，他也并没有与哲学告别。但其中的大意，大约散见于他在《大公报·世界思潮副刊》中所发表的一些短文，及许多篇《戴东原札语选录》里。他这时期的哲学思想大约是一种极端的经验主义，不承认有先天的理则。他大概认为所谓"理"，所谓"共相"都不过是些随经验事物而有的名词，并非普遍必然的客观真实。他尝自称他的思想为"名号论"。（Nominalism，他新造"名号论"一名词，以译西洋中世纪的唯名论。）在《戴东原札语选录》里，他用清晰有趣的笔调，从批评冯友兰先生的理学出发，他坚决反对冯先生"未有飞机之前已有飞机之理"的理学，引起不少的讨论，似乎也无效果。后来在新理学里我们便没有听见同样的话头之重提了。他常对我说："冯芝生讲理学，我已经不赞成，你要兼讲理学与心学，合心学、理学为一冶，我更不赞成了！"这句话很明白表示他的哲学思想的取径了。所以在哲学讨论会里。他常发言公开反对我的思想，与我辩难，反而赞助芝生先生的思想。他的哲学思想与我不合，我引为最大的遗憾。记得民国二十年，我在回国以前，曾自德国写了一封长信给他，提出八九条发展此后中国哲学的方案。他回信除了赞成其中的一条"介绍并译述西洋典型哲学家"外，其余的他逐条都驳复了。自此以后，在哲学上我与他只能说是志同而道不合。我一个人回到国内，孤掌难鸣，殊悲负荷之难，至今感到寂寞。而他呢，又过于注重"气"（他曾发表两篇论文，谓朱子的"心"只是气，周子的"太极"亦是气），而忽视"理"，过分用力于向外钻研追求，而甚少返本于心性。

他持经验主义原不失史学家的本色，盖史学家自当注重经验，实事求是。不过他的经验主义与他在形式逻辑那里得来的形式主义似有些不协调。所以在他逝世前一年内，发表纪念柏格森一文说到国内近年来哲学空气似偏重形式主义，应矫正之以有内容有血肉的哲学，而深有取于柏格森的直觉主义。盖柏格森乃反对形式主义、反对理智主义的健将，亦可以说是代表一种注重内心生活体验的经验主义，与荫麟的思想自有契合的地方。如果他不早死，循此路线，由自然的重感官经验的经验主义，进而到精神的重内心体验的经验主义，再进而由精神生活的体验以体察出人生宇宙的永恒理则、历史演变的必然节奏，使他的经验主义与理性主义不冲突，这样便同康德很接近了。据幼伟兄说，他近一两年来的思想渐渐折入康德一路，这确是很自然的演进，足见他随时都在不断地求进步了。

# 我所认识的荫麟

从民国十八年到二十二年秋季，他在斯丹福大学住了四年，结束了他的留美生活。他由美国西部到美国东部游览一周，渡大西洋又游历英国及欧洲大陆，由南欧乘海船，经地中海东归。于二十二年冬在香港上岸。他本来有五年官费留美的机会，何以会提早回国呢？据我现在推测，第一，因"九一八"事变后，他常常系念国事，常常写文章，论学的和论时事的，寄回国内发表，他的心思大半寄托在国内，所以亟想早些回国。第二，西洋哲学的研究既非他的志事所在，亟想结束哲学的研究，回国来回复到国史的研究。第三，就是从前不理会他，令他失恋，抱着创痕的伦慧珠女士，后来又继续同他通信，恢复了爱情，他想回国结婚。所以当他在香港上岸时，伦女士便在码头上迎接他。在港粤逗留不久，便一同搭轮北上，于年底达到北平，住在燕京大学容希白教授家。我记得那是二十三年的元旦，他偕伦女士及容希白的儿女，逛了厂甸之后，于下午同来我的寓所。这是我同他阔别七年多的初次见面。我觉得他身体比前健康，态度比前开展，也比前喜欢说话，而且也学会抽纸烟了。这次会晤给我印象最深的，就是他费尽心情去追求的这位伦女士，体质很弱，面带愁容，一到我家，立刻就感到头昏痛。荫麟立即从身边取出药品来给她吃。我素来觉得荫麟心思专注在学问上，不善于照顾自己的生活，需要一个善于体贴他看护他的内助。今荫麟反而须得体贴看护他所"死心塌地"爱过的人，养成他勤谨看护、耐烦家庭琐事的能力。这是此前书呆子式的荫麟所绝不能办到的。所以这初次会晤在我家所表演的一幕，深令我感觉到爱情对于人的品性真有锻炼的作用，真可以收变化气质的功效。

不久，伦女士又患肺病，在北平城内一家肺病疗养院里医治了半年多。荫麟每星期课毕后都要进城来看望她。大概由他看护细心，所以她的病也好得很快。到她病愈后，于二十四年四月初，他们才正式结婚。我现在尚记得他结婚的日期，因为那几天中国哲学会正在北平举行第一届年会。荫麟上午在年会中宣读了一篇论文，引起许多辩论，下午他就举行结婚典礼了。

他回国后，即在母校清华任教，兼授历史和哲学两系的课程。同时在北大，兼授了一门历史哲学的功课。他初任教时，最喜欢与学生接近，常招待学生在茶馆喝茶或点心铺喝豆浆。无聊时，且常喜与助教谈笑，一点也不知道摆教授的架子。他这种办法对于学生确有不小的影响。他在清华任教尚不到两年，便应某机关之聘编著高中历史教科书，于是向清华告假，放弃教职，专心致志于《中国史纲》之撰述。他仍住在清华教员住宅区，一面可利用清华图书馆，一面对清华史学系学生亦可尽一部分指导的责任。他这时写文章，养成一个很不好的习惯，就是每写一篇文章，总是几晚不睡觉，直至文章一气呵成时，然后才大睡几天，大吃几顿，或进城来逛书摊，买书籍，找朋友谈笑开心。这种看书写文章至夜深不睡的习惯，可以说是他不寿的主因。

卢沟桥事变后，他只身南下得很早，任职过浙江大学，曾短期在天目山讲授。冬间又曾过长沙。及联大迁滇，他又回到广东故乡住了些时候，于二十七年夏初来到昆明，住在安宁的温泉山上。大概自这年秋季始，他方向清华销假，在联大任教。在这个期间，他似很感烦闷与不安定。那时重庆中央政治学校，商洽借聘我一年前往任教。我当时迟疑不决，曾去函与他相商，他回信劝我不妨应聘前去，试一变换环境。并说他也想往重庆，也许我可为他"导夫先路"。及我到重庆不满三日，出我意料之外，他忽然也到重庆来了。这事的经过情形甚为有趣，似不可以不记。在学期末，他忽然接到当时政治部长陈辞修先生一封很客气的电报，说是愿"敬聆教言"，请他命驾飞渝。他应约到渝后，辞修先生曾邀他长谈一次。

据说谈了有三个多钟头。他说至紧要处，陈先生还亲自笔记下来。此外还介绍他见政府中其他要员，蒋委员长也曾召见一次，询以曾否研究逻辑，似有请他在中央训练团讲授逻辑的意思。最初他颇为兴奋，以为对于政治或略有效献的机会。他在政治部住了几个月，读了几种蒋委员长的演讲集，如《庐山训练集》《峨眉训练集》之类。当时尚是密本，并未公开发行。他似写了一两种宣传册子，大都非经心之作。他读了不少的诗集，似曾辑了一册《爱国诗歌选》。他看完了《象山集》，写了一篇关于陆象山的文字，在《中国青年》月刊上发表。此文表示他对象山为人的气魄和直觉的思想都有领悟处，这可以作他后来何以会深契柏格森哲学的注脚。他似乎曾上了辞修先生一个意见书，指出宣传应注意之点。我有次在他那里曾读到这个意见书的草稿，记得他特别注重要使宣传有效，须力求改善民众的生活。平民在生活方面如果得着政府的实益实惠，则不期然而然地自易接受主义的宣传。

至于他这次所以被电邀赴渝，据说有一段很有趣的文字因缘。当荫麟在北平时，曾用"素痴"的笔名。在《大公报·世界思潮副刊》上，发表了一篇《戴东原乩语选录》，内中有批评政府、特别有讥刺汪精卫的话。那时张厉生先生主持北平方面的党务工作，曾深切注意到素痴这篇文章，并曾用党部，致函《大公报》予作者以警告。但厉生先生又深觉这篇文章，就文章而论实在很好，作者很有才气。因此便紧记着素痴的名字，常常向人打听。当他任政治副部长时，他确切探询出素痴是谁及其所在地后，便推荐于辞修部长之前，因而遂有荫麟被电邀来渝的一幕了。

到了夏天，他因感到留在重庆无适宜的工作，亦乏贡献所长的机会，适逢我在政校，一年期满，须返联大。于是七月中旬我们又同路乘公路车离渝，经贵阳，回到昆明。一回到昆明，他生活上最紧张的一幕、最严重的危机便开始了。

他回昆明后，住在欧美同学会。地址幽僻，与诸同事少来往，使得他与 Y 小姐十年多潜伏着的爱苗，因而长成。这位小姐十年来不断地与他有通信及见面的机会，可以说是他的一个忠诚钦仰者。她的文章和译品常经过荫麟精心校改。荫麟历年来所给她的片纸只字，她都当如至宝般珍藏着，但直至这时他们才明白并互吐倾爱之意。正在他热恋的高潮，他却又写信去叫他的太太携带儿女由广州来昆明。记得那是十月间一个有大月亮的晚上，我因要到滇越车站去接一个朋友的车，他又适于那晚要去接他太太的车，于是我们俩便约同于晚饭后步行到车站，直等候至夜深车方到。在候车时间，我们便在车站旁边的草地上谈天。他不能自禁地，便把他同 Y 小姐恋爱的经过，原原本本地告诉了我。他对这位小姐衷心表示感恩之情。他说，想不到他这样的人，会有这样好的女子特垂青眼去相爱。他说话时，声音似乎有点颤抖。"然而"，他转句话说："她早已订婚了，她的未婚夫在北平。我劝她回北平与他结婚。"他心里似乎又很镇静。我发现这是真情挚爱的表现，不是普通的邪淫。他尝说："作爱是要有一番精神的，爱的生活异常紧张，不是好玩的事"。我知道他是一个富于感情的人，我也知道他们两人间已有十年以上的友谊，他们之发生爱情是毫不足怪、异常自然的事。同时，凡是了解近代浪漫精神的人，都知道求爱与求真，殉情与殉道有同等的价值。我实在板不起面孔，用狭义的道德名词、世俗眼光来责备他，警告他，唤醒他迷恋女子的幻梦。另一方面，因他接家眷来昆明，劝对方回北平，说得那样超脱，我也没有感觉到危机的重大。

他的太太到昆明，除带了他们的一儿一女同来外，她的母亲和她的姨侄女也一同来了。以性情相当怪，生活习惯相当奇特，决不肯迁就人的荫麟，忽然置身于这样膨胀的家庭中，自不免多少感到一种压迫或束缚。以他这时的家庭生活与他过去几个月内享受的自由恋爱的生活，两相对比，就可知他必不免有些烦躁不安了。他的太太对他过去的行径，当然也不无责难与不满。因此，不惟未能使他回复到宁静的心思，有时反而刺激他与她"斗气"，致使他在家庭中竟发泄他所有的原始暴躁不驯的脾气。在几个月内，听说他们夫妇间共吵闹了六七次。有时吵闹得很厉害，须要楼上的冯芝生太太出来调解。对于他从前曾经"死心塌地"爱过的女人，时常这样吵闹，他行为的矛盾、精神的痛苦可想而知了。结果，伦女士带着与她同来的几个人，仍然离开他回到广东。不久之后，Y小姐也离开昆明往北平去了。这样便成了他生活中最不幸的悲剧。自己的妻子带起自己所钟爱的儿女远走了。所爱的女子亦与他断绝来往回北平去了。经济上受了很大的损失，他多年来的积蓄，差不多有五千元（约当现在五十万元的购买力，在当时朋友中最称宽裕），也因伦女士之来和去，耗费罄尽了。反落得众人，特别是许多同事的太太们，背地里对他非笑与指责。现在我们可以说一句公平话，荫麟始终对伦女士很厚道。他们的吵闹也并不始于在昆明时期，实在是为性格所决定，出于不得已，他们自己也无法克制，别人也无法劝解。即在斗气与分离之中亦有最初的一线情谊在维系着。兹试公布一段伦女士于荫麟逝世后给我的信，便可以见出他们的真正关系，和他感人之深了。

……荫麟的死耗，我在廿七日《大公报》看到，当时晕过去有十多分钟。醒来后我希望这是一个梦。但可惜却是一个永远不能挽救的事实。它所给予我的悲哀与创痛，是在今生的任何事都不能填补的了。无论如何，在他的生前，我曾经爱过他，恨过他。爱虽曾一度消灭，但因他的一死，恨也随之而逝。到现在我依然爱他。我觉得万分对他不起，我不曾尽了我的职责。我们把有限的宝贵的韶光辜负了。他憎恨着我，我仇视着他，以为还有个无限的未来给我们斗气呢！结果彼此抱恨终身！这一切都咎由自得，怨谁？现在我不断质问着自己，这次应该死的是我不应是他。他是这般有用，而我早已就厌倦人世了……在十月二日我刚到曲江时就写了封信给荫麟，阿匡也有一封信，另附相片两张。谁知这信今天退回来了，外面写着"此人病故退回"。但由邮局印记看得，此信在二十号已到遵义，赶得及在荫麟死前看看他的儿女及信。谁人竟做了这件遗憾的事，把信退回。命定了今生我不能再见着他，倘若我能早得一点关于他病的消息，我一定还来得及和他最后一诀。现在什么都完了，只剩下这无尽期的悲痛，令我懊悔，自嗟，自怨！……

他经过这番家庭波折后，精神当然不快乐，也思变换一下环境。同时中央大学及浙江大学两处都有函电来，商洽聘请的事。而他对于清华似又有一些留恋，但又感觉清华对他的待遇有点不公平。他的月薪仅三百元，那时尚打七折。而许多与他同资历，甚或稍晚的人的待遇，已经较他为高。据说是因为清华照定章，凡销假回校的教授，一律支请假时的原薪。他因编著《中国史纲》请假数年，及抗战后回到清华仍支四年前的原薪。（而当他此前编著《中国史纲》时，除月薪四百元外，每年另有三千元购书费，他每月的收入约在六百元以上。）于是他曾向清华当局提出，希望与同资历的人待遇相同的要求。但当局坚守校章，未加允许，反而引起许多人讥笑他自己争薪水。因此更坚他的去志，同时也更使他去得不痛快，于是他乃决计应浙大之聘，往遵义去。

当他于民国二十九年七月底独自离开昆明的前夕，我曾同他谈到夜深。对他的处境，我诚不胜其感慨，殊难以为怀。然而他仍有信心，有勇气，对俗事毫不介怀，对到浙大后的著述工作，有所筹划。我那时深信他去到浙大，有晓峰兄他们一班朋友的切磋鼓励，又无室家之累，他必能发愤著述，移其爱女子之真忧，以鞠躬尽瘁于学术，而开创一种新途径。及《思想与时代》月刊的刊行，他也异常感兴味，果然向着大家所期望于他的方面进展，我颇觉欣慰。那知他竟因读书写著，用心思过度，致使身体亏损，遂至不起。他的死使我感到特殊的悲痛，因为我同他认识最早，与他接近的时间也最久。我得了他许多宝贵的助益，而我对于他的困难、他的危机，却没有什么补救与援助，深觉自己对于友道的亏欠。我勉强写成这篇文字，挂漏甚多，说不上纪念他、表扬他的好处，不过藉以抒写自己的哀情与歉忧罢了。

他不是没有短处。他的短处在于太不通人情世故，不易适存于现在社会，太任性，太过于自信，不求人助益，不听人劝告。他常常集中其精神，灌注于一事，或偏向于一点，而忘怀其他一切，不顾其他一切。他的短处，也就是他的个性倔强的所在。这只是对于他自己不利，使他的金钱、名誉、健康、地位受损失，对于别人却是无损的。而他的长处的发挥，却是对于国家、对于学术的贡献和对于朋友的助益。综结起来，我们可以说，他睥睨一世，独往独来。一任性情，独抒己见。他生平精力所集中心神所寄托，约有三事：一为真纯爱情，前期对伦女士之爱，后期对 Y 女士之爱，天真纯洁，出于至性至情，牺牲一切，在所不惜。一为平民福利，举凡农工、士兵、贫苦大众、低级公务员，及学校教师之生活的改善，社会福利的增进，构成他政治的改革与建设的中心思想。一为学术研究，在学术钻研方面，他博学不厌，勤勉奋发，从未稍懈，他立志作第一等人，终能在史学界取得第一流的地位。他的《中国史纲》，虽仅部分完成，是他人格学问思想文章的最高表现和具体结晶。书中有真挚感人的热情，有促进社会福利的理想，有简洁优美的文字，有淹博专精的学问，有透彻通达的思想与识见。

（原载《思想与时代》第 20 期，1943 年 3 月）

# 中国今日所需要之新史学与新史学家
## ——本文敬悼故友张荫麟先生

钱　穆

历史乃人事之记载，故史学亦为一种人事之研究。惟历史所载人事，虽若限于过去，而按实殊不然。人事必有持续性，有持续数年之久者，亦有持续数十年、数百年乃至数千年以上者。既有持续，即有变动。当其尚在持续、变动之中，即不得遽目之谓过去。且人事惟其有持续，故方其端绪初生，即有必然之将来随以俱至，严格言之，亦不得尽目今日以下者为未来。请举实事言之，当前之对日抗战，其事持续已逾五年，然不得谓今日以前五年内事俱属过去也。当知此等事皆尚现在，皆在持续与变动中，绝未过去。今日中日战事尚未到最后决定之阶段，吾侪即绝不当认为首都已沦陷，平、津、沪、杭、武汉、广州已丧失，五年来战事已失败，此等虽若为过去之事实，而此事实实未过去，实尚现在，而正在不断演变进展中。此不得遽目今日以前为已属过去之说也。而今日以下，亦不得尽谓之未来，因其已有将来之必然性，虽未来而实已来。吾侪当知今日以后中日战事仍必持续，并必持续一相当之年月，决非旬日间所能决，此虽至愚者亦知之。其事之有绝对把握，较之过去者更为坚强。首都沦陷虽属过去事，然其事尚在变动中，绝非永久沦陷，然则过去事转无把握，以尚在变动中也。至谓此后半年数月内中日仍必在战争局面下相持，则此事既绝对真确，亦绝对可信，故知虽为未来事，

21

而实有极坚强之把握，可信其将来之必然，则不得全认其为未来。当民国二十六年"七七"事变初起，中日双方稍有识者均知必演成一中日长期战争，"七七"仅属此一事件之端绪，此一事件早已于"七七"之变全身涌现。若谓只"七七"一天乃属现在，其下即属未来，即当归之渺茫不可知之域，其人当为狂惑之流。故知就人事论之，大体上自有其起讫，自始至终，自有其必然之持续与可能之演变。惟其有必然之持续，故未来者等于已来。惟其有可能之演变，故已往者实尚未往。换辞言之，过去者尚未去，未来者亦已来。就人事言之，必有其时间上之宽度。人事之现在性，绝非如普通所想，过去者已过去，未来者尚未来，而现在则在刹那刹那之间刻刻转换，刻刻消失。此等观念，惟排除一切人事，冥坐观心，或排除一切人事，凝神注视时钟针摆之移转乃有之，此可谓之心理上之时间感或物理上之时间感。若就事理言之，则绝不然。事理上之现在必有宽度，其事愈大，持续性愈久，变动性愈多，其现在之宽度亦愈广。即如中国抗战，其事现在已逾五足年，绝不能谓其刹那刹那全成过去，全归消失。今再就此推进一层言之，中日战事亦不得谓其起于民国二十六年之"七七"。当知自民国二十年"九一八"以来，其事端绪已见，此不待深识洞鉴之士，亦可预瞩中日战局之必然性。其事早已逐步展开，惟昧者不察，必待事变之愈著乃始觉耳。如此再推前言之，当知中日抗争，其事亦不待于民国二十年"九一八"事件，今为省却文字累赘，径可谓中日相争，其事远始于甲午之役，而甲午之役尚复有其前因，当知甲午一役，中国虽败，日本虽胜，然不得谓其事已属过去，甲午一役之胜败，仅为中日两邦开始斗争之第一幕，其事必有持续，而于持续中又必有变动，故绝不会竟目日本为胜者，中国为败者。旅顺大连之割让，台湾之吞并，东四省之丧失，亦与平、津、沪、武汉、粤广之占领，同在持续演变之中，同为一现今尚存在之事变之一部分，不得径目之为过去，其事实尚活跃而现在。而中日抗争，亦绝不能在今日煞然遽止，而仍必有其必然之将来。则此中日战争一大历史事件之有其活跃之现在性者至少当近及百年之久。举此一例，始知人事乃由过去穿透现在而直达将来，过去与将来凝成一片，而共成其为一有宽度之现在，研究历史者，实即研究此一有宽度之现在事件也。其事活泼现在，而且已直透而达将来，岂得谓历史只属于过去人事？

今再就此更进一步论之，当知中日抗争虽为百年来之一事件，而目前活跃现在之事件，则尚有不尽限于百年之间者。如东西文化势力之互相接触而发生交涉，此又一事件也。就其某一性质论之，中日抗争亦可消纳融化于东西文化势力之互相接触而发生交涉之过程中，而认为仅属于彼事件这一节。而此东西文化势力相接触而生交涉之一大历史事件，则其端绪之涌现已不止三百年之久，而其事尚活跃，而现在为人类当前一大事件，而此事仍有其必然之持续与演变。此一事件之活跃之现在性，较之前论中日抗争更为宽阔，更为持久，而其全历程之可能的变动亦更大。吾侪研究历史，实即研究此一活跃现在之事件，惟此事件之现在性既甚宽阔，故研究此一事件者，势必回瞻数百年之前，远眺数百年之后，乃克胜任。否则若仅目历史研究为只限于人事之已往者，则其人与骨既已朽矣，其事亦如烟消云散，不复存在于天壤之间，吾侪何必耗此闲心血为陈死人算旧账，为许子之不惮烦？

今再推进一步论之，则所谓历史事件之活跃而现在，其事复有不尽限于三百年之久者。姑随意想偶及，再举数例言之。如中国人之南洋移殖，中国西南与东北之开发，中国西北部之经济衰替，此等事件，继续演进，皆不止三百年之久，其事皆远在东西文化势力相互接触以前早已开端发轫，而持续迄于今日，尚未见其停歇。然则历史如千丝万缕，长条垂挂，各自有其端末，亦各自有其体状。同时又相互牵搭，经纬交织，而成一整幅。其间有长条，亦有短缕。如辛亥革命，其事虽属过去而实未过去，此乃一长丝，将绵延永恒，影响于中国民族历史之将来者，缦无穷竭。如洪宪称帝，其事则只成为一短缕，只为经纬交错中一疙瘩，其在历史事变中，仅属昙花一现，其仅有之消极妨害性，终将随历史大浪冲刷渐尽，而无所谓积极之持续。故凡一历史事件，莫不有其相当之持续性，而其间复有积极、消极之分。积极者，乃此历史大流之主潮；消极者，乃此历史大流之旋伏。更有泡沫浪花，虽亦历史大流之一相，而实无当于大体。然则为吾中国历史上主要大流者系何？曰：此必为吾国家民族文化之绵脉与发皇，吾国家民族文化之奋斗与争存，舍此则皆不足以当历史之主流。此一事活跃现在，而姑自有文字记载以来，辜较言之，亦已持续及于五千年之久，而继此以往，仍必继续演进，继续不失其活跃之现在性。研究历史者，苟得此总纲，则千条万缕，纵经横纬，无不入扣。故研究历史者，其最要宗旨，厥为研究此当前活跃现在一大事，直上直下，无过去无将来而一囊括尽，非此则不足以语夫历史研究之终极意义而克胜任愉快者。

今再转辞申说，历史乃一时间性的学问。而历史上之时间性，则与心理、物理上之时间不同。如循钟上针尖，一分一秒，历历移转，此一秒以前为无穷之过去，此一秒以后为无穷之将来，仅此针尖目前所指乃属现在，而针尖又息息不停，目视所指而所指已移，一秒之间，仍可划分，推极言之，势必更无现在。世界只有过去与未来两大片，上无端，下无底，现在则晃荡移动，更无着落。譬之一纸，黑白相半，白属过去，黑为未来，黑白之间，若有一线判其际限，此为现在，实则纸上只有黑白，黑白以外更无他线。则世间亦当如是，只有过去未来，别无现在。再以内心默观相证，念念相续，而亦念念不停，前念倏去，后念倏来，前后念际，别无空隙可驻一现在。方认此念现在，而此念早成过去，一如钟上针尖，刻刻移动，刻刻转变，前推后拥，转瞬同归消丧。然此等皆归乎事外，始有此象。若一落事业，则性质复为不同。事业莫不有其相当宽度之现在，不得割裂划分，如钟行一秒，心转一念，而实为一有距离之进行。在此进行中，有持续，亦有变动，而自有其起讫，而成为一事业，或为一生命。历史正为一大事业、一大生命。故历史上之过去非过去，而历史上之未来非未来，历史学者当凝合过去未来为一大现在，而后始克当历史研究之任务。然由此再深入一层论之，历史上之过去非过去而依然现在，历史上之未来非未来而亦俨然现在，则过去尚未去，未来早已来，过去与未来将如两大厚铁板交压在现在之上，岂不将使现在丝毫动抬不得，历史成一十分命定之怪局乎？曰：此又不然。若就超乎事为之时间言之，则现在刹那即逝，诚有不可控搏之感。若就本乎事为之时间言之，则现在有无限量之宽度，吾侪正可在此无限量宽度之现在中，不断努力，以把握将来而改变过去，以完成其理想与完美之现在。此何以言之，请再举实事为证。若谓中日已往冲突全成过去，则过去不可改，此如钟针一移，时不再来，前一秒之光阴即永久消失。心念一转，前一念亦如空华，瞬息逝去，万马难追。如此则不仅朝鲜、台湾、东四省尽成敌境，即南京、沪、杭、平、津、武汉、粤广亦永属沦陷。惟其不然，故事虽过而未过，犹可改变。所谓改变过去者，其实即改变将来。此将来与过去，实同一现在也。故将来虽若不可知，而早已全身涌现，俨然现在，如是吾侪始得着手将其改变。否则如后念未起，永不知后念是何，又如何着手用力？故凡历史上之事变，扼要言之，乃尽属一种改变过去与改变将来之事业也。若不能改变过去，复不能改变将来，则人类历史将永远如水之流，如花之放，成一自然景象，复何历史可言。

故历史实为人类事业之不断改进，而决非命定。研究历史即谓之乃研究如何改进现在人事之一种学问，亦无不可。

今请再设一譬以喻吾意。作者曾将此文大旨于某大学作一公开之讲演。讲演亦人生中一事业，此一事业亦自有首尾起讫与其宽度之现在。莅场听讲者，虽在事前，早知讲者为谁，讲题系何，讲演过程当历几何时。此则事虽未来，尽可前知。若论所讲内容，则听者非通贯前后，不能遽晓。若中途入席为听一二语即行离去，将茫然不知所讲之何义。当知一番讲演乃整个一现在，不可分割。岂可谓前半时所讲已属过去，后半时所欲讲者则尚未来。实则其事乃全体涌现，不过自有其时间上之宽度以为其持续与变动之地而已。若将一篇演讲，一分一秒割裂，即失去演讲之意义。即将所讲某语，一字一声割裂，亦将失去此一语之意义。今独于全部讲演中属听一语，又于全语中属听一字，即就此字此语自谓明得全部所讲宗旨，岂不大谬？同样言之，若其人对"七七"以来中日战争全未理会，只看今日报纸，便谓了解目前战局，其谬妄直与听一语一字自谓已知其全篇演辞者正相等耳。今之谋国是论时局者，皆于已往历史绝不晓了，彼其意特谓历史乃前人陈迹，与己不涉，而不悟其犹听讲演只闻一语一字便妄加评衡测度，则宜乎其多戾也。

割截前后，只就一语一字衡量全讲，其为无当，固已显矣。若其人只听半截讲演，即离席他去，此亦未必能知得全讲大意。不仅不知得全讲，抑且其所听前半截，亦尚在动荡变化中，苟非听彻下半截，将仍不明其究竟意义之所在。此则如读中日战史者，若仅看至今日为止，亦安知此次战争之究竟结束乎？古语云："盖棺论定。"此谓人之一生非到终极，即不易判其真相。历史事件亦各有一终极，若非彻底研寻，只认得过去，便谓一成不变，则是震于项王之破邯郸而不知其有垓下之围也。然若就大题目大纲领看之，则历史事件之较大较有关系者莫不活跃现在，莫不各有其将来，莫不如神龙之见首不见尾，然则研究历史断不在记忆过去，而在了解现在，把握将来，其理自显。故谓过去为一成不变者误矣，而谓将来茫无把握者则亦误。当知将来可以改定过去，而过去亦可控制将来。此如听演讲人，虽听前半截，虽未彻底领略后半截，然此后半截讲演辞之路子倾向则大体自可预知。其后半截，然此后半截讲演辞之路子倾向则大体自可预知。其实过去是模糊不清者甚多，听一小时讲演岂能从头到尾，语语记得，字字勿忘？未来事清楚有把握者亦甚多，听人讲演，所讲尚在此，而所听已可越而至彼，故所听有早于所讲而呈现于听众之脑际者。若听前言绝不知后语，此必讲者漫无章则，首尾衡决，听者非索然寡味，即蒙然欲睡。过去不能包孕未来，过去不能控制未来，则此过去便成死绝，便成寂灭，亦便与历史无关。人之一生，以前种种早经忘却者不知几何，以后种种可以预料者亦不知几何。故谓过去必可知，未来必不可知者，亦妄也。然则过去有可知有不可知，未来亦然，亦有可知有不可知，过去与未来相互拥抱，相互渗透，而其机括则操之于现在。而现在则绝非一瞬息一刹那，即过去、即未来皆在现在之宽度中。必领略此意，乃始于历史研究得有神悟，得有妙契。

将欲于历史研究得神悟妙契，则必先训练其心智，习为一种综合贯通之看法。请再就内心默观之一事论之。若仅就心相变化分别体玩，则前念后念倏起倏灭，刹那刹那各归寂尽。然若就心相变化综合而通看之，则心包性情，自有条贯，并非念念无常，而乃生生不息。念念无常者，前念后念，各自独立，不相渗透，不相融贯。生生不息者，前后念际自有生机，融通贯注。儒释之辨，即在于此。孟子论牛山之木，亦就去来今三境，融会综合，识取其生机而晓了其前后之变化。若分别割裂，使去来今三界各各凝定，即各各隔绝，生机已窒塞，实相亦解体，此去、来、今三世，便全成虚空，渺无着落。即如人之一身，若呼吸，若血行循环，若消化排泄，若细胞新陈代谢，苟不从其人全体生命综合融通看之，亦莫非刹那刹那各自起灭，各自寂尽。然就生命全体看，则起灭中有生命贯注，寂尽中有生机常在。读史当悟此意，否则秦皇、汉帝、唐宗、明祖何一非归灭尽？然此亦如一呼吸一循环，就民族生命全程观之，此乃生生不息中一过程，此过程尚活跃现在，岂得谓是过去之陈述。故于空间诸相不能融贯，即于时间诸相亦难通透。今之所谓"新史学"，昔人未尝不悟此意，司马迁所谓"通天人之故，明古今之变"，此即融贯空间诸相、通透时间诸相而综合一视之，故曰："述往事，思来者。"惟昔人虽有此意而未尝以今世语道达之，今则姑以名号相假借，曰此"新史学"也。史学殊无新旧，真有得于史学者，则未有不能融贯空间相、通彻时间相而综合一视之者。亦必能如此而后于史学真有得，亦必能如此而后于世事真有补。

今日吾国人所需之新史学，必有合于上之所论列，其事不烦深论。而本此推说，则今日所需之新史学家，其人必具下开诸条件。一则其人于世事现实有极恳切之关怀者。继则其人又能明于察往，勇于迎来，不拘于世事现实者。三则其人必于天界、物界、人界诸凡世间诸事相、各科学知识有相当晓了者。四则其人必具哲学头脑，能融会贯通而推得时空诸事态相互间之经纬条理者。而后可当于司马氏所谓"明天人之故，通古今之变"，而后始可以成其"一家之言"，否则记注之官，无当于史学之大任。孔子曰："焉知来者之不如今"，姑悬此说以待之云尔。

故友张君荫麟，始相识在民国二十三年春夏间。时余与张君方共有志为通史之学。尝谓张君天才英发，年力方富，又博通中西文哲诸科，学既博治，而复关怀时事，不甘仅仅为记注考订而止。然

则中国新史学之大业，殆将于张君之身完成之。岂期天不假年，溘
然长逝。此数年来，强寇压境，蹙吾半国，黉舍播迁，学殖荒落。
老者壮者无所长进，少者弱者丧其瞻依。张君独奋志潜精，日就月将，
吾见其进，未见其止。明星遽坠，长夜失照，眺前瞩后，岂胜悼怆！
特草此文以当追念，而斯人不作，安得复相与一畅论之？然后生可
畏，焉知来者之不如今，是所望于诵斯文而有慕于张君者。

（三十一年十一月二十二日属稿于成都北郊之赖院）

（原载《思想与时代》第 18 期，1943 年 1 月）

# 张荫麟先生之哲学

谢幼伟

张荫麟先生之死，不独为中国史学界之一损失，亦中国哲学界之一损失。张君之于哲学，功力甚深，识解亦超人一等，虽专门治哲学者与之谈，亦不能不佩服之。彼之思想精细，分析力亦强，任何哲学问题，不谈则已，谈则常有独到之见。彼之哲学著作，发表不多，亦无专书问世。吾人所见，皆零星之短文。就此寥寥数篇之短文中，诚不能窥见张君之哲学。彼尝对作者言："《中国史纲》成后，余将转而写哲学。"天假之年，张君于哲学，必有惊人之成就，殆可断言，今不幸《史纲》未成，而张君遽逝，此不能不令人抚遗篇而兴叹者。然张君非无哲学也。即此数篇短文，亦其心血所寄，吾人细读之，将见其有不少新颖之见解。兹根据其已发表及未发表之论文，旁及两年来作者与张君谈话所得之材料，述其哲学思想如次。

## 一

请先述张君对于哲学之一般见解。彼颇致慨于现代哲学之衰败。尝谓现代哲人中，极少伟大作者。盖以哲学为职业之哲人，多为传统思想所囿，而不能自拔。一入传统思想之范围，即不能不以某一派之系统为依据，有不归于杨，即归于墨之势，因之哲学遂永在数个系统内，盘旋往来，无法超出。此为治哲学者之通病。在某一意义上，或为职业哲人无法避免之通病。欲避免之，其法一为不谈系统，而以辟理之分析为能事，若英之摩尔（G. E. Moore）及布洛德（C. D. Broad）诸人所为。（张君在现代哲人中，极推重此二人。）然此非究竟办法。另一不以哲学为业，而以哲学上之旁观者谈哲学，"余（张君自称）之不授哲学课程，即志在乎此"。实思超出传统思想之束缚，而别有所建立也。（惟吾人不可误会张君所谓哲学上之旁观者，为未受哲学训练之旁观者。时人之喜谈哲学，而生平未受哲学之严格训练者，最为张君所呵斥。彼之所谓旁观者，仅不以哲学为业，而非不受哲学训练也。此说之确否为另一事，然彼之主张，则确如是。）

张君对现代哲学，颇感失望，然对哲学本身，则未尝失望。哲学本身之价值，张君不惟未忽视之，且极端推重之。彼于哲学修养，认识最为清楚。尝谓哲学修养，其主要条目有三：一为理智上彻底诚明之精神，二为求全（全体的全）之精神，三为价值意识之锻炼。从而释之曰："所谓理智上的'诚'，就理智上的'毋自欺'，就是不故以不知为知，不故以未至十分之见为十分之见；所谓理智上的'明'就是理智上的'解蔽'，就是不妄以不知为知，不妄以未至十分之见为十分之见。""所谓'求全'的精神，就是对于全体之一种深切的兴趣。科学在对象上注重局部，在方法上注重分析，而哲学在对象上和方法上，都要'整个地看'。这'整个'又有两层意思：就对象的范围说，是'至外无外'的整个；就对象内容说，是'表里精粗无不到'的整个。自然这只是一个目标，而且是一个永远不能达到的目标。但哲学家明知它不能达到，却极力求去接近它；明知没有路径可以达到它，却在无路径中找路径。""什么是价值的意识。通常以真美善包括一切价值。那么，价值的意识，就是领略真美善的能力。自然这三分法并不足以显示价值世界的繁杂性，只举其大纲而已。"（上引张君语三段，见所著《哲学与政治》，本刊第二期。）吾人读此解释，不惟于哲学上之三种精神有所知，即张君关于治哲学之态度与方法，亦了如指掌。所谓"整个地看"，即其态度与方法。此"整个地看"四字，最吃紧，足以概括一切。盖不能"整个地看"，即必有所蔽，不能"整个地看"，亦必有所遗。有所蔽与有所遗，均非治哲学之正确态度与方法。哲学决不能有所蔽，亦决不能有所遗。有所蔽，则所见非真。有所遗，则偏于抽象或形式。国人之治哲学者，往往非有所蔽，即有所遗。年来在国内流行之一种"形式主义"，实其病态之一。张君颇反对之，尝曰："近十余年来，我国哲学界风气似趋向于一种'形式主义'，凡把握经验世界之真实血肉之哲学，悉屏置不道，柏格森之书，遂无复问津者。虽然，无平不陂，无往不复。予确信柏格森之学说，实涵有若干不刊之灼见，可为今日我国补偏解蔽之剂者。"（见所著《柏格森》，本刊第一期。）中国哲学之有偏有蔽，张君固深见之。而其故，则全在不能"整个地看"。是张君提出"整个地看"四字，虽不能谓为彼之创见（西洋心宗学者，其态度与方法，皆不离此四字），然张君哲学见解之高明，则可于此看出也。

## 二

次述张君在逻辑上之创见。彼在哲学上各部门中，于逻辑兴趣最浓，尤于现代数理逻辑，颇有研究。彼尝在西南联合大学授逻辑一科。其逻辑主张实倾向于自亚里士多德以来，一贯相承之形式逻辑。对黑格尔及马克思一派之玄学逻辑或辩证法，及对杜威一派之心理逻辑，均所反对。尝谓马克思学说之最大错误，在反对形式逻辑，此种错误，如何造成，殊不可解。至杜威之否认逻辑形式为先在，谓逻辑形式不外探究历程中所发现之条件而加以组织者，亦为张君所指斥。（张君尝读作者《杜威的逻辑》书评，至杜威此说时，对作者曰："杜威真老糊涂矣！"）是张君之逻辑主张为如何，殆极明显。惟张君于逻辑，虽有研究，然彼之逻辑论著，作者所见及者，仅有二篇。此二篇短文，实皆对逻辑有新贡献之作。前一篇题为《归纳逻辑新论发端》，发表于《哲学评论》第七卷第四期。后一篇题为《说同一》，发现于张君殁后遗稿中。（已发表于本刊十七期）彼之逻辑创见，可于此二篇中得之。

传统逻辑中之最主要规律为同一律（Law of Identity），其最受攻击者亦为同一律。马克思一派之批评传统逻辑，实以此一律为中心，认此一律可以推翻，则全部传统逻辑可以推翻。从来逻辑学者，于此一律均未有正确之说明。新逻辑学者，如英之约翰逊氏（W. E. Johnson）虽亦承认此一律，然却将此一律之表现方式，加以更改：即同一律之名亦要改之，而名之为"涵遍原理"（Implicative Principle）。就此一律之原有表现方式，即"甲是甲"之方式，而加以特殊说明者，张君或为第一人。《说同一》一文所以有一述之价值者在此。

张君认所谓同一，可有二义：一为数目上之同一（Numerical identity），一为个体上之同一（Individual identity）。前者可简名为数同，后者可简名为个同。所谓数同，乃三项以上之关系（Triadic relation），而非二项之关系（Dyadic relation）。"故数同恒为二以上之名与一义，或二以上之名与一实，或二以上之义与一实间之关系。""当吾人言'甲与乙数同'，或'甲数同于乙'（二辞义同）时，其可能之解析，不出二者：一谓甲与乙二名只相当于一义，或甲与乙二名只相当于一实，若茗与茶之类是也；二谓甲与乙二义只相当于一实，若摄氏表零度之温度与华氏表卅二度之温度之类是也。"至实与实间，或义与义间之两项关系，则非数同。认此为数同者，是乃俗说。若依俗说，则将自语相违。诚以"甲乙二实或二义，既已分举而别标之，是明明为数异，而非数同矣，复谓为数同，得非

33

自语相违？"个同则不然。所谓个同，"乃实与实间之一种关系，而非名与义，名与实，或义与实间之一种关系；个同不蕴数同，数同亦不蕴个同"。"凡言'某与某为一物'，或'某与某为一人'，或'某与某为一心'，或'某与某为一我'，其中之'一'，皆'个体上之同一'，而示个同之关系。"知个同与数同之区别，乃可与论传统逻辑上之同一律。

张君谓传统逻辑上"甲是甲"之同一律，意即谓"甲与甲为同一"。惟此所谓同一，乃数目上之同一，而非个体上之同一。英哲休谟认同一律之同一为个同，其说实误。因依休谟之说，则同一律之义当为"若有历时而存之物甲，则先时之甲，与后时之甲为同一个体"。如是，则同一律或为"历时而存之物"之界说。吾人不谈及历时而存之物时，同一律将无所用。但事实上，吾人不谈及历时而存之物时，吾人固确知同一律之援引，非绝无当，则休氏之说不立明甚。故同一律之同一，必为数目之同一，而此数同又为广义之数同，即一名之重宣，可视为二名，如"甲是甲"便为二名。以此，张君乃对同一律加以正确之解释曰：

同一律中之同一，若为广义之数同，则其正解当云："甲名重宣，示义唯一，假其有实，指实唯一。"从反面言之，此辞即谓："甲名重宣，不容分示二义，或分指二实。"更详释之，此律若曰：吾人既认定以甲名为示某义，或指某实，则以后重宣此名，当亦示前所示之义，或指前所指之实。从反面言之，若曰：吾人若既认定以甲名示某义，或指某实，则以后重宣此名，不容别示前所示义以外之义，或别指前所指实以外之实。此外，吾真不知同一律可更有何解矣。

试举例以明之。如云"茶是茶"，则前"茶"所示之义，必与后"茶"

所示之义为一。又如云："张三欲茶，李四亦欲茶。"此茶名之重宣，其示义亦为一。再如云："此张三是张三。"则前张三与后张三所指之实，亦为一实。否则，若前张三所指之实，为杀人之张三，而后张三所指之实，为非杀人之张三，由之，因前张三之杀人，而推论后张三之杀人，则错误立见。吾人论文中，往往不免此病，同一名辞，前后示义不一，于结论时，则认之为一，此即同一律所禁。故张君乃曰："甲名重宣，前后示义不一，而认为前后只示一义，或只指一实，以事推论，此则许多大谬所由铸。同一律所禁者，此也。"观此，吾人不能不承认张君于同一律之解释，实别有新义也。

次则，张君在《归纳逻辑新论发端》一文中，亦有新意。此文不易为之简述。然其大要，一在说明因果律，在新逻辑内，虽可以涵蕴关系，加以处理，如"甲类事致到乙类事"，可表示为"甲类事涵蕴乙类事"，然因果关系不只是蕴涵关系。"譬如人，我们可以把他归入动物一类，当作动物研究，然而这样的研究，并不能解答人之所以为人的问题。把一条因果律当作一个涵蕴的命题处理是可以的，但因果律之所以为因果律的推证历程及其根据，并不由此而明。"二在说明彼之因果观念，非休谟以来一般归纳逻辑家所采用之因果观念。彼认为："（1）因果关系是一种简单的不可界说的关系。（2）'甲件特殊的事变致到乙件特殊的事变'这一命题逻辑上并不涵蕴'凡与甲同类的事变致到与乙同类的事变'；我们承认前一命题，而否认后一命题时，逻辑上并不陷于自相矛盾；虽然事实上也许每逢甲件特殊的事变致到乙件特殊的事变，凡与甲同类的事变皆致到与乙同类的事变。简言之：一件特殊的因果事情，逻辑上并不涵蕴以此事实为一例的一条因果律，虽然事实上也许每一件特殊的因果事实都有一条因果律和它相当。"张君自认此种因果观念非彼之创见，然以此种因果观念应于归纳问题之处理，则彼以为第一人。此文之主要目标，亦即其创见之所在，即在设法证明一件特殊的因果事情，可以单独证实，而不必根据与此特殊的因果事情相当之因果律。吾人可先有特殊的因果事情之智识，然后有与此相当之一条因果律，不必一定先有一条因果律之认识，然后有此特殊的因果事情之认识。例如，张某吃一定分量之砒霜而死，此为一件特殊的因果事情。依张君意，此一件特殊的因果事情，可独立认识，不必先知"凡吃一定分量之砒霜者死"之因果律，然后能认识之。休谟之意不然。休氏认为吾人必须先有"凡吃一定分量之砒霜者死"之因果律的认识，然后吾人可有此一件之特殊事例的认识。换言之，休氏以为吾人须先知甲类事件与乙类事件间之因果关系，然后能知甲类事件中之特殊事件与乙类事件之因果关系。张君意见，恰与之相反。彼认为后一种因果关系之认识，可不必依乎前一种因果关系之证实。彼因提出四条新的归纳逻辑律令，谓此四条律令能使吾人知在何种情形下，可离开前一种因果关系之证实，而知有后一种因果关系之事实。此四律令如下：

（1）若在一个特定的时空范围里，只有 A、B 两项变动，而 A、B 是互相密接或连续的（Intimately conjoined or continuous），此外一切静止，则 A Rc B。（按：A Rc B 即表示特殊事件间的因果关系，以下同。）

（2）若在一特定时空范围里，只有 A、B 两项互相密接或连续的变动是规则的（Regular）或恒常（Constant）的，而其他一切的变动皆是不规则的，或非恒常的，则 A Rc B。

（3）若在一特定的时空范围，只有 A、B 两项互相密接或连续的变动是不规则的或非恒常的，而其他一切变动皆是规则的或恒常的，则 A Rc B。

（4）若在一特定的时空范围里，只有 A、B 两项互相密接或连续的变动是有 Correlation 或有最高的 Correlation，而其他一切变动彼此间及各与 A、B 间皆无 Correlation，或虽有之，而其程度有显著的低逊，则 A Rc B。

此四律令，乃因果关系之准则，而非其定义，且亦为充分之准则，而非必要之准则。凡适合四准则之一以上之事变关系，即为因果关系，但其不适合任何一准则者，未必即非因果关系。用此四律令，吾人可独凭一例而证成一因果律。惟如何证成，张君未详言之。至此四律令之正确性如何，兹不欲论。凡读过穆勒试验方法之四律令者，当知张君之四律令，实较之为精审。如彼之第一律约相当于穆勒之求同法，第二、三两律约相当于穆勒之差异法，而第四律则约相当于穆勒之共变法。然穆勒以上各方法之说明，实欠精确，故常引起批评。但吾人批评可加诸穆勒之各方法者，似未能加诸张君之四律令。在此一点，彼之四律令，实归纳逻辑学者所当注意者也。

三

作者于张君之逻辑学说，叙述特详，诚以张君在哲学上之贡献，或即在此。兹再进述张君对宗教、道德及政治各方面之主张。以上各门，似非彼兴趣之所在，然亦偶有独到之见，足助吾人思索者。张君于宗教无所信，然于宗教精神，则极注意之。故彼个人虽不信仰宗教，然却不反对他人之信仰宗教。彼之不信宗教，实有其哲学上之理由。尝谓哲学家殊不当信仰宗教，以一信宗教，即须为某一宗教之教义辩护，亦即有所蔽，而不能见真理之全。哲学任务之一在解蔽，而宗教常为一蔽。此或为张君之个人偏见，然吾人亦不能不认其实含有多少真理。至宗教本身，彼亦有精审说明。尝谓宗教一名，常被滥用。社会学家往往以原始社会"超自然"之信念，及此信念所表现之仪式，而名为宗教。若如此滥用宗教一名，则吾人必须分别原始的宗教与理想的宗教。"理想的宗教的基础是一种哲学，一种对宇宙和人生的认识。一切伟大的宗教实行家的事业，都是这种认识的表现。固然每一宗教有其特殊的教义。这特殊的教义，就本宗的观点看来，是重要无比的。但一切理想的宗教，依作者看来，在根本精神上，至少有一共同之点，那就是'天人合一'的体认。"（见所著：《宗教精神与抗建事业》一文，原文本送《益世报》二十九年十一月二十九日雷鸣达司铎追悼会特刊发表，但发表时，仅存原文之最后一段。本文所引，乃被删之部。）是张君所同情者，乃理想之宗教，其所赞美之宗教精神，亦此"天人合一"之理想的宗教精神。至貌似宗教而实非宗教之宗教，当非张君所喜也。

关于道德问题，张君本有研究。彼之硕士论文，即为与伦理学有关之作。（题为：《杜威、摩耳二人伦理学说之比较研究》，原稿为英文，现尚未觅得，俟觅得后，别为文述之。）生平颇推重英哲摩耳之伦理学，认摩氏在《家庭大学丛书》中之小本《伦理学》，实为伦理学上不可多得之杰作，常思译出，以享国人。然彼于道德问题，两年来与作者相处，常不愿多谈。盖彼有一主张，认道德非理智上事，吾人决不能以一套道德上之理论而影响他人之道德。故彼认为一切道德上之宣传，皆无益而多事。如标语、口号、慷慨激昂之演辞、文字等，在某一场合，均未必能收宣传之效。所能影响他人之道德者，乃道德本身。此言虽有问题，然实有感而发，吾人心知其意可耳。

至政治问题，则张君年来颇有所谈。彼之政治理想有一点与希腊哲人柏拉图之政治理想相同。柏氏主张"哲人为王"，张君则主张政治家须有哲学之修养。一个政治家须有哲学上彻底诚明之精神。一方面须坚执所信仰之主义，一方面须依政情之变化，而改变其政策。前者为诚，后者为明。能诚，亦须能明。政治家亦当有哲学家求全之精神。政治家须能统筹全局，"他必须超越局部，而以其心为全体的心，他即使在实践上没有'为天地立心，为生民立命'的机会，却有'为国家立心，为国民立命'的职责。"（见《哲学与政治》，本刊第二期）政治家更当有哲学家价值意识之锻炼。政治家之价值意识，影响及于全国。"政治家的价值意识若乖戾，则一国的价值便不会平正；政治家的价值意识若狭隘，则一国的价值意识便不会广博；政治家的价值意识若卑下，则一国的价值意识便不会高上。""必待政治家成为哲学家，一国的文化的发展才得到合当的指导，而免于不合当的限制。"（同上）此其见解之正确，当为吾人所共认。"必待政治家成为哲学家"，柏拉图希望之于二千年前，而张君复希望之于二千年后，此事之不易，可以概见，然政治上之理想，固当如是也。

关于政治制度，张君主张，无疑是倾向于民主政制，尝谓国人之批评民主政制者，多不能区别民主政制之本质与行民主政制国家之政治实际。实则，此两者之区别，至为重要。"譬如水的本质是由氢二氧构成，但我们随便从某一条河或某一个湖里取一勺水来化验，可以发现许多氢氧以外的杂质。假如有人因此便认为水的本质，不止含氢氧，任何稍有化学常识的人，都会笑他荒谬绝伦。同样，假如有人把行民主政制的国家的实际政治情形，不分皂白，完全写在民主政制的账上，从而批评民主政制，其错误亦正相等。但前一种错误，虽小学生也不致犯，而后一种错误，每为绩学的政论家所不免。"（见所著：《民主政制与中国》一文，此文未完成，亦未发表，殊为可惜。）故张君认吾人应将民主政制之纯型与其实际上所夹杂之制度，在观念上分析出来。换言之，吾人应先求民主政制之定义。此为政治哲学之事。"政论家而不从事政治哲学的思考，那是不可恕的自尽。"（同上）惟民主政制之定义为何，张君除提出其必要而充分的要素之一为"元首公选"外，其他即未说出。是吾人仍不知彼所谓民主政制之定义。然张君思想之赞同民主政制，则吾人不难于言外得之也。

对于当前政治，张君在报章上，亦时有所言。彼尝为《益世报》及《大公报》作不署名之社论。此等不署名之社论，现已无从查考。自其已署名之政论言，张君亦常有极热诚之议论。张君认修明政治，不外"任贤使能，赏功罚罪"八字，而此八字，又不外一"公"字。"什么是公？把政事本身当作一目的，而不把他当作达到任何个人目的的手段，这便是公。"（见《论修明政治的途径》一文，三十一年十月廿七日重庆《大公报》）此言固平平无奇，然吾人不能不承认其为当前政治之药石。至中国政治之病源，张君以为根本在"政治的瘫痪"。"什么是政治的瘫痪？上层的意思无法贯彻于下层；法令每经一度下行，便打一次折扣，甚则'损之又损，以至于无'；一切政治上的兴作和运动，有形式而无精神，多耗费而少功效；巨蠹重弊，在上的人知之甚明而不能禁，禁之甚严而不能绝，这便是政治的瘫痪。"（同上）此尤为一针见血之语。其次，则中国官场之"衙门习气"，张君认为亦是健全政治之障碍。此种"衙门习气"，即尊己抑下与奉上凌下之习气。此种习气一日不打破，"健全的中下级政治干部（至少健的下级政治干部）一日不会产生"。（见所著《论中下级政治干部人员的培养》一文，发表于重庆《扫荡报》，年月日不详，大约为廿八年。）凡此均所以表示张君对当前政治之热诚，非必谓其有创见也。

## 四

最后当一述张君之哲学倾向。彼在哲学上虽思超出传统哲学之诸系统，然生命之限制，竟使彼不能完成其系统。自哲学系统言，张君实无哲学系统也。但张君虽无哲学系统，然却有其哲学倾向。张君之哲学倾向，在彼已发表之文字中，不甚明显。惟彼有《说心物》一文，未完成，亦未发表。此未完成，未发表寥寥数百字之短文，极可窥见张君哲学倾向之一斑。兹全录之如下：

常知分别心之事与物之事，而有等哲学家务求一之。一之何义欤？将谓常知之此分别为妄，而心与物之二名，必有一焉，为赘余而可废欤？果尔，则持心宗之论者，当其谓物之事即是心之事时，实谓心之事即是心之事；而持物宗之论者，当其谓心之事即是物之事时，实谓物之事即是物之事。是则彼等虽著书充栋，实只重申逻辑上之同一律，而于实际世界悉无所涉。此非彼等立言之旨明矣。是彼等必须承认心与物之二名不容偏废，必须承认有心之事与物之事之分别，然后其说乃足为轻重。

夫既承认心之事与物之事之分别，而复一之，则一之者，果有何义？而持心宗或物宗之论者，其所见复何以异于常知？

曰：今分别二品，赋以二名，此二品间，必有所以异。其所以异，可称为异致。又任何存在之二品，必有所同，其所以同，可称为同德。持心宗或物宗之论者，盖谓心之事与物之事间之同德，实多于常知之所云，而其异致实少于常知之所云而已。所益之同德为常知，旧认作心之事所独有者，此心宗之论也。所益之同德为常知，旧识作物之事所独有者，此物宗之论也。

常知所认为心之事与物之事之异致有三：

一曰：心之事私，而物之事公。

二曰：心之事与物之事不能同纳于同一之时空秩序。

三曰：心之事涵意识，而物之事不涵意识。

全文仅此，虽未明言其主张为何，然吾人所可断言者，张君之哲学倾向，固非心宗（普通所谓唯心论，张君主张译为心宗，作者曾依用之），亦非物宗（普通所谓唯物论），过去张君常被人目为物宗论者，作者亦疑之，惟两年来与作者谈话间之表示，实绝无物宗之倾向。姑勿论彼于马克思派之辩证法与"唯物史观"有明显之驳斥。（见所著：《传统历史哲学之总决算》，《国风》半月刊第二卷第一期）即传统之唯物论，亦决不能范围其思想。谓彼反对心宗之说则可，谓彼倾向物宗之说则不可。前一命题实不涵蕴后一命题。张君于心宗之说，事实上亦无明显之反对。彼于心宗之说，所不满意者，在否认物之实在一点。彼尝与作者谈论及之。彼认休谟之批评本质概念为无当。又谓康德之"物自体"（Ding an sich），实际即本质或物质之别名。康德虽亦批评本质概念，然其本质概念，仅换一名辞，而存于其系统中。故物之实在，乃不可否认者。物之实在，不可否认；心之实在，亦不可否认。张君未尝否认心之实在。此吾人可于前面所录《说心物》一文中，而得其明证。推张君之意，似谓心与物，既为二名，必有二实，有二实而求一之，不可。此不惟与常知相违，亦与持心宗或物宗之论者所言不合。因事实上若确无物之事，则当心宗言物之事即心之事时，其言为无义。若确无心之事，则当物宗言心之事即物之事时，其言亦无义。是吾人必先承认有心之事与物之事之别，然后心宗或物宗之言乃有当。既承认有心之事与物之事之别，则心与物之实在，必不容否认。此当为张君立言之本旨。果尔，（如作者之解释不误）则张君在哲学上之倾向，实为心物二元论。彼尝对作者言，今日哲学应走之路，仍当为康德之旧路。康德先验判断与经验判断之区别，究有所见。所成问题者，先验判断由何而来耳。所谓"康德之旧路"，在某一意义上，即心物二元论。今谓张君之哲学倾向为心物二元论，似近实也。

总之，张君在哲学上之贡献虽不多，然彼实具哲学天才。对此哲学天才之死，作者内心有无限伤感。兹谨引张君悼柏格森语而稍易之，以结吾文曰："予确信张先生之说，实涵有若干不刊之灼见，可为今日我国哲人加以注意者。此篇之作，固非徒于一哲人之萎，循例为饰终之辞已也。"

（原载《思想与时代》第 18 期，1943 年 1 月）

# 哲学与史学

## ——悼张荫麟先生

熊十力

吾国古之治哲学者，必精史学。宣圣开千古哲学之宗，而亦千古史家之大祖。司马谈父子，本史家，而论六家旨要，则又深于哲学矣。夫哲学者，究天人之故，穷造化之原。而以不忘经世者为是。印度佛家哲学思想，虽高深玄妙，而卒归于宗教，以出世为薪向。故印度人于历史特缺乏。民族式微，有以也。吾国先哲，于史学、哲学，尝兼治而赅备之。究玄而基于综事，穷理而可以致用，探微而察于群变，极玄而体之人伦，广大而不遗斯世。环球立国之古，族类之蕃衍，文化之高尚，无逾于我皇汉者，学术之所系，岂不重欤！

张荫麟先生，史学家也，亦哲学家也。其宏博之思，蕴诸中而尚未及阐发者，吾固无从深悉。然其为学，规模宏远，不守一家言，则时贤之所夙推而共誉也。荫麟方在盛年，神解卓特，胸怀冲旷，与人无城府，而一相见以心。使天假之年，纵其所至，则其融哲史两方面，而特辟一境地，恢前业而开方来，非荫麟其谁属乎！惜哉，其数遽止于此也。今之言哲学者，或忽视史学。业史者，或诋哲学以玄虚。二者皆病。昔明季诸子，无不兼精哲史两方面者，吾因荫麟先生之殁，而深有慨乎其规模或遂莫有继之者也。故略书吾意，以质诸当世。

（原载《思想与时代》第 18 期，1943 年 1 月）

# 张君荫麟传

王焕镳

君讳荫麟，无字，间自署素痴，东莞石龙镇人。年十六，入清华学堂。梁任公得其文叹曰，此天才也。君嗜书若饥渴，于学无不窥，而尤深于史。尝以文播志报，诸老宿多谢不可及。所作滋益多，迄殇不懈。凡学术论思之阐发，圣哲材艺之表扬，时议政事之覃究，孤本秘笈之题识，海外名理之移译，幽能使之著，类能约之纯，肆能不流，尽能不污，都百余万言，名声大起。清华卒业游美洲，入斯丹福大学，治西洋哲学、社会学。曰：哲学将广我以超放之观，而社会学将喻我以人事之条贯也，吾一资以治史矣。返国，任清华大学教授。复为教育部撰国史教科书。既受事，遍咨通人，商订体例，析四千年事为数十目，先钩贯为长编，而削成之，已定者才十之三耳。

始，君受学任公，相尚以才识，故不以挦撦琐屑为问学之要。及为史，虽皆旧闻，独运以深湛之思、清新之笔，不以例证厕之，其体号严洁。自任公没，二十年来，无此作也。尝著《通史原理》，以为史者，记新异以显时空之变，述因果以明递嬗之迹，陈流极以示实效之殊，溯往事以穷现状之源，撷精英以张人文之重，别善恶以昭法戒之严而已。观君所已试者，几可以无憾矣。芦沟桥事起，北平危，尽室而南。以浙江大学聘，讲学天目山中。未几，去之昆明，主讲西南联合大学。浙江大学迁遵义，君复至。平生志在通史，

46

于有宋一代故实，尤娴习而乐道之。搜宋人文集笔记殆遍。论宋事诸篇，精审越古作者。读书著文恒达旦，竟以疾卒，年三十有七。当是时，浙江大学三年间失名教授二，海内士莫不痛惜，谓君与章俊之用也。俊之精历算，能以拉丁文原著校明季教士所译书。年少于君而劬学攻苦则同。

君意气岸然，立言一衷于理，不蹈袭谁何人。惟低首墨子书，系心齐民。稠人广座，嘿嘿自致其思，应答辄不雠。或乘兴抵人瑕衅，非有意于伤人也。俊之居德久，慕尼采为人，汪洋自得，世间得失无足动其意者。其父行严，用文学致显仕，俊之乃萧然若寒素，口未尝及政事。君则侃侃好谭当世利病，而实与俗多龃龉。尝一抵陪京，任某职，留数月即去。由是寖多病，复讽籀道家言而好之，其思一变。疾革，犹诵《秋水篇》。君之真，俊之之介，皆未易多觏也。御倭军兴，国家锐意修内治，而积习未蠲，新弊踵起，学士大夫睠顾而莫敢言，或陈古以饰今，或举细以遗大，泛焉无当于治道。君独论曰，修明政治，不外"任贤使能、赏功罚罪"八字。八字不外一"公"字。公也者，不以政事达一己之鹄的，而以政事为鹄的者也。公也者，内举宜避亲，外举宜容仇者也。又曰：今日之患，莫大于瘫痪。上之意无以贯于下，法令愈下行而愈离其本，损之又损，以至于无。凡所兴作，有形而无神，多耗而少功。巨蠹重弊，上之人知之甚明而不能禁，禁之甚严而不能绝。此之谓瘫痪。又曰：为政者必其身极修治之功，至诚而明，始能导民轨物，而免于非理之约束。意均剀切。他所尝言多类此，有报章不敢流布而刊之身后者，以故人愈思焉。

论曰：孔子称学而优则仕。仕固必出于学，况寇患方深，岌岌多故之时耶。顾征之载籍，仕宦之途，守所学而踬，违所学而遂者众矣。岂上下之相需，不在此而别有在欤？君之言，其大者足以兴百年之利，平万物之嚣。既昭昭在人耳目矣，仕不仕无足计。余独悲其书未成而病，病未及甚，而遽好老庄无为之旨以自放也。

（原载《思想与时代》第 18 期，1943 年 1 月）

# 敬悼张荫麟先生

张其昀

张荫麟先生于十月二十四日上午三时在遵义逝世，享年三十七岁。他于去年十一月间曾患血压太高，鼻孔流血，至本年七月间发现小便有血，旋进贵阳中央医院，诊断为慢性肾脏炎症，需要静养。本学期未授课，旬日前患失眠，病势转剧，群医束手，作者驰赴重庆，延医诊治，因途中覆车，历四日方达。抵渝后请医官金诵盘先生乘专车赴遵，作者随行。至东溪站，站长告以适接重庆电话，荫麟兄于今晨去世，原车折返重庆，痛悼曷极。他的生平及其在学术上的贡献，他的至友当有详文纪念，兹就作者近年交游讲论所及，含泪濡墨先述此篇，以抒哀感，以代讣告。

民国十五年作者在《东方杂志》发表《金陵史势之鸟瞰》一文，承荫麟兄撰为提要，刊在《清华学报》附篇中，是为吾二人文字缔交之始。在抗战以前，我们仅会晤两次。民国十八年夏，荫麟兄在清华大学毕业，赴美留学。作者适以事经沪，由王以中兄之介绍，获一夕之畅谈。以后他在美国斯丹福大学攻哲学四年，自称"居西美一僻乡，与世绝缘，真成韬隐"。回国后即在母校清华大学任教。民国二十四年夏，作者自西北漫游而归，道出北平，访荫麟兄于清华园。他与其新夫人一同进城，为我洗尘。卢沟桥事变以后，他只身脱险南下，就国立浙江大学之聘，住天目山禅源寺，为新生讲史学。浙大几度播迁，他回故乡广东东莞，后在西南联合大学授课。

至二十九年浙大迁至黔北遵义，他亦重来本校，迄今二年有余。

　　民国二十二年三月间，他从美国寄我长函，自述志趣，略谓："国史为弟志业，年来治哲学治社会学，无非为此种工作之预备。从哲学冀得超放之博观，与方法之自觉，从社会学冀明人事之理法。"在其前他曾惠寄长稿，题为《传统历史哲学之总清算》，为刊于《国风》杂志二卷一期（二十二年一月出版）。回国以后，专精于《中国史纲》之撰述，其初稿曾在《大公报》发表一部分。其上古史之部，经改订后，刊为《中国史纲》第一辑，于三十年三月由国立浙江大学史地教育研究室出版。宋史之部曾在《思想与时代》月刊发表两篇，预定陆续整理刊布，因病中辍。他自序说明写此书时所悬鹄的如下：（一）融会前人研究结果，和作者玩索所得，以说故事之方式出之，不参入考证，不引用或采用前人叙述的成文，即原始文件的载录，亦力求节省。（二）选择少数节目为主题，给每一所选的节目以相当透彻的叙述，这些节目以外的大事，只概略地涉及以为背景。（三）社会的变迁，思想的贡献，和若干重大人物的性格，兼顾并详。《中国史纲》一书是呕心血的著作，他常常工作至午夜以后，因此就深伏了病源。本书价值，识者自有公评，即就文字而论，亦用力至勤。世人多惊羡其文笔之粹美，以为胜过一般文学创作，不知其字字珠玑，皆为潜心涵泳几经锤炼而后成。他是一位饱学之士，能禁其阅书，而不能禁其运思。他念念于《史纲》之完成，虽在病中仍精思不休，而病势遂陷入深渊。

　　荫麟兄是思想与时代社最初之发起人。去年四月间，作者因事赴渝开会，先一夕走访荫麟兄于其寓舍。其时他住在遵义老城石家堡三号第三层阁楼，窗前竹树森蔚，湘川在望，据全城登眺之胜。吾二人纵谈至夜深。谈话结果我们拟纠合同志，组织学社，创办刊物，在建国时期从事于思想上的建设，同时想以学社为中心，负荷国史编纂之业，刊行"国史长编丛书"。盖以国史艰巨之业，决非少数人力所克负荷，断制营构，固须自运匠心，至若网罗散佚，分析史材，及各方面之综合，则非资众手不可。拟约集同志，先成一国史长编，此非徒为少数人谋，后来任何有志通史者，均可用为资藉。此长编不必有一贯之统系，各册自成段落，为一事一人一制度一时代或文化一方面之专史，可为丛杂之论集亦可，要以于国史知识有新贡献者为准。各册随得随刊，不必按伦类或时次编排，这是我们共同的理想。是晚话别，他从曲折的幽径，送我到门口。此时遵义山城百花盛开，在纯洁的春夜，和风送来一阵清香，诵"数点梅花春读《易》"之句，相为欢乐。他是多么精壮，多么兴奋，回首不过一年多以前的事。

战时物力维艰，印刷困难，我们编辑月刊和丛书的计划，原不敢期望短时期即能实现。其后作者因事晋谒蒋委员长，承勖以集合同志，致力于言论事业，及闻我等有此计划，倍加鼓励。作者回遵义后，复与几位知友往复函商，于是思想与时代社遂于去年六月正式成立，八月一日创刊号出版。事先本拟请荫麟兄撰发刊辞，他谦让不遑，后来决定以一简单的征稿条例表明本刊的性质。但是荫麟兄发起斯刊的宗旨，是作者耳熟能详的。

他对"革命"二字有极深透的见解，他常说吾侪有要务曰读《易》，曰读史。"作《易》者其有忧患乎？"是的，但那可不必是一己身世的忧患，却必是对于人类命运的忧患。"数点梅花春读《易》"，古人认为是很值得流连的境界。春是万物滋生的时期，数点梅花是万物滋生的象征，而《易》的着眼处在生命，故曰"生生之谓易"。什么东西可以急，生却不能急，读《易》使人感觉雍容，感觉冷静。革命的成功决不是突然的，偶然的。在瓜的生长里，只看见蒂落的人不配种瓜，在革命里只看见暴动的人不配谈革命。

易就是变易，革命就是变易的一种。以一种新的社会秩序易一个旧的，终于归到《易》，革命的名词从《易经·革卦》出来的。社会秩序是活的，原是一个有机体；所以革命的命要当作生命解，只有创造新的生命才能革掉旧的生命。哲学的理论就是宇宙秩序的描写，政治的主义就是改变人间的秩序的计划。我们对于某种哲学理论的从违，乃是我们对于某种政治主义的从违的决定因素之一。政治家不能忽视哲学，尤其是流行的哲学思想，其原因之一在此。

"亢之为言也，知进而不知退，知存而不知亡，知得而不知丧。其惟圣人乎！知进退存亡而不失其正者，其惟圣人乎！"这一段话就声情和义蕴说，都是光焰逼人的。很明显的，这一段是对于主持政治的人的箴言。以今语释之曰："一政策之实行，或可以为进步，或亦可以为退步；或可以兴邦，或亦可以丧邦，若一意直行，不反顾焉，则亢也。"执两用中，乃得正路，惟圣人能之。嗟乎，知进退存亡而不失其正，原非所以期于不以深思远计为命之人也。若乃聚一世之所谓才智之士，使操历史之舵，而所为乃无减于亢焉，则覆辙相循，何时得已？赞《易》者其深于史乎？宋以后之浙东学派，言性命者必衷于史。近十余年来我国哲学界风气似趋向于一种"形式主义"，凡把握经验世界之真实血肉之哲学，悉屏置之不道，而史学界又往往徇考据而忘通义，于流入玩物丧志之途。吾侪有急务，曰读《易》与读史。

荫麟兄于近代学者对梁任公有一往情深之感。作者曾录存任公遗札中语数十事，他怂恿刊布，作者因撰为《梁任公别录》一文，他亲为之跋（载于《思想与时代》第四期）。其结语谓："任公之学所造最深者惟史，而学人之訾之者亦在此。实则任公所贡献于史全不在考据。虽然，考据史学也，非史学之难，而史才实难。任公

52

在'新汉学'兴起以前所撰记事之巨篇，若春秋战国载记，若《欧洲战役史论》，元气磅礴，锐思驰骤，奔礴走石，眉飞色舞，使人一展卷而不能自休者，置之世界历史著作之林，以质言而不以量言，若吉朋、麦可莱、格林、威尔斯辈，皆瞠乎后矣。曾试自操史笔之人，读此等书而不心折者，直无目耳。"十月三日国民政府明令褒扬梁任公。他在病榻中，作者报告此消息。他坐起，谓政府爱惜士类的盛心，影响所及，一定是异常深远的。

"九一八"以后，作者接其自美来书，略谓："当此国家栋折榱崩之日，正学人鞠躬尽瘁之时。"又谓："国事目前诚无使人乐观之余地，然吾人试放远眼光从世界史趋势看来，日寇之凶焰决非可久者。然中国否不极则泰不来。且放硬心肠，伫候大河以北及江海沿岸之横遭蹂躏可耳。历史上腐化之时代而能为少数人道德的兴奋所转移者，殆无其例，必有假于外力之摧毁，摧毁之甚而不致于亡则必复兴。弟于国事对目前悲观，对将来则并不悲观。"其评议时事具有史识类如此。其所著《从政治形态看世界的前途》一文（载于《思想与时代》第三期），于世界第二次大战同盟国所操之胜算，亦有透辟的观察。

荫麟兄以为民族复兴的根本大事，当在教育改革。德哲费希德之前例，可为吾人师法，而今热心从事，其学识人格足以副之者何其寥寥耶？国事之可忧固不止一端。顾教育改革之精义在于改造自己，能改造自己方能改造社会，复兴祖国。在其所著《柏格森》一文（载于《思想与时代》创刊号）结语中，曾阐发此意。略谓："夫生命之发皇无在而非创造，然艺术哲学之创造，以至事功上之创造，非人人时时所能为力也。有一种创造焉，为人人时时之所能者，即以自我创造自我，由一切庸德之实践，以恢宏其人格，而宇宙亦于以日新而日富，所谓成己而成物者，其在斯乎？其在斯乎？"教育之尊严，尤在于教师之自尊自爱。吾国古来学风最重节操，大师宿儒，其立身行己，靡不措意于斯，虽在穷困之时而守志弥坚。汉申屠蟠所谓安贫乐潜，味道守真，不为燥湿轻重，不为穷达易节，最能形容其精神。近年物价波动剧烈，教师生活至为清苦，一般教师难免见异思迁，丧其所守。荫麟兄最近于病榻口授一文，嘱弟子徐规君笔述，题为《师儒与商贾》（载于《思想与时代》第十六期），针砭时弊，义正辞严，竟成为他的绝笔。

吾二人之友谊渊源于史地关系之结合。他给我一信曾说："地理与历史可称为姊妹科学，其相辅相成之处甚多，治一时代之史而不明其地理环境，犹演戏之无配景，乌乎可？弟深愧于地学毫无素养，他日必先于本国地质地势稍加考究，并恣游秦、晋、宋、鲁之故墟，然后敢下笔写国史也。在此种预备中，其有需于吾兄他山之助，从可知也。"他近著《论中西文化的差异》一文（载于《思想与时代》第十一期），曾抉发此义，略谓："就社会生存上看，过去中国的文化始终是内陆的农业的文化，而西洋文化自其导源便和洋海结不解的关系。这种差异从两方面的文学也看得出。洋海的文化和内陆的文化，二者各有其利弊。孔子说：'智者乐水，仁者乐山；智者动，仁者静。'我们也可以说，洋海的文化恰如智者，尚知；内陆的文化恰如仁者，尚德。洋海的文化动，所以西方的历史比较的波澜壮阔，掀起社会基础的急剧革命，频见叠起。内陆的文化静，所以中国的历史比较的平淡舒徐，其中所有社会大变迁都是潜移默运于不知不觉。洋海的文化乐水，所以西方历史上许多庞大的政治建筑，都是其兴也勃焉，其没落也忽焉，恰如潮汐。而中国数千年来屹立如山。"真正的新文化应该是东西文化长短相补，荫麟兄鼓吹海国思想，实为新时代的晨钟。

荫麟兄在遵义山城，宏开讲坛，青年学子如坐春风。作者近三年来亦深得过从之益。每成一文，辄先呈教，荫麟兄不惮细心改定，一语之褒，为之色喜。今后赏奇析疑之乐，何可复得。哲士凋零，夏月凝霜，天夺斯人，伤痛何极！半年以来，作者既哭林文英君，又哭荫麟兄，二君皆粤人。荫麟兄虽早逝，其在学术上之贡献，除《中国史纲》外，在各学报所发表之史学论文，累数十万言，论其著作，诚可谓戛戛独造，自辟户牖，卓然成一家言。《思想与时代》月刊尚在创办时期，他实际负起掌持文衡的责任，于甄选稿件不辞劳怨，以期树立本刊严格之标准。将来本刊对时代思潮果能稍有贡献，我们永远忘不了这位最可敬爱的创议人。在政治上，广东奠定了中华民国的始基，在经济上粤侨开拓了海外发展的机运，在学术文化上，像荫麟兄所代表的宏博坚实的学风，深信必能继往开来，垂诸不朽。

## 附：张荫麟先生追悼会致辞（1942 年 11 月 29 日）

　　张荫麟先生于上月二十四日去世，今天已过五七之期，国立浙江大学同人同学在此举行追悼会，实在有无限沉痛的意思。兄弟忝与共事，在其病中虽曾作种种努力，终于不能医救，尤觉疚心无已。

　　荫麟先生在学术上的贡献，不待兄弟赘言。其人格最使兄弟感动的有二点，第一点是纯洁，他的心地真好，如白璧般的无瑕，如婴儿般的赤诚，无机心，无城府。他论人亦最重心地，宋人所谓"光风霁月"之怀，和他在一起，使人时常领略到这种境界，真是难能可贵。第二点是质朴，他在幼年家境甚好，富于藏书，父亲督教很严，国学根柢早有渊源。后因父亲去世，家道中落，在大学时他是一个苦学生，赖投稿补助用费，留美时把官费节省下来供给弟妹求学，回国时外衣仅有冬夏二袭，即在新婚亦未添制新衣，薪额所入肆力于购书，其生活可谓简单极了。他谈话也异常率真，不假辞令，有时难免为人所不谅解，但由衷之言，退无后语，就直道而言，可谓此心耿耿，肝胆照人，谏果回甘，久后必能为人所谅解欣赏。

荫麟先生是一位纯粹学者，其在纯粹研究方面，固不待言，其服务国家之念，未尝一刻忘怀。他曾说："当此国家栋折榱崩之日，正学者鞠躬尽瘁之时。"民国二十一年淞沪战役以后，政府有国防设计委员会之设立，荫麟先生回国后曾参加此组织。当时会中分八组，第八组为文化组，包括历史地理的研究。他住在北平从事于中国通史的草创，兄弟当时和他有同事之雅。七七抗战以后，国民政府迁至重庆。当时军事委员会下设五部，陈辞修先生将军主持政治部。荫麟先生曾应陈氏之请赴渝在政治部工作。他曾拟订宣传工作纲要，并有著作数种，其一为《蒋委员长抗战必胜训词释义》，现已出版。学术研究是知，实际工作是行，宋儒有经义、治事之分，二者非不相容者，必须相辅相成，方收知行合一之效。上述荫麟先生在政府服务之事，因为他平素不提，许多人或不知道，但身教比言教更有力量，其踊跃从公的精神，实足令我们注意。

关于荫麟先生身后事，其师友戚属至所关怀，远道驰书询问者甚多。其昀略为报告如下：

（一）遗族赡养基金保管委员会业已组织，委员八人，贺麟、谢幼伟、谢文通、王焕镳、张君川、李絜非、李埏及其昀。拟募足三万元，委座赙赠万元，加以他处接洽，已有相当结果。只用息金，不动基金，以维久远。另由思想与时代社，予以补助，俾按月共有五百元寄交其遗族，以供生活费。

（二）荫麟先生遗著《中国史纲》第一辑原由国立浙江大学史地教育研究室石印出版，现已售罄。此稿曾经荫麟先生亲自校改，并增加三章，共十一章，至新莽改制为止。稿存其昀处，本预备铅印。此稿现决定列入《思想与时代》"国史丛书"第一种，不久拟在赣南印行，俾纸张印刷可较精美。其他散见于各杂志之论文，因篇幅较巨，拟先事整理，俟战后出版。尚有遗稿数篇，现请谢幼伟先生整理校定，在《思想与时代》月刊发表。

（三）荫麟先生生前原欲以学社为中心，刊印"国史丛书"，务求精审，不图速成。思想与时代社兹决定于三十一年度开始编印此丛书，预定一百种，期于二十年内完成之，每年约出书五种，以实践其遗志。

（四）思想与时代社原欲辟一藏书室，兹定名"东莞室"以志永念。

（五）拟在国立浙江大学史地教育研究室设置纪念奖学金，奖励中国史之研究，其名额暂定每年一人，待遇相当于大学助教，当选者得继续领取奖金四年，俾有较长之研究时间。

（六）荫麟先生墓在遵义老城南门外碧云山上，天主堂坟地，居高临下，宜于眺望，当树立石碑，其周围稍加平治，拟筑一纪念亭。

据吴晗先生来函，西南联合大学亦正筹备追悼会及募集恤金，并在清华大学史学系设置"通史"或"宋史"奖学金。

荫麟先生夫人伦慧珠女士携一子一女现寓广东曲江。其弟炜麟、泽麟二君曾由昆明来遵义祭墓，因有公事不能久留，临行时特托谢文通先生代表家属在追悼会中致谢。

（原载重庆《大公报》，1942 年 10 月 27 日；后刊于《思想与时代》月刊第 18 期，1943 年 1 月）

# 张荫麟先生言行录

谢幼伟

## 一、天才与性格

东莞张荫麟先生是我国第一流的历史学家，也是杰出的哲人。不幸在民国三十一年的秋季病逝贵州遵义，享年不过三十七岁。天才短命，千古同悲。作者和张君有十余年的友谊，在遵义数年，过从更密。他的一言一动，都对作者留下深刻的印象，当他去世那一年，作者虽曾写过一篇文章纪念他（题为《张荫麟先生之哲学》，见《思想与时代》月刊第十八期，近复刊入作者《现代哲学名著述评》一书附录中），可是尚有许多要说的话，并未说出。本来打算不久另写回忆录之类的文章来详述他的一切，卒因抗战期间以及胜利复员，生活均在不安定中，提笔辄辍，不知从何说起。迄今距张君之死，已五六年，每一念及，哀从中来。这一位天才学者，俗人不必说，即学术界中也许已忘记了他。他的著作以报章杂志发表的短文为多。这些短文到现在还没有集合出版，整部的著作有《中国史纲》上卷，而这也只有浙江大学史地研究室的石印本，流传不广（现由正中书局承印，不日可出版）。所以在某一时期内，他虽曾惊动我国的学术界，到目前他却很可能为学术界所遗忘。但他是最不应遗忘的一人，为着我国学术的前途，他有我们重加认识的必要。因此乃根据作者和他接触的所得，择要把他的生平言行，叙述一二，一以纪念亡友，二以促起学术界的注意。

张荫麟先生言行录

　　作者和张君的相识，是在民国十八年的秋季。我们是一同赴美留学，同在克里扶兰总统轮上有十几日的共同生活，登舟之前，我们并不相识，登舟之后，始由另一位朋友的介绍相识。原因是在轮上一百多位的留学生中，说要赴美习哲学的人就是我和张君两人。以所学相同，就构成了我们两人间的友谊。后来他虽改习社会学，然他的哲学造诣仍远在作者之上。到美之后，一东一西，我们始终没有见面的机会。回国之后，一南一北，我们也没有见面的机会。一直到民国二十九年的夏季，张君自昆明的西南联合大学转来浙江大学任教，我们才在遵义重行聚首，由这时起，到他死为止，我们两人的见面机会很多，有时是天天见面，最低限度，每星期必有一二次的会面。见面时，谈话的题材，自以哲学为多，然也不一定是哲学。我们什么都谈，国家大事，人物品评，无一不可成为我们谈话的资料。从这些谈话中，作者得到了不少的启示，不少的学识，和不少的鼓励。现在回想起这些永不再逢的机会来，自然有无限的伤感。作者对于张君的认识，也自然是以这些谈话为主要。以下打算先说明他的性格和他的为人，然后再来叙述他的言论。

　　张君是天才，这是无疑问的。他在清华读书的时候，曾写过一篇《老子生后孔子百余年之说质疑》一文，寄到《学衡》杂志。《学衡》的编者认为是一位大学教授的作品。这一点即可以证明张君的聪颖是远在一班学人之上。所以鼎鼎大名的梁任公先生遇到了这一位年轻学生，也不能不特别注意，不特别赏识。次从他所学之广，及造诣之深而言，我们更不能不认他为天才。普通博学总是浅薄的另一名辞。一个无所不谈的学者，所谈便不见得都是高明。三教九流无所不通的学人，古代或许可有，现代则决不能有。张君虽不是无所不谈的一流，在过去也许不能算是博学，然在今日即不能不视为博学。今日学人只能专治一门学科，或只是一门中的某一部，能兼治两门学科的已少，至三门四门的，更少之又少。即令有之，也只能达到比常识稍高的境界。张君不然。张君的专门学科至少有四门，就是史学、国学、哲学、社会学。对于这些科目，张君的成就，都可和任何一门的专家相抗衡。他教授的科目，虽以史学为主，可是治国学和治哲学的先生们没有一个敢轻视他。这不是天才，决不能有这样的成就。

因为张君是天才，所以便造成了他生活上的悲剧。他的家庭生活并不美满。他到遵义是只身而来的。当时作者并不知道他在昆明的一段历史———一段家庭纠纷史。他始终不谈，作者自然也始终不便问。直到谢文通兄自昆明前来，作者才知道得清楚。这似乎是天才必有的结果。叔本华是天才，尼采也是天才，然而这两位天才哲人都是孤独得可怜，绝无家庭生活之可言，前一位哲人，且曾把女人痛骂过一顿。自常人看来，天才多半是疯子。诚然，天才多是疯子，至低限度是和疯子的距离很相近的。天才很难得有常态的生活，如有常态的生活，也许就不成其为天才。天才也很难和常人相处，如能和常人相处也许他就是常人，而不是天才。天才之所以成其为天才，就是因为他高出了常人一等。他目空一切，他看不起常人。他决不愿过常态的生活，也决不愿和常人相处。他的意志要压倒一切，要流行无阻。他不知道什么是妥协，他只知道个人意志的实现。个人意志受阻挠时，他可以疯狂起来，尽量发展他原始的冲动。天才不是无感情的，他的感情特别丰富。天才更不是无理智的，他的理智特别发达。我们可以说，天才是情感和理智冲突最烈的一种人。所以天才的行动，有时是非常幼稚，有时又非常合理。我们不容易理解他，普通的女子，更不容易理解他。他可以疯狂地爱上一个女人。当他爱她时，他是把她过分的理想化，过分的提高她的地位，提高到常人以上的地位。但结合以后（如能结合的话），女人的常态，逐渐显露。他会发觉她只不过是一个常人。他会失望。他会由极度的爱变而为极度的憎。张君和伦慧珠女士的结合和分离，就是如此。我们只要知道张君是天才，便不难了解他在家庭生活上的遭遇。他在遵义的两年，对于女子也似乎有所追求。他的寓所中不常都有女学生的光临。如天假之年，也许他现在已和某一位女高足结合。不过，我们可以断定的是，这也不会有什么好结果。天才的命运如此，谁叫他生成是天才呢！

天才的性格，自与常人不同。张君的性格，虽不是特别古怪，特别不近人情，比他更古怪、更不近人情的人也许还有，然自常人看来，他究竟是有些特别，有些古怪，有些不近人情。举例来说，他绝对不看电影，不看戏。作者起初不知，有一次作者和内子及他三人，经过遵义电影院前，适逢该院正演平剧。作者以为他是久住北平的人，必然喜看平剧，因此就邀他一同进去看。但使作者吃惊的是，他竟谢绝。他说："我是从来不看剧的，你们进去看吧。"不看戏，这似乎不算奇怪，有许多人也不看戏。奇怪的是，他似乎绝没有其他的娱乐。运动不必说，即音乐也没有特别的爱好，甚至连小说也不愿意看。他病时向作者借哲学书看，作者劝他不要看这一类要用思想的书，还是看小说好。他回答说："我生平不看小说，我看哲学书等于看小说。"由此我们可以看出张君是理智特别发达的一种典型人物。凡是理智特别发达的人，对于一般艺术或一般娱乐，便不会感觉兴趣。他的精神集中在某几种抽象的问题上，没有闲心事来享受这些玩艺儿。或则精神过度集中之后，不容易把它分散或弛缓。他的生活，自旁人看来，未免过于枯燥无味，自他自己看来，也许是津津有味。天才的玩世不恭，或不懂人情世故，这是一种主要的理由。

因精神过度集中之故，影响到生活的每一部门。在衣食住行的四件大事上，张君所注意的似乎只有食的一门。食是张君最讲究的。以前张君薪水的所得，听说大部分用以买书，但到遵义之后，他的薪水收入便大部分用在吃的上面。谈到吃，他是眉飞色舞的。在遵义，只有一间广东馆子叫"南华饭店"，而这是张君足迹最常到的。有一个时期，即他从遵义老城迁到遵义新居住的时期，差不多天天他都到这一间馆子来吃饭。吃完饭之后，他便到作者的寓所里来谈天（那时作者的寓所适和这间馆子相距不远）。他认为只有广东人懂得吃，外省人都不懂。有一次我们谈到一位到过广州的外省人，这人认为广州市四大酒家之一的南园，其菜并不好。他听了跳起来说："他懂得什么呢！"他不惟吃得讲究，即吃量也宏。一只清炖鸡，他一个人可以独自吃完。吃水果也可以一下就二三斤。不到馆子的时候，他也常约三五个男女学生到他寓所弄些小菜来吃，往往是他自己亲自动手的。本来张君是广东人，可是除了吃，他尚不失广东人的本色外，其他各方面都很少广东人的味儿。他的一口北平话，比其他广东人都讲得好。衣服虽不至褴褛，但并不精致，也不整洁。头发是永不用腊，下垂时，便用手一扶而已。他并不像广东人一样喜欢沐浴，至多是一个月到浴室去洗一次身。寓所里的桌椅书籍总是凌乱的时候。他的卧床上，也总是东一本，西一本堆着不少的书。工作总是到深夜。早上起床也总是在十点以后。一言以蔽之，他的生活是极无规则的。

作者说，张君的理智特别发达，可是人还是人，是人总是有情感的。天才的情感，实际上多比常人丰富。不过，天才的情感往往被坚强的理智所压抑，不容易发泄出来。因而，表面上看来，天才好像是冷酷无情的一种人。张君就是如此。表面上张君是不容易动情感的，实际上张君却有丰富的情感。他的情感在女人身上，在小孩子身上，表现得最清楚。在昆明，他常热恋一个女人。在遵义，也似有追求的对象。他极喜欢作者一位三四岁的小女孩，每到作者寓所，必买些果饵给她，且必和她玩耍，玩得哈哈大笑。这可以证明，人类情感是无法压制，无法消灭的。不论我们如何压抑它，它总会找到另一发泄的途径的。张君的理智虽强，而情感亦不弱。这两者的斗争和冲突，就构成了张君的为人。一方面，他注重形式，注重理性，注重严格的推理。另一方面，他又是富有浪漫性质的，不能忘情实质，忘情直觉，忘情随意所之的自由。他一方面推尊康德，另一方面又和柏格森送秋波。他徘徊于理性主义和直觉之间。他想把两者结合于一身。这又说明了张君精神上和生活上的矛盾。

张君的为人刚毅而倔强，待人是诚恳而直率。他不知道什么是敷衍，是则是，非则非，他是毫不掩饰，毫不客气的。作者常把做好了的文章给他看。合他的意时，他会称美你几句。不合他的意时，他可以当面批评。什么地方需要修改，他会直率地告诉你。当《思想与时代》月刊初出版的时候，他来约作者写文章，可是作者却非常害怕。怕的是文章到他手里，不见得可以通得过。所以作者的文章写好之后，首先就送给他看。只要他点了头，没有话说，作者才放心。在许多友好和同事中，作者或许是最侥幸的一个，文章没有受到他过分严峻的批评。有不少同事的文章，不惟给他批评得体无完肤，且坚决主张不登。他因此得罪了不少友好和同事。虽然有人说他偏见过重，可是现在看来，要刊物的水准提高，他这样人是缺少不得的。自私人方面来说，作者便不能不感谢他。不是他的鼓励和批评，作者在《思想与时代》上的文章也许根本就不会写。在友好中，他是作者最敬爱的一人。

现在我们不易找到像张君这样的人了！有张君的天才，没有张君的学力。有张君的学力，没有张君的颖悟，作者说张君是天才，这只是张君的一面，他的学力，另文述之。

## 二、考据与义理

我国传统学术上汉学和宋学之争，可说是一种最热闹，而又是最无谓的争论。治汉学的往往骂治宋学的为空疏，为玄谈。治宋学的也常骂治汉学的为支离，为破碎。但什么是汉学呢？汉学可说是注重考据，注重文字的训诂校订的学问。什么是宋学呢？宋学可说是注重义理，注重文字的微言大义的学问。这种界说，也许有问题，也许不为传统学者所接受。然谓一则偏重考据，一则偏重义理，这为主要区别之所在，我想是不会太过错误的。果尔，则汉学和宋学之间，或考据和义理之间，有什么矛盾之处呢？有什么彼此不两立，而不能共存之处呢？治汉学的谈义理，或治宋学的谈考据，这对学问本身又有什么损害之处呢？为什么治汉学的必须攻击宋学，而治宋学的必须攻击汉学呢？这在今日我们看来是无法理解的。

我们认为汉宋之争，在今日是不应存在的。考据是一种学问，义理也是一种学问。这两种学问不惟没有冲突，而且是彼此互相需要的。治考据的不能不懂义理，不懂义理，则他对于考据的对象便不能有深刻的认识。若以我国的经典而论，其本身就是义理，这不懂义理，如何去谈考据呢？同样，治义理的也不能不懂考据，不懂考据，则玄想可变为幻想，而辞多附会。且经典文字，讹误甚多，不懂考据，又如何奢谈义理呢？考据是工具，义理是目的，没有良好的工具，不能达所期望的目的。惟工具还是工具，如误认工具就是目的，以为学问之道，除考据之外无他务，读经读史，即以考据为止境，这是过去汉学的错误，今日决不应重演。不过，今日治考据的人似乎又有重演这种态度的迹象。"有一分证据，说一分话"，这在考据方面或许可以说（其实，这仍有问题，因考据亦不废"假设"或"悬拟"，而"假设"或"悬拟"也者，即在超出证据或事实而有所言），若移到义理或其他方面，这便足以窒息思想，阻碍学术的进展。英哲怀黑德教授认为文化的进步，在乎"观念的冒险"。所谓"观念的冒险"，就是观念不过分为方法或事实所束缚，而有自由翱翔的余地。这样才能有创造或发明的可能。设观念竟为"有一分证据，说一分话"的严格态度所束缚，则观念必永久故步自封，不敢冒险。观念无冒险性，观念便是静的，死的。我们何贵有静的或死的观念呢？所以考据可谈而必谈，然我们决不能以治考据的态度为一切学问的态度，更不能以考据为学问的顶点，而无进一步的要求。考据必辅以义理，然后考据不是死的，而是活的，不是支离破碎的，而是有生气的，有意义的。今日所需要的考据家，必是调和汉宋，冶考据与义理为一炉的考据家。可是这样的考据家，目前却太少了。因此作者不能不想到已经去世的史学家张荫麟先生。

关于张君的生平为人，作者已在前一文，略有所述（见本刊第一期）。作者视张君为天才，但天才不一定有成就。天才是一种危险人物。天才的夭折，不仅是生命，即学问也会夭折的。颖聪过人的人，往往是一无成就的。恃着他自己的聪明，他可以不读书，不做学问，结果，他的学问便是浮光掠影的，而不是深入有据的。所以我们对于天才，是一则以喜，一则以惧的。喜的是，他的颖悟较有成就的可能。惧的是，他的颖悟有促使他懒惰的可能。一般而论，我们不怕某一人没有聪明，最怕某一人不肯用功。不肯用功，虽有天才，也是无益的。天才需要训练，需要学术上的陶冶。千锤百炼而出的天才，方是最有希望的天才。张君的天才就是千锤百炼而出的。张君有聪明，但他决不懒惰。在遵义有一天他对作者说："我从今后要学懒了"。这是他在病后说的。可是他怎能学懒呢？即在病中，卧在床上，他还是要看书的。自他的寿命言，他的短命，也许就在不懒。就他的学问言，他的成就，可说就是由于不懒，天才辅以学力，这是张君超出侪辈的主要理由。

张君的学力见于他的考据。他是以考据起家的。他首先发表的文章就是考据文章。即以他全部发表的文章而论，也有三分之二以上的文章是属于考据的。我们可以说，张君是以考据训练他的天才。天才易流于空疏。要使学问有根据而不空疏，考据或者是一种极好的训练。考据的口号是"拿出证据来"。考据不能说空话。考据必有征引，必有事实的证明。所以治考据的不能不读书，至低限度，不能不翻开书本来，不能不抄书。这样可以强迫天才在书本上用些功。即令他的考据不能有所成就，他也算读了几本书。反之，若不从考据下手，一下子就跳到义理上去，就大谈其身心性命之学，束书不观，而自命为圣人。这样可以使天才成为浅薄无知的狂汉。学汉儒不成，或不失其为一个学者，学宋儒不成，也许就是一个流氓。张君所以从汉学走到宋学，从考据而入义理的原因，就是要从考据下手，先行培养他的学力。

但张君决不以考据为止境。张君有志于国史之研究。历史一科很重要，可是这却不能仅恃传统的考据而有所成。传统的考据忽视义理，然不明义理，如何能明天人之故，通古今之变，而成一家之言呢？传统的考据未尝无方法，然其方法是不自觉的，不自觉的方法又如何能使方法进步呢？所以他写给张晓峰（其昀）先生的一封信上说："国史为弟志业，年来治哲学治社会学，无非为此种工作之预备。从哲学冀得超放之博观、与方法之自觉，从社会学冀明人事之理法。"过去或目前，治史学或考据者的通病，就是过分忽视了哲学，没有超放的博观和方法的自觉。他们中最好的不过收集了多少可靠的史料，而坏的也许是一堆废料的积聚。无深识，无远见，不知天，不知人，复不自知其方法，这如何能产生良好史学？张君想扫除这种传统毛病，因此对于哲学切切实实的研究了一番。他的

《中国史纲》就是要在哲学的意识和方法的控制下来写的。可惜的是，只写成了一部，而没有全部完成。

张君虽写了不少考据文章，可是他并不以考据为难事。有一次他对作者说："写考据文章是很容易的。"这话颇使作者吃惊，以作者不会写考据文章，总以为考据是一件难事，但经张君一语道破之后，方知道考据不难，从考据到义理，把考据结合于义理之中。或从考据所得而作一种综合的叙述。这才是一件难事。在遵义，作者曾看他写《中国史纲》上关于宋史部分的几章。他的原稿涂改之处甚多。他每对作者说："写这种文章是很费苦心的。"这和考据不同，这是要用思想，用脑筋的。普通的考据文章，多半是抄书技能的高下，看不出有什么思想。通史的写作不然。写通史是需要思想，需要很高的识解的。有人认为专门弄考据的人是思想上的懒惰者，这虽不见得完全正确，但若在考据上兜圈子而不能有进一步的工作，则至低限度，这种人是难得有什么思想可言的。考据必进至义理，必以义理开拓心胸和眼界，然后其考据不落空。一位良好的历史学者不能光是一位考据家。不管他的考据工作做得怎样好。然这只是史料的提供，尚不是史学的完成。史学的完成，有待于史学家理解的深入，和同情的洞察。这一点又须待史学家具有史学的修养。治史学而不兼治哲学，这是一种缺陷。

中国目前有不少考据家，然像张君一样，能以哲学为基础的考据家却不可多得。有一部分的考据家自己不懂哲学，也希望他人不懂哲学，自己不谈义理，也希望他人不谈义理，且对从考据走到义理上的人，加以嘲笑，加以攻击，这便是历史学上的罪人，张君有知，是不会宽恕他的。

## 三、哲学及其他

张荫麟先生在哲学上的贡献，作者曾有一篇文章讨论过（见《思想与时代》月刊第十八期）。他和作者在遵义见面的时候，总以讨论哲学上的问题为多。有许多话，作者已忘记了，但有许多印象特别深刻的话，作者是始终不会忘记的。现在想把他讨论哲学以及其他问题的话，尽作者记忆之所及，在这里分别介绍：

忆三十一年秋季，贺自昭（麟）兄自昆明赴渝，道经遵义的时候，他对作者说："你不要和荫麟谈哲学，我和他谈哲学，总是意见冲突，吵嘴的时候多。"这话颇使作者吃惊，因作者和张君谈哲学，始终就没有吵过嘴。这不是说，作者和张君在哲学上的意见完全相同，而是彼此意见不同时，彼此都会缄默。当作者不赞成张君的意见时，作者多以缄默了之。这虽不是追求真理的好办法，却是避免冲突的好办法。不过我们两人间意见相同的地方倒是很多，下面的几点，可为明证。

第一，张君不是理想主义或唯心论的敌人。作者曾听到旁人说，张君颇有唯物论的倾向。可是作者和他屡次谈话的结果，却不发觉他有丝毫唯物论的色彩。反之，他在作者面前所表现的倒是同情唯心论的言论多。当《思想与时代》创刊的时候，他来请作者写文章。我告诉他，我要写一篇介绍英哲柏烈得莱（P. H. Bradley）的文章。作者在试探他的意见，初意他或者会表示反对。可是他不惟不反对，反劝作者赶快写好。所以作者在《思想与时代》上发表的第一篇文章，就是柏烈得莱的伦理观。后来印度哲人泰戈尔逝世，他又来请作者写一篇文章去纪念他。即他自己也把泰氏和爱因斯坦的谈话译出来发表。作者有一次对他提起柏烈得莱《现象与实在》（*Appearance and Reality*）一书，说要把这一部书翻译出来。他立即回答说："很好。这是非常重要的一部书，极有翻译的价值。不过，这部书却很难翻译，最好利用佛经上的名辞去译它。"他对于柏氏似乎也有相当的研究。作者把介绍熊十力先生《新唯识论语体文本》的书评给他看，他没有看完便对作者说："熊先生的思想，所谓体用不离，无体即无用，离用元无体之义，英哲柏烈得莱说明现象和实在的关系就有这种意思。"可见他并没有忽视唯心论的学说，假定张君在过去倾向唯物论的话，那末，最低限度在晚年，他是逐渐转向到唯心论这一方面来了。

第二，张君对于传统逻辑的主张，也和作者的意见相同。作者写过一篇《辩证法与形式逻辑》的文章在《时代精神》月刊上发表。他看了这篇文章之后非常高兴。他对作者说："这是你所写文章中最好的一篇。你的意见，我多半赞同，我不明了马克斯辈何以会造成反对形式逻辑的错误？"他认为学生最重要的训练，就是亚里士多德传统逻辑的训练。这是最基本的训练。要懂辩证法，要学数理逻辑，也须得先懂亚氏的传统逻辑。关于传统逻辑的著作，他认为英国牛津大学教授约瑟夫氏（H. W. B. Joseph）所写的一本《逻辑概论》（*An Introduction to Logic*）是最佳的一本。这是亚氏逻辑上最完全而最有权威的著作。他提议和作者共同把这部书翻译出，并且还计划过合作的方法。他说："如果我们合译的话，你这一部书须得分裂为两部，这未免有些可惜。"因为张君身边没有这本书，图书馆也没有，只作者有。可惜我们的计划没有开始，而张君已生病了。

第三，张君在哲学上虽极侧重分析，对于分析知名的哲人，如摩耳（G. E. Moore）如布洛德（C. D. Broad），均极推重，然他并不认为分析足以尽哲学之能事。他曾谈及罗素（B. Russell）《心之分析》（*The Analysis of Mind*）一书。他说："罗素把心分析之后，而心却没有了。"所以他对反分析著名的哲人柏格森（Bergson），却也一样表示崇拜。他认为柏氏的哲学是有血有肉的。过分重视形式，重视分析是当代哲学之蔽，不足为训的。他主张哲学家当有"求全"的精神。所谓"求全"就是"整个地看"的意思。这可说是受了柏氏的影响。

此外张君对于西洋哲学名辞的中译，也曾对作者表示一些意见。他认为译名一方面固须恰切，不能丧失原义，另一方面也不能过于生强，或完全杜撰，和此土哲学毫无联谊。在现存译名中，他觉得"唯心论"（Idealism）和"唯物论"（Materialism）这两个名辞都是最不妥当，最易引起误会的名辞。普通人看见"唯心""唯物"的两个"唯"字，一定会作如下的设想：就是唯心论是只承认有心，而不承认有物，唯物论是只承认有物，而不承认有心的。盖"唯"有"只此无他"的意义，有排斥或独占的意义，这样便和唯心论及唯物论应有的意义不符。实际唯心论只是以心为主，或以心为根本，却不完全否认物，唯物论也只是以物为主，或以物为根本，也不完全否认心。唯物论是想拿物来解释心，这其间只有出发点或侧重点的不同，而没有存一废一的差别。所以他主张把唯心论译为"心宗"，只是以心为宗主，把唯物论译为"物宗"，只是以物为宗主，把"唯"字除去，即可减少许多不必要的误会。同时，心宗、物宗的名辞也和佛典上法相宗、法性宗等名辞有联谊。张君这种主张很值得我们注意的。

张君有时候也和作者品评当代的人物，不过他的批评是很苛刻的。现存的学术界人物受他推重的实在很少。过去哲学上颇有名望的人都不在他眼中。他喜欢和作者谈到一位哲人，这一位哲人过去风头很健，现在复喜谈政治。他说："这一位哲人的毛病就是缺少哲学上的基本训练。有人说要把他打手心，重行送到大学一年级去训练过，这不是十分冤枉的。"在清末民初的学术界中，他最崇拜的是章太炎。他认为章氏是我国思想界上一位了不起的人物。他曾在浙大文学院举行的学术演讲会上以章太炎为题演讲过一次。他提到章氏思想的敏锐处，以章氏的解释《墨经》为例。他说："《墨经》上'以言为尽悖，悖：说在其言'这一条，昔人均不得其解，梁任公在《墨经校释》上的解释也错，只有章氏的解释是对的。盖这是现代逻辑上所谓循环谬误。谓'一切命题均假'，则这一命题的本身亦假。一切话都不对，则'一切话都不对'一句话也不对。这当是《墨经》的原意。章氏能见到这点，识见自是不同。"他对于任公也相当崇拜。他认为任公文章的有力，现在很少人可以比得上他。任公文章可以激动人心，真是"笔锋带有情感的"。目前一般人的文章多半拖泥带水，毫无生气。张君的文章颇受任公影响，一篇之中总含有多少任公的笔调。

我们偶然也会谈文学，谈诗。张君认为文学史不好写。文学史和哲学史不同。哲学史只要把哲人的重要主张说明，我们多少就可认识这一位哲人的思想。哲人本身的著作却不必在哲学史上有过多的引述。引语在哲学是不必要的。一部充满引语的哲学史并不是一部优良的哲学史。冯友兰《中国哲学史》的毛病就是引语过多。文学史不然。要欣赏某一位文学家的作品，这不是我们的叙述所能代替的，所以引述原著在文学史上便成为必要。不过，引述过多后，文学史又会成为一种文学名著的选集。这是文学史的一种困难。关于诗，他认为这是需要特殊的修养，要有高超的境界，差一些儿都不得的。俗雅之分，是差以毫厘，谬以千里的。他指着报纸上一位要人的诗给作者看。他说："这种诗就是境界不高，有俗味了。"

关于张君的言行，作者要说的话，暂止于此。这一位学术上的天才不容我们忽视，他在学术上的贡献，将来自有定评，作者是加减不得的。不过，作者可肯定的说，像张君这种人目前是很少了。

为公为私，作者不能不对他表示敬意。

（原载伦伟良编：《张荫麟文集》，台北："中华丛书"委员
会 1956 年）

# 记张荫麟（一九〇五——一九四二）

吴　晗

吴晗教授复员清华园，思及旧友，因改旧作以实本园。（编者志）

在九年苦战中，倒下去无数千万的战士，是他们的血，生命，换取了民族的解放。这些战士，他们的名字不为人所知，他们的功绩被少数人所篡窃了。

在九年苦战中，倒下去另一些值得后人永远纪念的人物，他们坚守着岗位，忍饥受寒，吃下去的是草，却用奶来养育下一代的成员。被贫穷，被疾病所侵蚀，放下笔杆，永远不再说话了。如今，这些人的名字也渐渐在湮没中。

在后一类人物中，我的朋友张荫麟是其中的一个。

荫麟死去已经四周年，十月二十四日是他的四周年祭。

在他死后的两星期，在昆明的朋友曾经有过一个追悼会，此后几年似乎大家都不大想得起这个人了。

在他死后的一个月，我曾经写信给浙大张其昀先生，表示愿意替荫麟整理并出版遗作。张先生回信说，这些事浙大都在做，无需重复了。不久之后，张先生去美讲学；隔了两年，张先生回国，荫麟的著作似乎毫无消息，到今天还是如此。

荫麟生前已刊的书，为青年所爱读的《中国史纲》，被某书店所盗印。这书店的主持人似乎还是荫麟生前的同学。为了这问题，我和贺麟先生曾几次去信质问，得不到肯定的答复。到如今还是悬案。

最痛心的一件事，为了给荫麟留个永远纪念，我和贺麟先生、冯友兰先生一些朋友，在那生活极端困难，教书人无法撑下去的年代，一百元、二百元地募集了一万元基金，决定在清华大学历史系和哲学系合设一个荫麟纪念奖学金，以利息所得大约每年二千元来补助两系的高材生。因为金额少，而荫麟的工作又是两系兼任，因之，决定两系轮流，隔年补助。这笔钱交由冯友兰先生保管。可是，如今，不但每年两千元的补助无济于事，即连基金总数也不够一个学生一星期的伙食！想想当年，从一个穷教授口中挖出的一百元，却够他一家一星期的生活费！

去年我得到消息，荫麟离婚的夫人改嫁了，两个孩子也带过去抚养。浙大复员回杭州了，荫麟的孤坟被遗忘在遵义的郊外，冷落于荒烟蔓草中。联大复员回平津了，荫麟生前所笃爱的藏书，仍然堆积在北平东莞会馆。

这个人似乎是被遗忘了。

为了他生前的工作和成就，为了他的书仍然被青年所喜爱，我想，这个人是不应该被遗忘的；虽然，就我个人说，恐怕终我这一生，也很难对这样一个人失去记忆。

我愿意向社会，特别是学术文化界，尤其是历史学部门的朋友，提起张荫麟这个人，他的一生。

荫麟于民国三十一年十月二十四日，病殁于贵州遵义浙江大学。致死的病症是慢性肾脏炎，距生于清光绪三十一年十一月，享年仅三十七岁。

荫麟是广东东莞人，由于早年求学和中年作事都在北方，说一口普通话，相貌和眼神也看不出来是广东人。晚年脸色老是苍白，到死后，我们才明白那是患肾脏炎者所特有的一种病态。

自号素痴，投稿多用为笔名。这个号是相当恰当的，在这样一个社会里，他那种专心一志，心不外骛的神情，是合于"痴"这个字的意思的。

他天分特别高，聪明、早熟，在清华学堂当一年级生时，就被同乡学者梁任公先生所赏识，以为将来必有成就。他在报纸和国内第一流专门学术刊物上所发表的文章，不知道的人还以为作者是位教授呢！

一九二九年毕业后到美国斯丹福大学学哲学。一九三三年回国任清华大学历史学系教授。一九三五年受教育部委托，主编高初中及小学历史教科书。芦沟桥变起，只身南下，任教于浙江天目山的浙江大学。不久，返东莞原籍。由北大、南开、清华三大学所合组的国立西南联合大学在昆明开学，又来昆明执教，一九四○年应遵义浙江大学之聘，到贵州讲学，一直到死在他的讲座上。这是荫麟一生的学历和履历。

荫麟早年在清华就学时代，对中西文学、历史、哲学都曾用过工夫，经常在《大公报·文学副刊》《时代思潮》《学衡》《燕京学报》《清华学报》发表著作，文笔流丽生动，才名震一时。从美国回来后，重心一变，专门研究历史。他常说只有国史才是一生志业所在，过去弄哲学、社会学，无非是为历史研究打下根基。学哲学是为了有一个超然的客观的广大的看法，和方法的自觉。学社会学是为了明白人事的理法。他的治史方法是从作长编下手，以为宋李焘所著《续资治通鉴长编》，搜罗史料多，辨别标准严，不苟且，不偏徇，是历史上最科学最有意义的大工作。

他创编高中本国史的计划，第一步是拟目，先把四千年的史事分为数十专题。较量轻重，广征意见，修改了多少次才定局。第二步是分工，汉以前由他自己执笔，唐以后归我负责。其他专题分别邀请专家撰述，例如千家驹先生写鸦片战争后的社会变化，王芸生先生写中日战争等等。第三步是综合，稿子都齐了，编为长编，再就长编贯通融会，去其重复抵牾，加以精神生命。不重考证，不引原文，尽量减少人名地名，以通俗明白之文笔，画出四千年来动的历史，目的在使此书可读，使人人能读此书，不但熟习国史，而且能有一个客观的看法。这工作前后搞了两年，长编完成了大半。芦沟桥战起，荫麟先走，没有带出一个字。四十天后我也到了昆明，设法誊录长编成稿已经发表的一部分。不久荫麟也到昆明来了，住在我家，见了这录稿，高兴之至，立刻补撰第十章《改制与易代》和《自序》，作为《国史大纲》第一辑，也就是现今坊间刊行的本子。不知怎么弄的，也许是荫麟一不小心，作者署名是杨荫麟，我见到这书时，荫麟已去遵义，没有去信问，荫麟也就听之，不去更正了。

《自序》指出这本书的标准有四：一、新异性的标准（Standard of noveth），史事上有"内容的特殊性"，可显出全社会的变化所经诸阶段，在每一阶段之新异的面貌和新异的精神者。二、实效的标准（Standard of Pratical Effect），史事上直接牵涉和间接影响于人群之苦乐者。三、文化价值的标准（Standard of Culture Values），即真与美的价值，文化价值愈高者愈重要。四、现状渊源的标准（Standard of Genetic Relation With Present Situastion），追溯史事和现状之"发生学的关系"（Genetic Relation），而不取过去史学所津津乐道的"训诲功用的标准"（Standard of Didactic Utility）。以为近代学术分工，通史的任务不在着重鉴戒或模范，和别的学门重床叠屋。经过这四个标准的取材，还得贯通以四个范畴，来驾驭"动的历史的繁杂"（Changing Historical Maniford）。第一是因果的范畴，第二是发展的范畴，这两范畴是并行不悖的。发展的范畴又包括三个小范畴：一、空间的发展（Feleological Development），二、演化的发展（Evolutional Development），三、矛盾的发展（Dialetical Development），兼用此四范畴，期于将历史中认识上的"偶然"尽量减少，才能圆满完成历史家的任务。

他又以为过去我们所受的历史教育，小学有一套国史，从三皇五帝到宋元明清；初中又有一套，亦是从三皇五帝起到宋元明清；高中再有一套；到大学还是这一套。譬如四枚镜子，大小虽然不同，可是所显出的还是一模一样，原人、原地、原事，这实在是浪费青年的精力和时间，被强迫重温再温可厌倦的一套相同的、杂凑的、机械的史实。而且，人名、地名数量之多，也使人疲于记忆，懒于翻读。要矫正这缺点，必需从根本来改变各阶段课本的内容。第一、小学国史应该以人物为中心，选出国史上可以代表每一时代精神的人物，譬如说吧，由孔子到孙中山，用写故事的体裁，烘托以每一时代，应该知道的大事。第二、初中国史以大事为中心，分两册：（一）民族篇，述中华民族之形成和先民的业绩（摒弃大汉族主义一套的理论）；（二）社会篇，述社会、政治、经济，一切典章制度的演进，生活的进步，事为首尾，互相沟通。第三、高中国史，以时代为次，综述人、地、事，融会而贯通之。这三套有一个共通原则，就是要求其可读，文字和内容都要通俗生动，能够吸引读者，使之愈读愈有味，才算合于标准。

荫麟的治史方法论和历史哲学大体上就是如此。

荫麟不是一个世俗的收藏家，不大讲究版本，可是生性喜欢收书。限于财力，收藏的书其实不够多。留美时省吃省穿，剩下的钱全给弟妹作教育费。到在清华服务的时候，才能有一点点剩余的钱收买旧书。开头装不满一个书架，慢慢的有好几排书架了。到离开北平前，他的小书房架上、桌上、椅上、地板上全是书，进出都得当心，不是碰着头，就是踩着书。所收的以宋人文集为最多，大概有好几百种。又在厂甸、隆福寺各冷摊搜集辛亥革命史料，得一百几十种，打算继续访求，期以十年，辑为长编，来写民国开国史。一九三七年春天，我们一同跟着清华历史系西北旅行团，到长安、开封、洛阳游历。我在开封相国寺地摊上，偶然得到排印本的《中兴小纪》，记清同治中兴的，传本颇不多见。荫麟一见便据为己有，闹了半天，提出用《四部丛刊》本明清人文集十种对掉。看着他那贪心样子，只好勉强答应。荫麟高兴极了，立刻塞进他的行李袋，再也不肯拿出来。到校后我去索欠，他在书架上东翻翻西翻翻，翻了大半天，都不大舍得，只拿出牧斋《初学集》《有学集》两种塞责。过几个月，清华园成天成夜听见炮声，荫麟也在日夜蹀蹀书房中，东摸摸，西靠靠，看着书叹气，最后才一狠心，告诉我尽量搬吧，尽量寄出去吧，只要你搬得动，寄得出去。到他离平后，他夫人一股脑儿给搬进城，到今天，他的书还寂寞地堆在原来的地点，无人过问。

收书之外，清谈也是他的癖好。凑巧我们两人在图书馆的研究室只隔一层墙，他懒散惯了，书桌永远乱糟糟一大堆，便成天到我房里，又不肯规规矩矩，一屁股坐在桌上，或者斜靠着圈椅，两只脚平放在桌上，一面大抽其纸烟，随吸随吐烟圈，喷得满屋子乌烟瘴气，一面敞开谈锋，从大事到小事，从死人到活人，从生人到朋友，从哲学到历史，无所不谈，谈必谈到兴尽，有时甚至忘了吃饭。偶尔我厌倦了，他觉得无聊，拿起笔就替我改文章，一把小剪子，一瓶浆糊，贴来贴去不厌烦，搞完就拿去给《大公报·史地周刊》，凭你愿意也罢，不愿意也罢，他全不管。有时被改窜得生气，吵开了，还是不管。我常笑他好为人师，他笑着说："去年你假如选我的课，我还不是夫子大人，由得你吵嘴？"

记张荫麟（一九〇五——一九四二）

也许是哲学书念得太多吧，喜欢深思，在大庭广众中，一有意会，就像和尚入定似的，和他谈话，往往所答非所问，不得要领。生性又孤僻，极怕人世应酬，旧同学老朋友碰头也会不招呼。肚子里不愿意，嘴上就说出来，有时还写出来，得罪人不管，挨骂还是不管。读书入了迷，半夜天亮全不在乎。有几次我去看他，在沙发上把他摇醒，原来上一夜全没睡，不知读到什么时候，一迷糊就睡在沙发上了。

晚年研究重心又一变，专意宋史了，已写成的论文有六七篇，都很精警，有独到之处。

荫麟的性情、兴趣就是如此。

荫麟生活的俭朴，在朋友中也是知名的。从美国回来，有春冬两套衣服，结婚时也没有添置新的。不能喝酒，可是偏爱吹烟，吹的烟不论好坏，只讲究越便宜越好，因为横直是吹，不是吸的。在昆明住在我家里的时候，在护国路桥头买百寿纸烟数百包，一包值洋三分。房间里满地板全是纸烟头。有好几次吧，忽然看见有好烟，居然吸了半支，一会儿便撑不住了，说是醉了，一而再，再而三，也满不在乎。胃量极大，一顿能吃半斤肉，常时吹牛，在留美时学会了烹调，在我的北平寓所，自己买了两只子鸡，亲自下厨，弄得满头大汗，半身油腻，到吃饭时，咬不动，嚼不烂，毫无滋味，大家笑了半天。买了一顶新呢帽，出去作客丢了，下次再买一顶鸭舌帽还是丢了，从此只好不戴帽子。结婚后第二天出去拜客，回来走到隔壁人家，看见主人，连忙说对不起，累你久候了，主人莫名其妙，过了好一会，才明白他自己是客人。下午我去看他，正满手是泥，蹲在地上抟土做假山，说是把朋友所送的花圈的花来布置花园，好极妙极。我更正说是花篮，他也觉得不对，可是口头还是倔强，掉口文说："圈与篮虽不同，而其为花则一也。"朋友闹他，给起一外号，叫张文昏公，他无法赖，也一一给朋友起外号，迂公、迷公之类，把人家书桌上窗纸上全写满了。他还挖苦我，说是你不幸早逝的话，我一定会编印遗文，墓志、行状、传记之类，一概负责到底；当然，我也照样还他一嘴。到今天想来，真不禁热泪盈眶，谁又能料到十几年前的恶谑竟然会成为语谶，这四年来我几次为他写哀悼追忆文字呢？

荫麟死后的一个月，《大公报》替他发表一篇遗文，大意是对现实政治的控诉，天下为公恰恰是反面，选贤与能呢，选的是不贤和无能，举出实证，文笔很犀利。王芸生先生似乎还加了一点按语，大意大概说是因为是死者的文字才能发表吧？

荫麟早年即患心脏病，一登高就心悸，同游华山时，攀登铁索，那闭目摇头的情形，惹得游侣齐声哄笑。死，不料偏死于肾脏病，平时营养坏，离婚后心境坏，穷乡僻壤医药设备坏，病一发就非倒下不可，非死不可。假使没有这战争，假使这战争不能避免，而有一个好政府，或者是不太坏的政府，能稍稍尊重学者的地位和生活的时候，荫麟那样胖胖苗壮的身体，是可以再工作二十年以至三十年的。

中国的学者如此的希罕，已有成就的学者如此的被糟蹋，被淘汰，连草都不够吃的荫麟就如此寂寞地死去，寂寞地被人遗忘了。

但是，我仔细想想，从荫麟身后发表的文字来看，假如这一年他不死于穷病，再多活三四年，再多受些磨折、考验、洗炼，恐怕他还是得死，不过死法不同，不是死于穷病而已。

呜呼！我又能再说什么话呢！

## 附 记

这篇文章是荫麟死后一个月写的，原作是文言文。当时为什么要用文言写，现在已经想不起来了。发表在《人文科学学报》上。这刊物似乎除西南的朋友而外，别的地方很不容易看到。

过了四年，回到北平之后，又是荫麟的四周年忌了。心想总该有人有什么文章提到他吧！出乎意外地似乎都忘记了。真不禁感到寂寞、凄凉。费一个晚上工夫，用白话改写，因为原来有底子，这工作等于翻译，吃力而不讨好。荫麟如健在，一定要大改一阵，可惜，他永远不会了！

谢谢《大公报》，肯匀出地位来纪念这个人——《大公报》的老朋友和作者。

三十五年十二月三十日晚补记

（原载天津《大公报》，1947年1月6日，第六版"大公园地"专栏）

# 记本社社友张荫麟先生
## （一九〇五——一九四二）[1]

吴　晗

　　荫麟于民国三十一年十月二十四日病殁于贵州遵义浙江大学。致死的病症是慢性肾脏炎。距生于清光绪三十一年十一月，享年仅三十七岁。

　　荫麟字素痴，广东东莞人。少颖悟不凡，入清华学堂为一年生时，即被梁任公先生所赏识，期为远到之器，一九二九年卒业赴美国斯丹福大学治哲学。一九三三年返国任国立清华大学历史学系及哲学系教授，一九三五年复受教育部委托主编高中、初中及小学本国史教科书。芦沟桥事起后，间关南下，任教于浙江天目山之浙江大学。未几即返东莞原籍。西南联合大学在昆明开学，又来昆明执教。前年应遵义浙江大学之聘，赴黔讲学。此荫麟一生出处之大概也。

　　荫麟早年在清华就学时代，即以文名，举凡中西文学、历史、哲学，皆有所探索，以流丽生动之文笔，长篇短札，刊布于《大公报·文学副刊》《时代思潮》《学衡》《燕京学报》《清华学报》诸刊物，才名动一时。自美返国后，乃一意于治史。尝谓国史为其

---

1　据此可知张荫麟曾入中国人文科学社。该社于1940年8月1日正式成立（时张氏已赴遵义），为若干大学教授及研究所研究员联合组织之"纯粹学术团体"。抗战期间，总社在昆明。该社"以研究并提倡人文科学为宗旨"，工作"暂定为编纂丛书、丛刊、学报，举行学术讨论，演讲，组织考察旅行团等"。见该社《人文科学学报》第1卷第1期，1942年6月，扉页。

一生志业，年来治哲学治社会（学），无非为此种工作之预备，从哲学冀得超放之博观，与方法之自觉，从社会学冀明人事之理法。其方法则从长编入手，居尝以为宋李焘《续资治通鉴长编》，网罗群书，精心断制，不苟且，不偏徇，为千秋绝业。其创编高中国史也，先析四千年史事为数十目，权衡轻重，博征时贤之见，目凡数易。既定然后属笔，汉以前自主之，唐以后则以属余。其他则以分委友朋之尚于其业者，如鸦片战争以后社会之变化则属诸千家驹先生，中日战争则属诸王芸生先生。各就所学，勒为长编，既具然后笔削贯通，去其重复牴牾，益以精神血魄，不尚考证，不加脚注，不引原文，尽量减少人名、地名，以通俗明白之文笔述而出之，使读者一览终卷。期此书杀青后，使有井水处，人人皆熟于国史。经构二年，长编约成其半而战事起，荫麟只身南下，未携只字。余来昆明，虑平稿丧失，因属钞胥誊缮录长编之已刊布者，荫麟至便以授之，则大喜，因补撰第十章"改制与易代"及"自序"，勒为《国史大纲》第一辑，即今坊间刊行本是也。自序述其笔削之标准有四：一新异性的标准（Standard of Novelty），史事之有"内容的特殊性"，可显出全社会的变化所经诸阶段，和每一阶段之新异的面貌和新异的精神者。二实效的标准（Standard of Practical Effect），史事之直接牵涉和间接影响于人群之苦乐者。三文化价值之标准（Standard of Cultural Values），即真与美之价值，文化价值愈高者愈重要。四现状渊源的标准（Standard of Genetic Relation With Present Situation），追溯史事和现状之"发生学的关系"（Genetic Relation）。而不取过去史家所津津乐道之"训诲功用的标准"（Standard of Didactic Utility），以为近代学术分工，述通史固不必着重在鉴戒或模范，以其均可分属于其他学门也。经以此四标准笔削后，复贯通以四范畴，以驭"动的历史的繁杂"（Changing Historical Manifold），一因果的范畴，二发展的范畴。此二范畴并行不悖。发展的范畴又包括三个小范畴：一空间的发展（Feleological Development），二演化的发展（Evolutional Development），三矛盾的发展（Dialectical Development）。兼用此四范畴，期于将历史中认识上的"偶然"尽量减少，此历史家之任务也。又以为过去吾人所受之历史教育，小学有一套国史，自三皇五帝至宋元明清，初中又有一套，亦是自三皇五帝起至宋元明清，高中再有一套，至大学又是相同的一套，譬如四枚镜子，虽小大不同，而所显出却是依旧不变，原人原地原事。此无异浪费青年之精力与时间，迫使重温可厌倦之一套相同的杂凑的事实。兼之人名、地名数量奇多，使人疲于记忆。欲矫此弊，必须根本改变各阶段课本之内容。一、小学国史以人为经，选出国史上之大人物，自孔子至孙中山，用述故事之体裁，烘托以每一期应知之大事。二、初中国史以事为经，分两编：一民族篇，述中华民族之形成，生民之伟绩。二社会篇，述社会、政治、经济、军事，一切典章制度之演进。事为首尾，互相沟通。三、高中国史以时代为次综述人地事，融会而贯通之。然大要皆以可读（Readable）为主。此荫麟治通史之方法论及其历史哲学之大概也。

荫麟喜蓄书，顾无力不能多致，留美时节衣缩食，以所余供其弟妹之教养。在清华执教时，始以所余尽购旧籍，初盈，继联架，终则致架上、桌上四周皆书无隙地，致不容人出入。所蓄书以宋人文集为最多，凡数百种。又于厂肆冷摊搜集辛亥革命史料凡百数十种，期赓续访寻，十年后辑为长编，撰民国开国史。一九三七年春与余偕游陕豫，余偶于开封相国寺小摊得同治中兴史料一种，世间传本颇少，荫麟一见必欲余割爱，允以《四部丛刊》本明清人文集十种相易。余勉应之，乃大喜捆抱以去。返校后往索文集，则仅出数种，余竟匿匆肯出也。不数月而战事起，清华园中日夜闻炮火声，则又惘惘抚摩所庋书，蹀蹀终宵，不忍舍去。终则语余以此终长物，能保存者恣取之，力能负为度。荫麟脱手后其夫人为运载入城，迄今犹寄存于厂甸之某书肆中。又喜清谈，在清华时，其读书室与余邻，顾不尝往治事，往往终日箕据余桌上，手纸烟，喷烟满室中，娓娓谈不厌。见案头余所写文，便为提笔改削，手小剪，粘补不惮烦，既竣即持去以实其所主编之《史地周刊》，虽拒之、斥之亦不顾也。又喜深思，往往稠人广座中，忽竟有所属，俣如入定，客有就与谈者，所答非所问，终不得要领。性孤僻，不惯人事应酬，即旧同学亦有时觌面若不相识，然所交多当代硕儒鸿学。心有所不可，辄昌言无忌惮，或形诸文字，坐是或遭人诟诘，勿顾也。平居读书著作辄子夜不休。晚年乃一意治宋史，所著已刊者凡六七篇，皆精警，要言不烦，其趋向盖一变矣。此荫麟性情兴趣之一斑也。

荫麟自奉至薄，自美返国，有衣二袭，一冬一春，结缡时未尝制新衣。不嗜酒而喜吸烟，以价廉为准，初不辨美恶也。来昆后寓余家数月，在护国路桥头买百寿纸烟数百包，包值洋三分，日或尽数十枝。健啖，食肉能尽半斤。尝自诩留美曾学烹调，在平时一日过余家，属购二子鸡，自入庖治之，满头汗出，既成乃无滋味，大笑而罢。婚后之次日，余过其新居，则方蹲坐门前隙地，抟土作小山，栽友朋所馈花，语余以"花圈"花作花山，大妙。余诘其语误，则断断以为花圈、花篮虽不同，其为花则一也。又尝谑余，设君不幸早世者，身后遗文之编印与文、志、传之撰著不敢辞劳，余亦反唇报之。今乃不意其皆成语谶，余果执笔为记其生平也。悲夫！

荫麟早年患心脏病，登高辄心悸。其死乃以肾脏病。吴宓先生尝云其治学似梁任公，以皆粤人，皆治文学、哲学、历史，皆青年名震一时，皆妙手文笔也。呜呼！使荫麟而得年青出于蓝，其成就岂可限量！天不重斯文，未尽其才其学，赍志乃殁，痛哉！

　　余与荫麟交甫十年，就所知含泪记之，至其思想，其在学术上之贡献，当俟其遗著整理后，另为文述之，此不能详也。

十一月五日于昆明

（原载《人文科学学报》，1942 年第 2 期）

# 悼张荫麟先生

王芸生

　　一星期前得张晓峰先生（其昀）来函，谓："此次参政会开会，弟原定前往，因张荫麟兄病势沉重，刻尤危笃，临时中止。现西医束手，改请中医诊治。"语气如此严重，我当时就很为这位学人的生命担心。今天在报上看见他已去世的新闻，把这几天的担心变成悲痛。在我翻检荫麟先生存在我这里的遗书旧稿时，晓峰兄匆匆的来了，他带来一篇追悼荫麟先生的大文，又告诉我荫麟先生的病情经过。这位壮年学者的死完全证实了，我真难过极了。

　　在许多师友向我问询国内学者时，我的推荐均不遗漏张荫麟其人。我认为张荫麟是中国学界的一个国宝。他是清华学生，文学造诣极高。他的中国文学受教于王静庵先生（国维），西洋文学受教于吴雨生先生（宓），所以他东西洋文学的基础均臻佳境。英才卓发，当他做大学一年级生时就为梁任公先生所赏识。他不仅文史淹博，哲学的素养尤深。他讨论古史的文字早已脍炙人口，而在《大公报·文学副刊》及《现代思潮》周刊上发表的文哲史三方面的文章（笔名"素痴"），均足见其学力之超人。他积年经营的《中国史纲》，更是一部未完成的杰作。我认识张荫麟先生，也有一段文字因缘。民国二十二年夏，我接编《国闻周报》，在积稿中发现他的一篇《中国民族前途的两大障碍物》大文，把它编列为第一篇文章。他所说的中国民族前途的障碍物，是为尊者讳、为亲者讳、为

87

贤者讳的三讳主义，及家庭中心的道德观。剖情析理，最足见他的哲学修养。我把选举他的文章的经过写信告诉他。他回信引古人"文字因缘骨肉深"的诗句而订交。先师陈铎士先生（振先）有一次与我谈起荫麟先生，就说："我们广东有这样一个青年，实在值得骄傲。"可见其为先辈所重。以后我在北平见到荫麟先生，把陈铎士先生的话讲给他听，他很动容，我说有机会我当介绍你们二位见面。不料这话未曾兑现，铎师先以六旬高年死于湖北暴民之手，荫麟先生现又以壮年而夭，痛哉！

荫麟先生编著《中国史纲》，规模宏大。计划之初，他曾将所拟的目录寄给我看，并请我担任写甲午战后至二十一条交涉一章。我当时曾回信答应了他，而一诺多年，至今未曾交卷。据晓峰兄说，他在遵义，课读之余，仍以写《中国史纲》为正业。多研读，不苟写，常是弄到深夜一两点钟始睡。他今年才三十七岁，本不该死，而以用功太过，预支了体力，遂致短命。我去年才知道他在浙大教书，就写信给他，请他给《大公报》写些关于教育问题的文章。他回信说，他始终未离教育界，故对教育问题感触最多，很愿写些出来，只因身在教育界之故，转觉有难说话之苦。去年十月二十九日《大公报》曾发表他一篇《关于改善士兵生活之建议》，具体建议改善战士生活的办法。他当时写信给我说："贵报迭次郑重提出改良士兵生活之问题，深获我心。弟向认此为当务最急之一，关系抗战根本，近九中全会召集在即，若贵报于此更作一系统之论列，以弟所知，党中敏识之士将有响应而采作提案者。诚因贵报之倡导，使此事得以实现，其造福国家民族以至数百万之战士，宁有涯量。"其忧时爱国之情，溢于言表。今年一月中旬又得其寄到一文，即另栏所发表的《论修明政治的途径》。我当时读到此文，觉其语旨切直，踌躇再四，一直搁置了十个多月，未予发表。现在荫麟先生已死，

# 悼张荫麟先生

重检旧稿，为纪念亡友，应该为之发表。"人之将死，其言也善。"在悼念这位学人的今天，发表他这篇遗稿，希望特别为人所谅所重。

荫麟先生之死，我特别觉得悼惜。因为这样一个精通国史兼具西洋学识及哲学修养的学者，实在难得。荫麟先生著作等身，年才三十七岁，若使天假其年，其成就直无涯量。我常这样想，时人之有写《中国通史》的资格者，张荫麟应推首选。我近来很以中国学术界的复古倾向为忧，在这时偏偏失掉这样一个邃古贯今、有进无退、学力与年事俱盛的学者，真是中国学术界不可计算的损失。

抗战以来，随着物价的高涨，最感受生活压迫的是读书人，再加僻居学府，忧国情殷，未能尽悉国事内情，迷惘于政治表象，故往往于艰苦生活中又笼罩上一层抑郁的情怀，他们就不免于憔悴了。艰难抗战中，国家忧患重重，最深沉而不易为人发现的，是读书人的憔悴与学术的萎缩。我因张荫麟先生之死，而深有此感。此为关系百代国运的一种潜伏的危机，愿大家速醒，而加以挽救！

十月二十六日灯下

（原载重庆《大公报》，1942年10月27日，第三版）

# 悼张荫麟君

萧一山

在上月赴渝开参政会的时候，听说张晓峰先生因荫麟兄之病而不能出席，不数日忽然在大会场遇见晓峰，急忙地问："荫麟的病是不是已经好了？"晓峰说："已经过去了！"当时顿感觉有无限的悲悼，为国惜才，不仅私痛。

回忆民国十四年的夏天，梁任公先生由天津来信，说清华学校拟约我担任中国史，我很高兴地答应了，因为任公先生任研究院导师，可以朝夕过从请益，为我写晚清史的资料。第一次教务会议，要我请任公先生为全校开一门"中国文化史"，演讲大纲，由我分班指导研究，任公先生也答应了。十月开课，我担任新招大学部一年级四组的通史，和留美预备部四个年级的研究指导，荫麟兄就是预备部一年级的学生。在开始研究的一周内，我发现荫麟兄的国学造诣，不仅为当时一般大学生中间所少有，看他在校内刊物上所发表的论文，有些关于考工制度方面的，简直非老师宿儒所及。因和任公先生谈及，任公先生说："张君之才，殆由天授，吾辈当善加辅导，俾成史学界之瑰宝。独惜其体质太弱，恐不克享天年耳。"我当时也是这样想，所以常常劝他锻炼身体，勿太用功。不久教务长张仲述先生（彭春）告诉我任公先生的文化史讲课体大思精，恐不易授完，要我自编讲义，专讲中国通史的政治部分，学校把我改为大学部史学系的教授。（预备部只有教员名称，是年改办大学，

90

始有教授、讲师之分。）预备部的课程从下学期停开，所以荫麟兄随我上课的时间，大约也不过半年。在此半年中，我们时常接触，教学相长，稍为投契。我不敢说对于他有何影响，但当时我自己有一套理论，就是极力提倡通史、通儒、通才，援引顾亭林、章实斋之说，反对当时饾饤琐碎、风靡一世的考据派史学，我在讲义绪论中曾再三言之，讲堂中也有所阐发。任公先生说我有胆量，有识见，但他不愿公开提倡，因为他受了"新汉学"派的歧视，颇欲争一日之长，实则他老先生的成就，已足远绍亭林，近揖实斋，绝非"新汉学"家所比拟。而荫麟兄今日对于学术界最大之贡献，亦即在此。可以说是任公先生的薪传，荫麟兄实为接承之第一人。使二人地下有知，必当含笑谓余知言也。

劳燕分飞，匆匆已逾十年，我和荫麟兄的消息隔绝了。每见清华学生从美来，必问荫麟兄近况，而尤注意其身体之健康，答者均谓和在清华时迥不同。二十五年，我正主持河南大学文学院，忽然来了一批贵宾，是北平各大学教授来参观古迹的，其中有钱宾四、刘寿民、叶公超、贺昌群诸先生，也有荫麟兄，握手话旧，不胜今昔之感。其时荫麟兄已丰润健硕，不似曩日之清癯姿态矣，为之欣慰不置，因述任公先生前语，期其勉力。这时我听说他正着手编《中国史纲》，并时见其发表初稿一部分于《大公报》，知其史才已臻成熟之境，极望他竟郑渔仲、章实斋以至任公先生所怀抱而未就之业。二十七年冬月，有一天在重庆求精中学内陈部长辞修（诚）的家中晚餐，又遇见荫麟兄，始知其被邀来商三民主义丛书事。同座除主人外，只张厉生、何子星两先生。以后两次同席，交换了不少的意见。我更发现荫麟兄不但学识弘通，而器度修养，亦迥非一般人所能及。举一件小事为例吧：我教他不过半年，实则师生的关系很浅，年龄也相差无几。而他在学校时的成就，业已为大师宿儒所特别器重，在常情则可以朋友论。二十年来亲炙受业的千万学生，一经成名，早把"老师"忘掉了，客气的则改称"先生"，不客气的则改称"仁兄"，而荫麟兄依然抱"一日师之，终身不改"的态度，"执弟子礼其恭"，绝无暴发户之丑态和得意者之骄容。其道德义气，真可以矼当世，砺末俗，永为人伦之表率了。

荫麟兄之学，王芸生先生谓为"国宝"，晓峰先生谓可代表宏博坚实的学风，都是极公允的评语。须知宏博不难，而坚实为难，宏博而不坚实，则有疏浅之弊。"新汉学"家之攻击通儒通才，常以此为口实。任公先生之见訾于人，即由此故。实则任公先生能谓之疏浅乎？乃别派不明学术之源流，有意有此谰说。荫麟兄所谓任公先生之贡献于史学全不在考据，而在史才，其识见固已超越恒流。乃其自为学也，则先从考据入手，尽读马贵与、王伯厚以及汉学家之书，根底既已坚实不拔；游美以后，专攻哲学与社会学，然后冶中外思想于一炉，以尽史学之能事。国史大业，诚非荫麟兄不为功，因为邃古贯今的学者，在目前的中国实在不多觏，复古与趋新，同是近时学术界的大障蔽。因此我深深地感觉：天生奇才而不假年，徒为历史上留一恨事，任公先生十七年前的话，不幸而中。岂真荫麟兄只具夕死其道的精神，殆亦忧国情殷，斯人憔悴的缘故呢……观遗著《论修明政治的途径》，则不尽感慨系之矣。

（原载萧一山：《非宇馆文存》卷十，经世学社 1948 年）

# 哀张荫麟先生

贺昌群

拊心消息过江淮，红泪淋浪避客揩。

千古知言汉武帝，人难再得始为佳。

这首龚定庵的诗，我今借来吊张荫麟先生，荫麟是爱读定庵绝句的。他的才情之奔放敏捷似定庵，他的学问兴趣方面之多，亦似定庵，他在学术上一生的成就，也似定庵。定庵在嘉道间是一个光芒万道的彗星，享年不到五十，荫麟在今日中国学术界是一个可钦爱的美才，如彗星一样霎时便消逝了。自古"才如江海命如丝"！

一年来我知他的病不能多亲笔砚，彼此都不常通信，去年十二月底得到他一信说：

弟年来否塞，至是已极，今后其或庶几转泰乎。闻吾兄正撰魏晋南北朝史，风雨如晦，鸡鸣不已，佩仰！不审已成几许？弟经此病，著作之事，一两年内不能谈矣。一两年后，国家又不知何样，思之心病！

承他提到魏晋南北朝史，令我感愧交集，这心事正不知何时方可了结。在这国恨家愁和生活艰难到有不能一饱的重重忧患中，怎能不受很大的影响！而我自己亦不愿求速，想把中年精力，尽于此书，因此多劳友好们的注念。

他患的肾脏炎，须要绝对休养，然而那勇迈的创造力，仍然笃着他不得不写，那敏捷蓬勃的思考力，使他不得不想，那在斗室里寝馈于书堆中的习惯，谁也不能制止他不得看书。他以为梁任公先生五十外婴此疾，本不致死，不幸误于医术。他这三十几岁人的抵抗力，必不至于如梁先生。在这种信念与失调的情形下，他的病变做了沉疴。

人生终有死，聚而为生，散而为死，泡露水云，奄忽随化，亦何足惜。不过在我们这些后死者看来，荫麟在中国史学上留下的未完的使命，至少现在没有人可为继，是极可悼惜的事。我不说他"赍志以殁"，学者之于学问，譬如春蚕至死丝方尽，春蚕是吐丝成茧，茧成丝尽，忽焉而化，本于生死了无计虑，随顺而已。荫麟弥留时，诵《秋水篇》，与绕床诸生一一握手作别，徐徐气绝。这是一种洞彻死生、齐一物我的境界，我们能说他死的不甘心，赍志以殁么？

他的《中国史纲》止写到秦汉，这一点似乎可说是他难以措怀，也正是无人可以为继的。不过这部书在他真是"但开风气不为师"。中国新史学的基础，如果从北京大学出版的《国学季刊》创刊算起，至今还不到二十年，要从几千年来累积成的浩如烟海的旧史料中，透过一番新的洗礼——现代意识和科学的方法，使每个时代每桩事件，都得重新估价，而与以一种至少在现代认为正确的意义和解释，那末，一部通史的成功，目前确是很难，所以他至今只写到他最有心得的一部分。由此说，所以今日中国的历史学是一个论文写作或专题研究的时代（Age of Monograph History）。西洋史学似乎已经超过了这个限度。专题研究非历史学的最后目的，且其弊容易流于支离破碎。历史学的最后目的，还是在通史——无论断代的或贯通古今的，通史的最大功用，要在能与整个民族的心灵发生关系。我尝说：一部通史的写作，要望学术界多方面的进步，才会成功，我们不能责望一个通史学者对于上下古今的问题都能一一求得正确的结论。他应该是集各种专门研究的结论而总其成。一部通史假如专以排比史料为尽其能事，充其量只可叫作"史料辑览"罢了。

荫麟对于这番意思，深深地知道，又很虚心，在北平时，他要我供给一段隋唐史的初稿，由自己参考剪裁，总因人事蹉跎，加以不敢轻易握笔，便遭七七事变，此后流离转徙，抱残守阙的度日，更是心与愿违，至今引为平生之恨。

这仅仅出版一部分的《中国史纲》，原是为高中或大学的课外读物，多少带些教科书的性质。他的见解不偏不畸，平稳切实，他对于中国文化历史的态度，不作溢美之辞，而有爱之之实，不为轻鄙之论，而有批评纯范之益。尤其使我心折的，是他的组织力之强，文章技术之妙。他的文字简洁犀利，充满了现代精神。什么是现代精神？就是理性主义。理性主义是以冷静的分析能力始，以坚强的综合能力终。可是，他的文字读起来却非常流畅，因为他的为人，有一种潜伏着不易为人发现的深且热的感情；他时时迫着你去随着他想，随着他的思路如剥蕉一般层层的引往论旨的心核里去。他不刁钻古怪的任意自铸新辞，却字字句句有新意义。他曾对我说，他的每篇文字，措词遣句，都煞费一番苦心。古今为世人称颂的著作，虽单文只句，无不曾经千回百转的运思，然而"谁知盘中餐，粒粒皆辛苦"！

今日写中国通史的困难问题，一在客观条件不具，即专题研究的基础还不深厚，荫麟惜不得其时；一是文章的技术问题，如梁任公先生那样"笔尖常带感情"的作风，已经过去了，今日须要理性为主，感情内蕴的缜密之作，从此点说，荫麟是当今惟一的一个英才，他的作风最适宜于此。倘天再假以十年岁月，他对于中国史学的贡献，当是如何！

民国二十一年他回国后，大部分的精力都集中于《中国史纲》。那时我们同在北平，他住清华园，我住城内，我尽我所得，遍买六朝隋唐的书，他也极起劲，专买宋代的诗文史籍，买得难得之书，便彼此欣赏欢快。琉璃厂、隆福寺、宣武门晓市、东安市场，都是我们日常徘徊之地。大约两三星期他总来我家一次，我们时而臧否人伦，时而议论古今得失，多是谈到鸡鸣时分，"清夜沉沉动春酌，灯前细语檐花落"，此情此景，在这五六年的乱离中，我们都常常念着；如今则"人琴俱亡矣"！从那时起，他对于宋史曾下过一番狂热的功夫，这几年中我只见到他三四篇关于宋史的论文。他对于宋史的抱负，似乎心有余而力有未逮，一则倭寇为害，有流离之苦，他的注意恐还是在《中国史纲》；次则他的家庭问题有难言之隐。

荫麟去国前，已有惊人的成绩，那时他还在清华学校念书。民国十三年《清华学报》创刊，他的一篇《明清之际西学输入中国考略》，许多人都以为是在清华教书的人所作，那知是一个不到二十岁的青年。随后在《燕京学报》发表的《伪古文尚书之反控与再鞫》《九章及两汉之数学》《中国历史上之奇器及其作者》诸篇，都有很多的贡献。

他将回国前，在天津《大公报》副刊上以"素痴"的笔名连续发表《戴东原扶乩语录》，是极有风趣的哲学讨论。当时他那运用语体文的惊人天才被发现了，有些人便希望他能写成一部文学意味的历史巨著，如吉朋的《罗马衰亡史》，这大概是他得有机会写《中国史纲》的外在原因。不久他又以同样体裁发表了戴、赵《水经注》问题的文字，这动机我却略与有荣。有一次在我书屋里谈到夜深时，他默默地有所会心，"唔，要替戴东原说话"。他的行动，他的言谈，常是默默而含蓄地，他的内心却燃着一团火似的。

八一三战事初起，我们都在浙江大学任教，在敌机轰炸下，相聚数月，后来他随浙大分校迁天目山，我仍住杭州，不久他又转长沙返临时大学即今西南联大。二十七年他一度留重庆，我由广西宜山入蜀转乐山，在重庆与他和贺自昭先生相聚数日。他与自昭见面，总有一场辩论，而二人的友谊却有逾骨肉。他亦有一番政治抱负，但在今日以书生而谈天下大事，岂不是徒然自苦而已。

三十一年十一月二十四日辱交贺昌群拜述

（原载《理想与文化》第 2 期，1943 年 1 月）

# 关于张荫麟《中国史纲》编著经过及其他

张仲锐

编辑先生：

　　顷于十月四日天津《大公报·图书周刊》，读到巨秣先生的《中国史纲（上古篇）读后感》一文。因此，想起十五年前我帮助张荫麟兄搜集有关国史种种材料，如近百年来政治与社会演变史料，以及清末民初国内各书局所编印的历史教科书的旧事来。每有所得，我必俟他星期六下午由清华进城到我家时，交给他看，他以为有用，我就送给他。在他的藏书中，辛亥以来革命史料，及各种中国老版历史教科书，可以说大部分是我送给他的。他与我家的关系至深，不但是东莞同乡，他的父亲张懋予老先生，是我的远房同族叔父。

　　当民国七年的夏天，懋予叔从广东带荫麟来到北京，先住在骡马市大街泰安栈，当天就携同他来谒见先君篁溪公。那时他不过十三岁，我只十岁。我还记得他那天，穿着白夏布长衫。懋予叔让他见过先君之后，他同我初次见面，彼此略说了一两句话，当天就将行李移到我家，懋予叔住到我家的东书房，我与荫麟同榻。听懋予叔向先君说，这次因为荫麟在广州考中了清华学校，特送他来上学的。不久荫麟到了清华园，懋予叔也就回去了。荫麟入学，乃由先君作保证人及监护人。

　　在校数年，每逢星期六放学，他进城就来我家过宿，直至一九二九年在清华大学毕业，到美国斯丹福大学学哲学。四年之后，他回国任母校历史教授，也常进城。那时他同伦哲如（明）丈的女公子伦慧珠热恋。哲如丈对于荫麟与慧珠婚姻事，不甚同意，我问他为何缘故？哲如丈说，荫麟走路脚跟不落地，必主短命之征，所以反对慧珠嫁他。其后屡经磨折，皆由我继母向伦家说情，婚姻乃能成立。结婚那天，是在北平西单牌楼西长安街广和饭庄。那天下午二时客人全到齐了，惟独荫麟到了东城留美同学会参加哲学会，等他回来，已经使客人等着不耐烦。他穿着一套藏青旧西装，新人是穿着一套白色便装。举行婚礼时，一切俗仪，即最普通的音乐，全都免除。是日主婚人为先君，我则为有名无实的介绍人，来宾中有顾颉刚、容庚等。结婚之后，他俩居住清华园，生活相当舒适。那时正是一九三五年，由翁咏霓介绍，受教育部委托，主编高、初中及小学历史教科书，国防部好像也有些津贴，月中可得八百余元，还有些购书费。那时荫麟经济比较优裕，时常在例假日，请人到他家吃饭，我也常去。

接着不久七七事变，大约过了一个多月，荫麟不耐烦，就准备到天津转道南下，书籍全部运至烂缦胡同东莞馆、我家后院、伦哲如丈家暂存，其中有他编的《中国史纲》中古史以后之稿。行前一夕，他与我在家痛饮剧谈，并打算到南方有了事，还来约我去。当晚我写了一封信给他在津找我岳父，好给他计划搭船南下的事，并代他换好整张大数法币，缝入衣裳角中。谁知从此一别，我与他就永诀了。

后来他来信托容庚将他《史纲》下半部未完之稿，检出寄到内地去，不久因为无法通信，也就没寄。去年（三十六年）夏天，容庚回平，将书籍运往广州，我帮助他整理打包，曾问他，荫麟近世史的稿子究竟寄到南方没有。容庚告我说，因为路不通，没有寄，正说时，在书柜中发现一大包，大约有二十来斤重，打开一看，确是荫麟所涂改的明清以来史料，其中也有是荫麟作的，也有登报应征来的。我对容庚说，荫麟已作古人，为了纪念他，《中国史纲》，你如能担任起来，代他整理，在《岭南学报》或其他学报发表一下，也不辜负他一生心血，容庚也以为然。容庚还说，当时与荫麟从事此工作的吴晗先生，现在清华任教，或者将此一包稿子送到吴先生处，由他负责整理，也是一个办法。今容庚回南又一年多，未知此事究应如何办理，凡属荫麟的朋友，没有不愿意观成的，甚望容、吴两先生能将这个未成之业，担负起来，以完成一部《中国史纲》，用以纪念我荫麟兄。

望先生能将此信在《图书周刊》发表，使关心荫麟兄的人们，多知道一点关于荫麟的生前与死后的消息。

张仲锐上。三十七、十、七，于张家口。

（原载天津《大公报》，1948 年 10 月 25 日，第四版）

# 略论张荫麟先生在史学上之成就

方 豪

　　亡友张荫麟先生与余缔交才五年耳，五年之交不为久，然五年以史学始，以史学终，则亦不可多遇者。民国二十七年秋，余自浙入滇，参预《益世报》复刊筹备事宜。因鉴于抗战后，各报学术性副刊相率中辍，实为文化上一大损失，遂不顾其事之影响报纸销路，妨碍报纸广告，力主恢复学术副刊，君乃与姚从吾、容元胎诸先生负编辑《史学》之责。及《益世报》移刊重庆，《史学》亦相俱北上。迄二十九年六月，敌机狂炸陪都，报馆中弹受损，报纸缩为半张，《史学》始与其他各副刊同时停止出版，实大不幸也！三十年夏，余以体弱辞报务，来浙大讲学，复与君同事于史地系。是年冬，友人缪彦威、谭季龙、夏朴山诸君，谋出刊物，以专载有关文史研究之作，君亦竭力赞成，旋以经费无着，印刷困难，复由余商得《益世报》同意，附该报问世焉。迨《文史副刊》既出，而君病矣！君病中犹前后撰作三文。今副刊将期年，而君已不及见，余何能无感于中？

　　或问：张君在史学上之成就若何？余曰：难言也。以其工作之勤，研究所得，与其年事相论，亦可谓无负于天，无愧于人矣。以论其业，则实未足以言成功也。虽然，此非君之过也，大器必晚成，晚成必假以岁月，天夺其年，使大器终于不能晚成，则岂人力所能为哉？向使天假以年，则自其已往之努力情形观之，其成就岂只区区？论者每惜其早熟，夫君在史学上之早熟，诚不必讳言，方其发表《老子生后孔子百余年之说质疑》一文于《学衡》也，年甫十七耳，已为梁任公所心折。明年又在《清华学报》创刊号登载所著《明清之季西学输入中国考略》，时君犹肄业清华中学也。虽然，早熟何足为君病？世之早熟者亦不为少，或初则光华灿然，继即枯败萎谢，君独不然。君为学不稍懈，虽病中不释卷，而所为文亦愈出愈精，则所谓早熟者，得天独厚而已，得天独厚者，能无负于天，斯可矣。或以为早熟不足病，惟早熟而早露于世，则诚不可为训。余曰：君著述发表之早，梁任公与某某数先生之事也；任公素主张著述之可以发表者，宜早日公诸于世，以求世人公评。揣任公之意，盖谓非此不易求进也，其旨未尝不佳，惟青年人鲜能不因此而故步自封，或不因此而恃才傲物也。余故曰：早熟不足为君病，惟早逝可深叹惜耳！

中国史学之不振久矣，外人至诮我国为无国史之国。余所交欧美学人，往往以介绍一可读之中国史为言，诚无以应也，故近二十年来国人对于新国史之期望至殷。虽然，此岂易事？新中国通史之不易完成，史料之整理，要为一先待解决之问题，故必须有科学之研究精神，辨其真伪，是者是之，非者非之，还其本来面目，夫然后乃能有信史，而张君即具有此种研究精神者。除前引二文外，若所著《张衡别传》（《学衡》四十期），若《宋卢道隆吴德仁记里鼓车之造法》（《清华学报》二卷二期），若《燕肃著作事迹考》（《浙江大学文学院集刊》第一集），若《五代时波斯人之华化》（重庆《益世报·史学》三十二期），若《宋武功大夫河东第二将折公墓志铭跋》（重庆《益世报·文史副刊》第七期），胥为一人一事之专题研究，初不以其烦琐而不屑为也。

今人之痛诋"历史专题研究"者多矣（按近人多喜以"考据"二字称历史专题研究，实为不当，兹改为今称），或讥为玩物丧志，或訾为破碎支离；实则学术研究皆各有其兴趣，惟真沉浸于其学者，始能领略其兴趣，沉浸既深，自然乐此不疲，乐之至极，乃近于"玩"，但玩物不必丧志。近人贪易就便，惧行险窄之途，见作历史专题研究者，瘁心劳神为之，乃讥为玩物丧志，毋亦太谬乎？若破碎支离，尤为宇宙必有之现象，有整体必有部分，宇宙奇观，固合无量数破碎支离之部分而成者也；大厦之立，非资于个个分离之砖木不可，巨器之成，亦非赖于个个不同之零件不可。吾人在学术上之贡献，往往系于各个人治学之能力与兴趣，不量力而为之，必致无成，反兴趣而为之，亦难期有效。苟其能力兴趣近于为专题之研究，则终身由之可也。作专题研究者，不可无通史之识，而不必有通史之作；有志作通史者，不必为专题之研究，但不可无专题研究之精神。作专题研究者百，作通史者一，前者不患其多，后者不虑其寡。若君者，以锐志作专题研究起家而以尝试为通史之作终者也。通史之作，下当详论，若就专题研究言，则君所作，不惟甚少疵累可言，且对于历史上之疑案，亦有不少明确之论断。上引《老子生后孔子百余年说质疑》一文外，他如《司马迁疑年之讨论》（《大公报·文学副刊》一二六期）及若干关于古史辩论之函件皆是也。而《跋今本红楼梦第一回》（《大公报·图书副刊》第七期）说明今本第一回第一段为注释而非正文，亦有独到之见。张君病中，且以其历史研究之精神，用于国药医方之探讨，其后病势加剧，或由于医药误投，亦未可知，谯者至笑为"考据"误人，但其研究精神，固可佩也。

谈张君史学成就者，莫不推重其《中国史纲》第一册。此第一册《中国史纲》有浙大史地教育研究室石印本及重庆青年书店铅印本二种。前者为君在遵义所手校，错误较少，出版后，各方评论已多，可勿赘言。君终前，并遗有订补本，已准备再版，不久当可与世人共见。订补本如何，在未出版前，吾人亦不欲有所评列。可言者，即第一册仅有八章，叙述至楚汉之战而止，现存遗稿，尚有第九章《大汉帝国的发展》，第十章《汉初的学术与政治》，第十一章《改制与易代》，第十二章《汉帝国的中兴与衰亡》，第十三章《大汉帝国的崩溃》（仅约五百字），此外又有关于魏晋南北朝之残稿三十二页，尚未定名，以上皆为未竟之作。将来是否插入《中国史纲》，不得而知，然仅就此而论，余亦可断言通史之作，决非君成功之业。谓为不成功者，不仅以其只有第一册也：（一）民国二十二年三月七日君自美国斯丹佛大学致函张晓峰先生曰："通史艰巨之业，决非少数人之力所克负荷。"少数人尚不克负荷，君一人之力，又曷能肩此重任？君又曰："断制营构，固须自运匠心，至若网罗散佚，分析史材，及方面之综合，则非资众手不可。颇拟约集同志，先成一国史长编。此非徒为少数人谋，后来任何有志于通史者，均可用为资藉。"（见石印《张荫麟先生遗札》之一）国史长编之事尚未实现，而《中国史纲》第一册即已出版，则其不能为君所惬意也，可想而知矣。（二）闻君《史纲》之作，系受国防设计委员会之委托，用力或不为不勤，但在时间上言（即国史长编未完成前，先出通史），谅非君所能同意也。（三）君生前又尝为学生言：《中国史纲》全书出版后，每十年将重修一次，加入重要图版，五十岁后或可写定成书。（四）其寄张晓峰先生札中，又云："弟深愧于地学毫无素养，他日必先于本国地质地势稍加参究，并恣游秦、晋、宋、鲁之故墟，然后敢下笔写国史也。"（见同上）君回国后，游踪所至，仍限于滨海之地及西南各省，秦、晋故墟，既未尝一临其地，即地质地形各端，就吾人所知，君实亦未尝涉猎也。然则君岂敢目其《史纲》为成功之作乎？彼自己不愿认为得意之作，而他人诹之，可乎？顾君非无通史之才也，向使国家升平，群策群力，国史长编计划，累能如期竣事，而又能假君三十之年者，则通史之完成，庶可望也。乃不寿而终，悲夫！

君治学之勤，研究之精，及通史之不幸而早产，吾人既略言之矣，试更一言其治史之范围。

君治史之范围颇广，要而论之，厥有数端：在断代史中，当以宋史方面，用力较多；其次则中国哲学思想史、中国科学发明史、中外文化交通史，亦各有片段之研究，为依次论之。

君对于宋史若干问题之研究，发表颇早：若《南宋亡国史补》（《燕京学报》第二十期）、《〈宋史·兵志〉补阙》（《中国社会经济史集刊》五卷二期）、《南宋初年的均富思想》（《大公报·史地周刊》八十七期）、《北宋土地分配与社会骚动》（《中国社会经济史集刊》六卷一期）等。今春，君复集旧作八篇，为《宋史论丛》甲编，曰：《宋太祖誓碑考》《宋太祖庙堂石刻考》《宋太宗继统考实》《宋代之杀婴习俗》《宋代之身丁钱》《宋代南北社会之差异》《燕肃考》《折可存考》。为《浙大文科研究所丛刊》第三号，亦在待印中。至近年则其研究宋史之趋势，已倾向于《史纲》之编著，如所撰《宋代的开国和开国规模》《北宋的外患与变法》（《思想与时代》第四、五、六期）胥是也。其遗稿中有《北宋四子：生活和思想》一文，则为拟撰《宋代思想的主潮和代表的思想家》之一部分。此外，君去年在浙大授唐宋史时，曾讲及《女真的兴起与宋金的和战》《蒙古的兴起与金宋的覆灭》，亦皆为作《史纲》之准备，惜未完成。（二十九年六月十三日重庆《益世报·史学》有君《刘锜与顺昌之战自序》一文，可知君必有宋金战史之作也。）

君留学美国时，研究哲学。尝自云："国史为弟志业，年来治哲学，治社会学，无非为此种工作之预备。从哲学冀得超放之博观与方法之自觉，从社会学冀明人事之理法。"（见石印《遗札》）因其研究哲学也，故亦尝注意中国哲学家之思想：如所撰《陆学发微》

（《国立云南大学学报》）说明陆象山学说之理论与实践；《王阳明以前之知行学说》（《浙江大学师范学院院刊》第一集第二册）则推论阳明之知行合一说，出自程伊川、杨龟山、陆象山、朱晦庵及王仲任者也；遗稿《北宋四子：生活和思想》，则论述周濂溪、张横渠、程明道、程伊川四人之新说者也。遗稿之首有自识云："予近撰《宋代思想的主潮和代表的思想家》一文，分三大段：（1）北宋四子；（2）王荆公及其新学；（3）朱陆与南宋道学。将于本刊陆续布之，此其第一段也。"盖君预定在《思想与时代》月刊发表者。

君一生著述中，又极喜表扬我国之科学发明家，所著《中国历史上之奇器及其作者》（《燕京学报》第三期），直无异一部"中国第一流物理学发明史"之缩影也。民国十三年时，君即于《东方杂志》（廿一卷廿三期）发表《纪元后二世纪间我国第一位大科学家》一文，称述张衡对于天文历算之贡献；既而又撰为《张衡别传》，刊登于《学衡》第四十期。同时并译英人 A. C. Moule 所作《宋燕肃吴德仁指南车造法考》（《清华学报》二卷一期）；又著《宋卢道隆吴德仁记里鼓车之造法》一文（《清华学报》二卷二期），俱民国十四年所作也。至二十九年，更撰《燕肃著作事迹考》（《浙江大学文学院集刊》第一集），除研究其家世、行年、仕历与诗画造诣外，特别提出其"海潮论"与改良刻漏之法，即所谓"莲花漏法"。君于是文之首有言曰："在我国历史中，以格物创物名世之士固寥寥，然此寥寥若干人，亦未受过去史家之充分注意。"后君又作《沈括年谱事辑》（《清华学报》十一卷二期），亦侧重阐扬沈氏之发明。君之表彰我国发明家，其用意所在，盖显然也。

中外交通史之兴起，源于欧美人之研究（中国学）（Sinology）与乾嘉后我国学者之注意"域外地理"，若何秋涛、魏源、李文田、洪钧、丁谦、王国维诸先生，皆致力于此者；然造成东西交通史学科之名者，则不能不推日本学者那珂（通世）、三宅米吉、箭内亘、白鸟库吉、羽田亨、桑原骘藏、藤田丰八、高桑驹吉、中山久四郎诸氏。我国以近代科学方法为中外交通史研究者，颇为晚起。君在《清华学报》一卷一期所发表之《明清之季西学输入中国考略》一文，其材料虽取资于《大英百科全书》等第二流材料者为多，仍不失为开风气之先者。十七八世纪西学输入我国与耶稣会教士关系至深，然天主教人士之注意此问题，虽早有石印本高珑罄氏（Colombel）之《江南天主教史》（ *Histoire de La Mission du Kiangnan* ）及费赖之氏（Pfister）之 *Notices biographiques et bibliographiques sur les Jesuites……en Chine*（冯承钧节译本作《入华耶稣会士列传》），但俱为非卖品，非有关系者不能获得，且皆为法文原本（后者现已有排印本出售）。教中人以国文论述西学东渐之经过者，则有徐宗泽氏之《明末清初灌输西学之伟人》一小册，但已在张君后二年矣。此外则君尚有《五代时波斯人之华化》一文（重庆《益世报》二十九年五月三十日《史学》），亦与中外文化交通史有关。去年六月，君在《思想与时代》第十一期发表《论中西文化的差异》一文，是为君生前发表之最后一文，其时正在病中，体力不支，不无影响其文，如引《新约》二语，而即谓基督教伦理观念与中国传统伦理观念相悖，实不免近于武断。穷毕生之力以研究一影响全世界人口五分之一，下上二千年之宗教思想者，犹不敢轻言，则其事岂易言哉！

君又有遗稿曰《通史原理》，上篇为《论史实之选择与综合》，曾摘载于中国青年书店出版之《中国史纲》，下篇为《论传统历史哲学》，曾发表于《国风》杂志二卷一期；附录二：一为 J. A. Froude 之《论历史科学》（发表于昆明《益世报·史学》二十四、

二十五、二十六等期），一为 R. H. Crehon 之《近代西洋史学之趋势》（《中国青年月刊》第一卷第五号第六号合刊）。据君自序，则前二篇亦译文也，惟未注明出处耳；后二篇为君口授，门人容琬女士所译。以非君创见，兹略而不论。

十二月十一日，君卒后既满七七之期，谒墓归来，就灯下写为是文，山寺萧萧，新月入室，张君地下有知，其谓之何？

余草右文竟，乃并录张君未刊稿《论传记文学的创作》中，所拟传记文学必须具备之"真"的条件于后，余文合君之条件与否，世人当共见也。

一、愈抽象愈不真，愈具体愈真。

二、愈缺乏个性的愈不真，愈富于个性的愈真。

三、愈缺乏情调（即生命力的表现）的愈不真，愈富于情调的愈真。

民国三十一年草于贵州遵义

（原载《书目季刊》第 13 卷第 4 期，1980 年 3 月）

编者按：方豪另文回忆在遵义浙江大学工作两年，同事张荫麟先生逝世是最令其伤心的两事之一。"临终前，他告诉我：他将永生，因为他相信人有灵魂。卒后，由我接洽，安葬在一座旧的天主教墓地。"见其《在万山丛中的浙大》，《浙江文史资料选辑》第34 辑，1987 年 4 月。

# 张荫麟君事略

《中国社会经济史集刊》编辑部

　　张君讳荫麟，自号素痴，广东东莞人。少歧嶷，读书通大旨。年十六，毕业省立第二中学，考取清华中等科三年级。民国十八年夏，卒业高等科，以高第派遣留美。入斯丹福大学，得文学士、文硕士学位。二十二年自美取道欧洲返国，遍历英岛欧陆诸邦。二十三年任清华大学专任讲师，授课哲学、历史两系。越二年晋教授。芦沟桥事起，孑身南下，应浙江大学聘，讲学天目山中。旋去之长沙。二十七年主讲昆明西南联合大学。二十九秋，复就浙江大学聘于遵义。教学劬苦，遂婴痼疾，三十一年十月二十四日竟不起。年仅三十有九。

　　君资禀英迈，于文哲诸学靡不窥其奥要，尤邃于史，雅擅为文。生平著述都凡百万余言。壮思泉涌，词锋飙发。其文赡，其辞丽，其识精，故其旨远。理致条达，笔端恒挟情感，誉之者谓新会梁氏以后一人焉。常病国史芜累灏瀚，而时人治之者，或困于挦撦，博而寡要；或侈陈考据，割裂支离；皆为未识其大。思欲钩玄抉精，溯史迹之渊源，探人群之苦乐，进求因果之关系，旁及时空之歧异，而以文化之价值为笔削之准绳。勒之长编，运以冥搜神会之功，驭以镕裁严谨之法，融会众说，整齐异闻，不以一家一隅之史观自囿，使史之本来面目、真实层序灿然复睹，其平居抱负多在是，遗著《中国史纲》其发端也。君哲学思想凡三变：少年笃嗜尼采、叔本华之说，其表见于文史者为奇思苦语，劲骏跌宕。中岁转宗新实证主义，颇亦学《易》，复精研数理逻辑，史学之作亦造平实。乱离以来，潜心宋史，于陆学往往能发其微；病中则又颇爱柏格森之直觉论，时复讽籀庄老之言，而史观益趋超放。省君遗著，当可征验。君论议谔谔，喜言时政得失、生民艰虞。愤悱之情，时时呈露不自遏。曾任本刊主编，有《〈宋史·兵志〉补阙》《北宋土地分配与社会骚动》数文登载本刊，阐微订讹，甚为学人所称。至其文章志节、学术行谊，世论之言已详。今兹仅就见闻所习，摭其崖略，以志哀思。

论曰：自经史殊辙，淹贯维艰，学者之所获遂浅。君以天挺之资，浸淫周秦诸子宋儒之说，覃心西土名物理数之旨，镕经铸史，深造自得，用能蹊径独辟，壁垒森严，盖亦一时之俊乂也。不永其年。惜哉。

## 附：《中国社会经济史集刊》第七卷第一期"本刊启事"

本刊原设有编辑委员会，除本所研究人员以外，另聘请所外专家张荫麟、吴晗、谷霁光、孙毓棠、朱庆永、夏鼐诸先生担任之，兹因抗战期内，委员分处各地，无法聚会，编辑事宜暂由本所同人负责，诸先生对本刊热诚爱护，贡献良多，合书数语，用志不忘。

本刊前任主编张荫麟先生惜于去年秋间病逝，同人等谨撰事略一篇，刊诸卷首，以记哀悼。

（原载《中国社会经济史集刊》第 7 卷第 1 期，1944 年 6 月）

# 张荫麟先生逝世 [1]

王锺翰

　　著名青年学者张荫麟氏，于三十一年十月二十四日，在遵义国立浙江大学逝世。享年仅三十有七。氏无字，间自署"素痴"，粤东莞石龙人也。生平著述甚富，已成《东汉前中国史纲》十一章、《宋史论丛》八篇，并有《民国开国史长编》《宋史新编》等未就。其他论著，散见于报章杂志者凡百余万言。天不假年，令人悲悼。

　　（原载《燕京学报》第 30 期"学术消息"，1946 年 6 月）

---

1　该期《燕京学报》的"学术消息"栏特别著文介绍"民国三十年至三十四年间逝世之著名汉学家"，其引言谓："自世界第二次大战爆发以来，战祸延于全世，兵燹离乱之惨，为空前所未有，学人乐道安贫，处境尤艰。吾国自七七事变以后，国学名家，或忠贞自持，愁苦以终；或慷慨赴义，身膏敌刃。若张孟劬、冯承钧、张荫麟、吴其昌诸氏之逝世，姚名达先生之殉国，皆我国文化界之重大损失。而法国自沦陷以来，学人艰苦，不下中华，汉学三大师，皆于战争期间，相继逝世。大儒凋落，冀北群空。此尤西方汉学界之大损失已。特辑诸大师事略，用资景仰。"

# 敬悼张素痴先生

孙次舟

近于报端见到浙大教授张素痴先生逝世的消息（日期是十月廿三日，地点是浙大所在地——贵州遵义），这在我，除掉如新闻记者所致的"惋惜"而外，另有着一些别的感想，浮于心头。

这些年来，每听到一位熟悉的人物之死去，便会泛起无限的凄惘，尤其死者是一个"天才"，或在交际上有过一度往还的人。这凄惘会盘旋于心头经时而不散。去年听到滕若渠先生的死讯，当前听到素痴先生之死，均使我有不能已于情和不能已于言的感觉。

我和若渠先生的接触，是在民国廿六年夏季由反驳他对南阳汉画像中乐舞的解释而引起的。滕先生主张南阳汉画像中乐舞是巴渝舞。我反驳他，巴渝舞是一种乐舞，南阳汉画像所表现的是唐朝人所说的"百戏"。那时滕先生正在南京行政院当参事。他见到我的文章后，曾来过几次信，不但赞成我的考证，并吐露极端坦白率真的话。意思记得是这样："个人自行政以来，每日的时间都被办公厅占去。傍晚归家，精神已经透支，而知友们多以过去曾写作练习，纷来索文，却既不恭，只有于夜阑人静，一灯萦绕之际，强打精神为之。资料之未能备，论断之未正确，那是事实使然。行文之始，本已惴惴；文成之后，总希望由此引起同好的兴趣，继续作研究，探得竟究，所以读到反对的文字，从不愠怒，非常高兴。"像这样坦白率真，容人论辩，在我所接触的文人中，实不多见。后来于四

112

川遇到黄仲良先生。他是若渠先生的老友，每谈到若渠先生，总要说他善取人之长，乐助人治学，与一般时流的文人居心不同。我于若渠先生的突然逝世，哀悼之余，又深以廿七年冬道经重庆停留一月之久，未曾与他谋得一面为憾。

我和素痴先生的往还，是在去年夏间，由他那《中国史纲》第一册而起的。他把那书拆开，裹成一卷寄我。他说："书的分量过重，拆开来作新闻纸寄，一定快些，收到后望再把它订起来。"他又说："你对古史考证颇有工夫，希望能不客气地指正我的错误。"后来他又寄给我一篇考论宋朝人物的文字，似乎是由浙大校刊上撕下来的单页。因为我对此不在行，看罢便放入杂志堆，一时未易检出，所以题目也说不清了。

素痴先生是称得起所谓"天才"的，这是留心中国学术界人物一致的口碑。顾颉刚先生曾对我说，素痴先生写驳他古史主张的文字时，仅是十七岁的幼年；而我之注意"素痴"这笔名，感到他学问方面之广和见识之卓，是在八九年前于《大公报·文学副刊》见到他驳正郭沫若先生歌德《浮士德》第一部译本的错误为始的。后来于贺麟先生所译《黑格尔学术》附录中又见到他对黑格尔哲学的意见。这使我对素痴先生发生了无限的兴趣和钦仰，以为一个年纪如此轻的文人，对史学、文学、哲学均有着修养，且均有个人的独立见地，而写作又如此的不苟，这恐怕就是所说的"天才"表现罢。如果天假以年，由成熟饱满中流露出的一字一句，将均如真金美玉般的名贵，又岂是当前中国学术界一般水准所能衡量？想不到他竟如此的突然死去，年轻的，未满四十的，如颜渊的短命而去。交情的哀悼，还居其次；这中国学术界的损失，将永远无法加以弥补了。孔子为甚么对颜渊之死哭泣的如此哀恸，不外颜渊有可以大成的"天才"与"希望"而死之过早。我以为中国学术界之对素痴先生也应作孔子般的哀恸啊！

据友人的传记，若渠先生之死，一如素痴先生之死，虽然均是以"病"，但相伴的还有爱情的裂痕。真像究竟如何，我们不能确知。但人的确都寂寞的死去了，而爱情的破裂或消失，对于一个文人、一个天才，也的确有致之于死地的力量。这有过去的史迹，给作者证明。

既号文人，又称"天才"，多半是极端尊重意志的超人。他有思想，有主张，有他个人的处世态度。"不与世谐"当是古今中外的天才文人共有的趋向罢。为了不肯谐俗，社会便要横暴地施以压迫，但这意志坚强的"天才"不会因外来的暴力而有所屈挠，有所妥协。他将抱着满腔热情与这浊世搏斗。他不惟不染俗尘，他还要在旁边督责着，指导着，要社会走上一条理想的路途。"文人"总是少数，"天才"更是少见。当他满腔热忱不能被社会所了解所接受的时际，一定要招来四面八方的非难与攻击，于是不能不为迎战而疲劳，而负伤。到了劳顿过度，或略负创伤，便不能不暂事休息，以求再战，于是所谓"爱情"这东西，便作了天才的躲避的休息所了。

凡号为人类的，总会知道爱情在人生中之可贵，但真领会爱情的深处和知道他的重要的，莫过于号为天才的人。因为一般人之于爱情，是要以此为沉醉，以此为发泄，或以此为交换某种利益的工具。天才们之于爱情，则异乎是。他是要由爱情中取得温暖，取得同情，取得休息，甚至取得保护。一个天才，往往受到社会的冷酷待遇。一个天才，很不容易被一般人深切了解。一个天才，他不会琐屑米盐的计划，穿衣住屋的打算。这一些缺陷的补救，只有仰仗于爱情之巨手。如果一个天才未曾得到爱情之助力的，这会使人怀疑着如果有了助手，他更伟大一些。如果获得，无端又告消失，这天才便要使人担心着会突然归于毁灭。

……

据友人的传说，素痴先生的身体不健康。过惯了清华教授生活的他，骤然来到这战时的昆明，百物腾昂，居处湫隘，已经搅乱这沉潜书斋、惯发奇想的心境了。更加突然而来，若汪中《自述》所说的"勃溪累岁"，这将如何使一个天才文人生活下去？为了安定心情，才由友人的规劝，转向浙大执教。孤单一身，蛰居于城角的一间民房之中。一榻一桌，别无长物，起居饮食，全需自理，这真使他感到无法料理个人的生计了。抑郁孤寂的生活，过渡了将近二年，终于文星失色，在人间收敛了未曾吐尽的光芒。

……

在素痴先生生前，我未能如命，给他的《中国史纲》写出一点批评；在素痴先生死后，我又不知应当如何去纪念这位有天才而未得永年的文人。心绪骚乱的写出上面这些话，我不会知道对于死者有何用处。我冒着责难，说出有些天才的共同缺陷。我悲悼的是和素痴先生，也和若渠先生一样，素未谋面，竟成永诀。

我对还生存着的天才们，当怎样给以助力，给他以保护呢？这责任自然会落到我的身上。我们不怕饥饿，不怕威迫，不怕炮火，所怕的只是精神的寒冷。我希望人们不要听信萧伯纳的嘲笑，说有些天才会为了爱情而变凡庸。我们生长在中国的地方，我们应给中国的天才作打算。有人说天才的素痴先生自游美国之后，便很少学术的表现了，又有些人为了素痴先生之很少表现，颇露忻喜之貌。我真不明白中国怎会活动着这样一些缺乏热血的人，我更不明白中国的男或女，对天才是这样的嫉妒与无情。

呜呼！我凄惘不能多言，谨以此追悼素痴先生，并向两性发出

"保护天才"的呼喊。

（原载重庆《中央日报》，1942 年 11 月 2 日）

# 悼念张荫麟先生

张卓华

　　阅报见到张荫麟先生于十月二十四日在遵义逝世的噩耗，初尚将信将疑，及读《大公报》悼惜论文（见十一月八日该报"星期论文"），证实此消息，顿感无限悲痛！

　　荫麟先生，民国十八年毕业于清华大学，旋赴美游学。二十三年，获美国斯丹佛大学硕士学位，即归国在母校任教，时年仅二十八岁，英迈之气，现于眉宇间。越年，应教育部之约，休假从事于历史教科书之编纂，居清华南院新式精致小洋房中，工作室四壁皆书，地板上间亦有之，琳琅满目，美不胜收。入其室如入书库。视其人，温文尔雅，和蔼可亲，谈吐明快，使来访者毫无陌生之感。

　　二十四年冬，敌伪酝酿华北自治。平津青年学生及名流学者，奔走呼号，荫麟先生尤义愤填膺，猛烈抨击妥协派，及顽固分子，对热血沸腾之青年，则亦劝其持重以"为一个伟大之将来准备"。二十五年冬，曾应笔者之请，特为清华《觉报》撰《学生与政治》一文。以历史家之眼光，阐明学生与政治的关系，郑重指出："今日的青年即二三十年后的中年，现在政治上受支配的青年，二三十年后，即成为支配政治的主体，现在青年的政治意识，即决定二三十年后政治的形态。"举例言之，上次大战叱咤风云，莫可一世之法国老虎总理克里蒙梭，即普法战争时忍辱含垢之青年。在内外交相煎迫之下，中国之青年既已昂首怒吼，则"我之欲兴，天莫

117

之阻"。所以，远在"九一八"事变时，先生在美致书友人，说："弟于国事对目前悲观，对将来则不悲观。"其忧国之深，对青年期望之切，与夫自信之坚，溢于言表。

先生富于热情，勇于任事，乐于助人。凡有所请，莫不欣然承诺，诺必行。回忆二十五年冬某日上午，谒先生于清华南院，并乞赐稿。一进门，见先生正埋头书籍间，忙于历史教科书之撰述，几不敢说明来意，自忖说亦徒然，继思既来何妨试之，结果竟令人喜出望外，先生慨允抽暇执笔。归途犹存疑问，不意当日下午突然来电话，谓稿已交工友送下。话犹未毕，先生之稿已至——此即《学生与政治》一文也。先生作事之认真，治学之辛勤，有如此者。

二十六年夏，笔者离平返桂，临行前曾数趋谒请益，先生勉励有加，并特为作介绍函数通，嘱至广州访中山大学教授某某及其他至友某某等。先生于西洋文学，造诣极高，尝谓笔者曰，学习外国文无他道，惟有抱住书本早夜钻研而已矣；所谓"熟读唐诗三百首，不会咏诗也会咏"者是也。先生之聪明才智，或并无多少过人之处，然先生治学之毅力，虚怀若谷之态度与安贫乐道之精神，实为常人所不及。

芦沟桥事变后，母校南迁，先生只身逃出虎口，改就浙江大学之聘，浙大几经播迁，先生亦随之流离转徙，中间曾一度回广东东莞故乡，不久复返母校——已合并为西南联大——至二十九年，又重回浙大。年来物价暴涨，教师生活之艰苦，举世周知，一般人恒有"读书十载，不如扁担一条"之叹（参看十二月七日《广西日报》），观于朱森教授之死而益信。故少数教师学生、闻人学者，"由于情绪的烦闷与生活的诱迫"（查看五月四日《大公报·为青年忧为国家惧》一文），见异思迁，或改行从商，或中途变节；然先生尽瘁学术之志弥坚，尝谓"当此国家栋折榱崩之日，正学人鞠躬尽瘁之时"，并指出"少数个别青年思想的变节，事诚有之，而且恒见，但整个青年界的思想变节是没有的，鼓舞一世不失其赤子之心的青年的思潮是非流到目的地不止的。……这种思潮之横被遏绝，自有人类历史以来，未之前闻。"因而，"于国事对目前悲观，对将来则不悲观"。但是毕竟因为生活清苦，用功太过，忧国太甚，致元气日衰，而终损其天年，其春秋仅三十有七耳。

吾人于先生之死，隐见教育前途之危机。盖先生不死于病而死于贫，不死于贫而死于颠沛抑郁（查看其遗作《论修明政治的途径》一文，载十月二十七日渝《大公报》）有不忍言者！顷读郭沫若先生悼友文："百物都昂贵了，人似乎都知道爱惜衣物，爱惜米谷，爱惜破铜烂铁……然而却不十分爱惜人。"益增其悲痛矣！

先生史学湛深，著述宏富，其在学术上之贡献，社会自有定评。但愿先生生前至友蒐其遗作，编印全集，垂诸久远；更愿母校研究院特设荫麟先生奖学金，以纪念其劳绩，并激励后之学者，则先生为不朽矣！

三十一，十二，十，桂林

（原载《中学生杂志》第 62 期，1943 年 4 月）

# 记历史学家张荫麟

谢文通口述　李抱荣整理

张荫麟先生是广东东莞人，1905 年生，20 年代就学于清华大学。他聪明、早熟，天资很高，兴趣十分广泛，对中西文学、历史、哲学都很有研究，下过不少功夫。在清华读书期间，就经常为《大公报·文学副刊》《时代思潮》《学衡》《燕京学报》《清华学报》等等这些当时全国一流学术刊物写文章，曾名震一时。不知道的人，以为他是位教授。大学毕业后，张荫麟考取了公费留学生，于 1929 年赴美国斯坦福大学深造。

我初次认识荫麟是在 1932 年。当时，我在美国加利福尼亚州伯克利（Berkeley）的加州州立大学留学。我就读的这所大学是州立的，经费比较充足，学校罗致了不少人才，很多知名学者都愿意到该校任教，一些高水平的课程也得以开设。荫麟因修数理逻辑课（mathematical logic）的关系，就到伯克利来，借读了差不多有一年的时间。他来了之后，住进了我们的中国同学会，大家一同生活、学习，于是就成了好朋友。

荫麟读书十分专心，而且善于独立思考。他做学问时，喜欢先广泛收集大量资料，比较各个学派的得失，然后再提出自己的看法。在美期间，他专攻哲学，博士论文是写关于哲学思想的比较，题目叫《莫尔和杜威的哲学思想比较》（*Comparative Study of George Moore and John Dewey*）。在那个年代，杜威的实用主义在美国大行其道，他的学派也很有势力，荫麟并不因此而赶学术时髦。在论文中，他赞成的是莫尔的观点，批评的是杜威的实用主义。这种在学术上敢于探索，不随波逐流的精神是令人敬佩的。

荫麟虽然是在美国念书，但他对美国文化有自己的看法。他认为当时流行的文学很轻浮，尤其是对那些低格调的电影和色情小说，有着抵触的情绪。有几次适逢假日，几个同学一同去看电影。到了电影院，我们买了电影票之后都进去了，但他却执意不相随，宁愿在影院外面等候，一直等到散场为止。然后，和我们一同返校。与此相反，荫麟酷爱看思想深邃、哲理性强、人物内心世界刻划细腻的文学作品。英国 19 世纪进步女作家，乔治·爱略脱（George Eliot）的《三月的中旬》（*Middle March*），就是他喜欢看的小说之一。有闲时，他还翻译一些诗词。美国作家 B. 泰勒（Bayard Taylor），曾把歌德的《浮士德》译成英文。荫麟很喜爱歌德的诗，自己花了一番功夫，再将英文译成中文的白话诗，文字写得十分流畅。译完之后，把文稿交给我看，还津津乐道地大谈其人生乐趣。

荫麟后来潜心钻研历史，这和他当年博览群书，从前人的研究中，取得有益的启示有密切的关系。英国 18 世纪末的历史学家爱德华·乔宾（Edward Gibbon）写的《罗马帝国的盛衰》（*The Rise and Fall of the Roman Empire*）一书，对荫麟的历史观和写作风格都有很大影响。他的代表作《中国史纲》，在三四十年代很受青年人的欢迎，除了文笔生动、易懂之外，在编排体例、材料取舍和历史评价方面，都与前人有所不同。他提出编史书应有四个标准：第一，是新异性标准。在历史发展的整个过程中，每一个阶段都必然会出现一些新的内容和新的精神，有自身的特殊性，而别于其他时代。第二，是实效的标准。指的是历史事件对人类生活所起到的直接或间接的影响。第三，是文化价值的标准。即是所谓真和美的价值，文化价值越高，它的作用越重要。第四，是现状渊源的标准。凡是现时发生的事件，总是可以找到它的历史根源，两者有密切的关系。这些新标准，摈弃了旧史学家长期以来所主张的"训诲功用"的编史原则，给人一种新鲜的感觉。荫麟为改变旧的史学传统，做出了他自己的贡献。平时荫麟写文章，喜欢署"素痴"的笔名，这个"痴"字的意思，应该是很符合他做学问时，那种专心致志，不为外界影响所动的性格。

在生活上，荫麟十分朴素。他考取的是公费留学生，每一个月可领取到清华大学从庚子赔款中拨给的 80 美元生活费。但他为了省下钱来，供养在国内的弟弟念书，一日三餐的饭、菜都是自己动手做的。由于经常下厨，对烹饪也颇有心得，最有意思的是他发明了一种用美式焗炉来烹制中式"叉烧"的方法，做出来的"叉烧"美味可口，大家都很喜欢吃。这种洋法炮制的家乡菜，为丰富我们的食谱增色不少。买书是荫麟的一大嗜好，他经常和我一起去逛书店。为了省钱，去光顾的都是旧书店，那里的书价钱比较便宜，而且还可以买到一些普通书店难以找寻的资料。当时，他也很注意收集中外关系史方面的书籍，其中一本由英国参赞写的《甲午之役》就是在旧书摊里找到的。只要对他有用而又便宜的书，他就买。对于衣着，他从来不讲究，平常穿的总是那两套西装，没有变换什么花样。在他心目中，能省得一个钱就一个钱，从不乱花。就是这样，他每个月几乎是把自己生活费的一半寄回国内。其实，当时所发的生活费，也并不是十分充裕，谁要是不注意节俭，就不够用。能积攒到这个数目，的确很不容易。

曾有人认为，荫麟脾气古怪，性情孤僻，难以和人接近，这实际上是没有真正了解他。的确，他极怕人事应酬，不善交际。但只要和他相处久了，就会发现他为人正直、热情、坦率，很有人情味。

他聪颖和学识渊博是为大家所熟知的，但他从不因此而看不起别人，当朋友需要他帮助的时候，总是有求必应。在伯克利，我写过一篇《论英译唐诗》（*On English Translations of Chinese Poetry*）的论文，文章批评了美国一些所谓"汉学家"，对中国诗词的浅薄认识，并指出他们翻译中存在的错误。文章写好后，交给荫麟看，征求他的意见。他看后除了赞同我的观点之外，还建议我对那些不懂装懂的"汉学家"不必太客气，应该进行更深刻的批判。正是有朋友的鼓励和支持，我的这篇论文，其后在英国正式发表。在唐诗翻译过程中，我一直得荫麟的热情帮助，在美期间和返国之后，我的一部分诗词译作，如《杜甫诗选译》都曾交与荫麟，他都一一为我作了认真的校对。这种乐于助人的精神，至今仍使我难以忘怀。而他自己写的文章，也请朋友提意见，不摆什么架子，像歌德的《浮士德》译作、博士论文，都和我作过切磋。回国之后，我们继续保持这种友好关系，我先后帮他翻译过几篇中文论文，记得其中一篇叫《中西文化的比较》，该文后来在浙江大学的英文刊物《亚西亚》（*Asia*）杂志上发表。临终前，他还嘱托我翻译他的著作《中国史纲》，后因种种原因未能译成，这成为我一生中的一件憾事。

荫麟读完博士学位，于 1933 年取道欧洲回国。返国后，任清华大学历史系教授。1935 年受教育部的委托，主编历史教科书。《中国史纲》就是他编著的教材。卢沟桥事变爆发，他只身南下，到浙江的天目山浙江大学任教。不久，返东莞故乡。由北大、清华、南开三所大学组建的西南联合大学在昆明开学，他又转辗到昆明。最后，应浙江大学之聘，赴贵州遵义讲学，直至在工作岗位上辞世。

我回国比荫麟晚三年。回国之后因大家的工作都很忙，见面的机会少了。1939 年我到昆明西南联大西语系任教。抗战期间，昆明的生活条件十分艰苦，尤其滇缅公路被日军截断之后，物价暴涨，境况更不如前。荫麟大概是在我到昆明的前后，去了遵义，在浙江大学历史系当系主任。当他知道我在昆明境况不佳的消息，立即伸出援助之手，来信邀请我到浙江大学。这样在1942年初我又从昆明到了遵义，和他共事了一段时间。

在遵义，荫麟的工作十分繁忙。除了上课、指导研究生毕业论文之外，还负责主编浙江大学办的半月刊《思想与时代》。他当时把整个身心都放在工作上，日常事务像组稿、编辑几乎是一手包下。为了把杂志办得更好，他约了好些知名学者撰稿。自己也亲自动笔，写不少文章，用通俗的语言，尖锐的辞锋，针砭时弊，用以启发当局认清形势，顺从民意，了解新的思潮，文章确实起到一种振聋发聩的作用。抗战期间，在大后方，《思想与时代》是一份有一定影响力的杂志，这和荫麟所倾注的心血是分不开的。

荫麟工作勤奋，认真负责，很受校长竺可桢先生和文学院院长梅光迪先生的器重。但他自己平时却不注意保重身体，操劳过度，患了肾病，病情后来发展得很快。校方为医他的病，全力以赴，四处寻医问药。可惜在那个年代，环境极其恶劣，医疗条件很差，能够找到的药物，对荫麟似乎没有多大效用。在他逝世前几天，他的情形十分凄惨，肾功能衰竭，致使排尿困难，全身浮肿，病痛的折磨难以忍受，常号啕大叫。同事和朋友虽在一旁悉心照料，但也无济于事。1942年10月24日，病魔最终夺走了他那年仅37岁的生命。从此，我失去了一位好朋友，历史学界失去了一位才华横溢的学者。

荫麟离开我们已经有四十多年了，但那音容笑貌，那缄默的神情，还经常在我的脑海中浮现。他治学严谨，工作认真，待人诚恳，是值得我们永远怀念的。

（原载《广州文史资料》第38辑，广东人民出版社1988年9月）

# 挽张荫麟二首良丰山居时作

陈寅恪


流辈论才未或先，著书曾用牍三千。

共谈学术惊河汉，与叙交情忘岁年。

自序江中疑太激，丛编劳格定能传。

孤舟南海风涛夜，戊寅赴越南，与君同舟。

回忆当时倍惘然。


大贾便便腹满腴，可怜腰细是吾徒。

九儒列等真邻丐，五斗支粮更殒躯。

世变早知原尔尔，国危安用较区区。

闻君绝笔犹关此，怀古伤今并一吁。


（一九四二年）


（原载《陈寅恪集·诗集》，生活·读书·新知三联书店 2001 年）

125

# 伤张荫麟

钱锺书

清晨起读报，失声惊子死。

天翻大地覆，波云正谲诡。

绝知无佳讯，未忍置不视。

赫然阿堵中，子占一角纸。

大事记馀墨，为子书名字。

厥生固未荣，死哀斯亦止。

犹蒙稽古力，匪然胡及此。

吴先斋头饭，识子当时始。

南荒复再面，阔别遂万里。

赋诗久忆删，悲子亦不起。

夙昔矜气隆，齐名心勿喜。

舜钦负诗字，未屑梅周比。

时人那得知，语借颇中理。

忽焉今闻耗，增我哀时涕。

气类惜惺惺，量才抑末矣。

子学综以博，出入玄与史。

生前言考证，斤斤务求是。

乍死名乃讹，荫蔓订鱼豕。（沪报皆作张蔓麟）

翻成校雠资，待人辨疑似。

126

## 伤张荫麟

子道治子身，好还不少俟。

造化固好弄，非徒夺命尔。

吾徒甘殉学，吁嗟视此士。

龙场丞有言，吾与汝犹彼。（吴雨僧师招饭于藤影荷声之馆，始与君晤。余赋诗有"同门堂陛让先登，北秀南能忝并称"等语[1]。）

（原载《槐聚诗存》，生活·读书·新知三联书店 2002 年）

---

1　此诗为钱氏《北游纪事诗》之一首。诗云："同门堂陛让先登，北秀南能忝并称。十驾难追惭驽马，千秋共勖望良朋。（初识张荫麟君）"见《国风》半月刊第4卷第11期，1934年6月1日。

# 哭张公荫麟

梁方仲

## 一

兰魄先秋萎，凄其一夜风。

无求贤自负，有好卓能工。

忧国心难死，传书道未穷。

他年文苑传，应为表孤忠。（兄病中为《大公报》撰社论一篇，指
陈时政得失，语甚剀切，身后始发表，读者哀之。）

## 二

同坐南楼月，疏星向晓残。

野梅香破寝，雅典发幽欢。

哲理探罗素，词笺注纳兰。（兄注《饮水词》，于民十八赴美洲前
交商务出版，"一二八"之役，竟毁于火。）

眼酸千古事，指痛百年弹。

凤靡鸾吪恸，孤怀委断琴。

并时谁健者，万马已齐暗。

岂以文章著，无端忧患深。

九原如可作，柯史事堪任。（君比年致力宋史，欲仿莆田柯氏义例，
泐为新编，草创未就遽没。）

（原载《文史杂志》第 2 卷第 7、8 期合刊，1942 年）

# 挽张素痴

朱自清


妙岁露头角，直堪张一军。
书城成寝馈，笔阵挟风云。
勤拾考工绪，精研复性文。
淋漓修国史，巨眼几挥斤。

自古才为累，天悭狷与狂。
明灯宵作昼，白眼短流长。
脱颖争终贾，伤心绝孟光。
黑头戕二竖，鸿业失苍茫。


（原载《朱自清全集》第 5 卷，江苏教育出版社 1996 年）

弟子怀师

# 张荫麟先生传略

李 埏

## 一、生平述略

本世纪三四十年代间，一颗光芒四射的彗星，从中国史坛上倏然升起，又倏然消逝。这在当时曾使许多人感到震惊和哀痛；在以后很久，也还有不少人为之叹息和思念。这颗彗星是谁？他就是现代著名史学家张荫麟先生。

张荫麟先生是广东东莞石龙镇人，清光绪三十一年（公元1905年）十一月生于那个镇上的一户"书香人家"中。他还幼小，母亲便去世了；父亲把他抚育长大。他的父亲既是一位慈父，又是一位严师。从他开蒙受书，便给他以严格的旧学训练，要他把五经、四书、三传、史汉、通鉴、诸子书、古文辞……一一熟读成诵。他天赋很高，有异乎常人的记性和悟性，对读书又特别爱好。因此，课业虽重，不唯不以为苦，且常常愉快地超过了规定的课程。到十六七岁他辞家赴北京时，他的旧学根柢已经很坚实，知识颇为广博了。

然而，这还不是他少年时所学的全部。另一方面的学习，也许对他是尤为重要的，那就是新学新知的追求。石龙镇这个地方，濒东江下游南岸，当广州惠州中枢；广九铁路建成后，又为广州香港间一大站。从这里北往广州，南下港九，舟车都很方便，因此常得风气之先，不似内地的闭塞。荫麟先生之生，上距戊戌变法七载，

133

下距辛亥革命六年。变法的首倡者为南海康有为和新会梁启超；革命党的领导人为香山孙文。南海、新会、香山和广州、东莞……都属珠江三角洲，相距咫尺。以乡里壤地相接之故，这些地方的知识界多稔知康、梁、孙诸人的活动、言论、学术……受其影响也特深。童年的荫麟先生，用心理学的术语说，是个"超常儿童"。他和许多成年人一样，争着传诵进步书刊，比许多年长的朋辈常有更好的理解。新思潮的洗礼使他很早就能出入旧学，不受传统局限。他特别喜好那"笔锋常带情感"的辟蹊径开风气的饮冰室主人的学术著作，每得一篇，都视作"馈贫之粮"，细加玩索，可以说，早在清华亲炙之前很久，他已经私淑任公先生了。

1923 年秋，荫麟先生年十七，负笈北上，考入清华学堂中等科三年级。那时梁任公正在清华主讲"中国文化史"课，所以他一入学便得亲受业为弟子。他素不喜交游，在校中唯与贺麟、陈铨相友善。贺麟先生回忆说："他是一个天天进图书馆的学生。……他给我的第一个印象是，一个清瘦而如饥似渴地在图书馆里钻研的青年。"贺先生还讲了一个故事，大意是，一天晚上，梁任公讲课，"从衣袋里取出一封信来，问张荫麟是哪一位。荫麟立即起立致敬。原来他写信去质问梁任公前次讲演中的某一点，梁任公在讲台上当众答复他"。贺先生又说："他那时已在《学衡》杂志上登过一篇文章，批评梁任公对于老子的考证。那时他还是年仅十七、初进清华的新生。《学衡》的编者便以为他是清华的国学教员。哪知这位在学生时代质问梁任公、批评梁任公的荫麟，后来会成为承继梁任公学术志业的传人。"就我所知，荫麟先生确乎是"最向往追踪"梁任公的，但在学术研究上他真是"吾爱吾师，吾尤爱真理"，做到了"当仁不让于师"。而梁任公呢，不唯不因此有慊于心，反而对他更加器重、奖掖。他们之间的师弟高谊，真是现代学术史上的一篇佳话啊。

荫麟先生在清华求学历时七年（1923—1929 年）。这是他学术生涯中最重要的时期。北京，毕竟是中国的文化名城。当时，尽管军阀混战不休，但清华、北大等学术重镇仍能屹立不坠。在清华园里，有许多第一流学者和一批优秀青年，学术空气和各种思潮是很活泼的。荫麟先生生活其中，学业大为精进。他先后在《学衡》杂志、《东方杂志》、《清华学报》、《燕京学报》、《大公报·文学副刊》等刊物上发表论著四十余篇，甚得学术界的称誉。他苦攻英语，入清华才三年，已能纯熟地阅览英人典籍，翻译英文英诗。他的英语译文之典雅，曾受当代名家吴雨僧先生的嘉许。而此时的他，才是一个年方弱冠的青年呢。

以一个青年学生而著述如此之富，主要当然是由于他学力深厚，才思敏捷；但也有别的原因，那就是他太贫寒了。据说，他幼时，家道已经中落。他到北京的川资，他的父亲几经筹措才勉强足数。入清华后，因为家庭供给微薄，常常是靠烧饼度日。为了解除经济上的困难，他不得不为文求售。1926 年夏，他的父亲去世了。他是长男，所以此后还得兼负教养诸弟之责。这样，卖文不足，只好到城里兼课，给一些广东学生补习英语。学生中有知名学者东莞伦明的女儿伦慧珠。后来，他们间发生了爱情，结为伉俪。

1929 年，荫麟先生在清华毕业。这年初秋，以公费出国留学，东渡太平洋，赴美，入斯坦佛大学，攻哲学和社会学。他之所以选择这所大学，原因是这所大学僻处美国西部，费用较低，可以节省出一部分公费供给弟弟们上学。至于他之所以选习哲学和社会学，则是为了将来能更好地研究祖国历史。这是他研究史学的一种战略计划。1933 年，他在给友人的一封信中说："国史为弟志业。年来治哲学、治社会学，无非为此种工作之预备。从哲学冀得超放之博观与方法之自觉；从社会学冀明人事之理法。"可见他的研究规模是非常宏远的。在美四年，他按照自己的计划修完了课程。于是不待五年期满，取得博士学位，便束装归国。归程横贯美国，游览了东部地区，然后渡大西洋，游历英伦欧陆，经地中海、印度洋，于1933年终抵香港；旋即北上，年底到北平。去程与归程合计，恰好绕地球一周。贺麟先生认为，荫麟先生之所以提前归国，原因有三：一是"九一八"事变后忧国情殷；二是希望回来专心致志于国史研究；三是与伦女士完婚。但婚礼因伦女士患肺病，直延至1935年4月初乃举行于北平。

荫麟先生一回到北平，即应清华之聘回母校任历史和哲学两系专任讲师，同时兼北京大学"历史哲学"课。1935年暑期后，应当时教育部之聘，编撰高中历史教科书（后来改为专著，即《中国史纲》），于是向清华告假，专事著述。1937年"七七事变"爆发，他南下浙江，在天目山小住，为浙江大学作短期讲学。冬间，一度到清华、北大、南开合成的长沙临时大学。因学校又将西迁，遂回东莞故乡住了些时。到1938年夏初，西南联大已迁昆明，乃自粤入滇，向清华销假，仍任历史和哲学两系教授。初到昆明，正值暑假，暂住安宁温泉小憩。学期开始，回城中住吴晗先生家。每周为历史系讲宋史，为哲学系讲逻辑各一次。寒假间（1939年初），忽然接到重庆军委政治部陈诚部长的一个电报，请他立即命驾飞渝。他去了。原以为此去或能对抗战大业有所贡献，哪知去到以后不过备顾问、资清谈而已。他觉得事无可为，乃不辞而别，仍回联大授课。回校不久，伦夫人奉母携幼至自东莞。不幸，来未一载，琴瑟失调，伦夫人一行又回粤东。恰当此时，荫麟先生不容于学校某当轴，遭受不公正待遇，不得已离开联大，到遵义浙江大学任教。那时的遵义还是一个古老的、闭塞的山城，医药条件甚差。荫麟先生由于积劳和连遭拂逆之故，到遵义不过一年，便染上肾脏炎症；延至1942年10月24日，竟与世长辞，终年才三十七岁。[1]

## 二、历史哲学

1923年9月，《学衡》杂志第21期刊出荫麟先生的第一篇论文《老子生后孔子百余年之说质疑》。从那时起，到1942年10月先生逝世止，为时共十九年，发表论著近两百篇，百余万言（详见同门徐规先生所编的《张荫麟先生著作系年目录》及增补）。这些论著，什九为史学的或与史学有关的。涉及的范围很广，从先秦到近世，从社会经济到科技文艺、学术思想、风俗习惯……都有所考究。当时的学术界多惊叹于这位青年学者的渊博，但不甚明了他为什么要考究那些问题。对他有所了解的朋友和门人都知道，他不是一个以记览为工、喜和人夸多斗靡的学者，也不是一个全凭兴会、信手拈来、卖弄雕虫小技的文人。他所志者甚大，早在留美期间，已郑重声言：国史是他的志业。从后来他对《中国史纲》之高度重视，可知他所说的"国史"就是《中国史纲》那样的著作。为了专心致志撰写这书，他宁可向清华告假，而且以他才思之敏捷，还花上五年工夫才成其"上古篇"，其严肃认真可以想见。在浙大和他时相过从的谢幼伟教授说："在遵义，作者曾看他写《中国史纲》上关于宋史部分的几章。他的原稿涂改之处甚多。他每对作者说：'写这种文章是很费苦心的。'"[2] 为什么这样费苦心呢？因为这是时代的要求，祖国的需要。他在青年书店版的《中国史纲》[3]里，冠有一篇《自序》，

---

1　荫麟先生逝世的噩耗方传开，贺先生便立即写了一篇悼念回忆的文章，述荫麟先生的生平最详。本文在很多地方依据它，不一一注明。文章题为《我所认识的荫麟》，载《思想与时代》第20期。

2　见谢幼伟著：《张荫麟先生言行录》。

3　《中国史纲》有一个青年书店版，1940年6月刊于重庆。这篇自序，以下省称为青年本《自序》。

一开头便说:"现在发表一部新的中国通史,无论就中国史本身的发展上看,或就中国史学的发展上看,都可说是恰当其时。就中国史本身的发展上看,我们正处于中国有史以来最大的转变关头,正处于朱子所谓'一齐打烂,重新造起'的局面;旧的一切瑕垢腐秽正遭受彻底的涤荡剗割,旧的一切光晶健实正遭受天捶海淬的锻炼,以臻于极度的精纯;第一次全民族一心一体地在血泊和瓦砾场中奋扎以创造一个赫然在望的新时代。若把读史比于登山,我们正达到分水岭的顶峰,无论回顾与前瞻,都可以得到最广阔的眼界。在这时候,把全部的民族史和它所指向的道路,作一鸟瞰,最能给人以开拓心胸的历史的壮观。"又说:在这个时候,"写出一部新的中国通史,以供一个民族在空前大转变时期的自知之助,岂不是史家应有之事吗?"这篇自序是1940年2月在昆明写的。那时正是汪伪政权即将在南京成立、国民党已经掀起第一次反共高潮、抗战处于极端危急的时候。可是,荫麟先生不唯对祖国的前途依然充满信心,而且深刻地预见到这是"中国有史以来最大的转变关头",是"一个赫然在望的新时代",后来的历史发展证明正是这样。

在这篇《自序》里,他说:写一部通史,"显然不能把全部中国史的事实,细大不捐,应有尽有的写进去";也不能"凭个人涉览所及,记忆所容,和兴趣所之,以为去取"。要有一个判别史事重要程度的"笔削"标准。他列举过去通史家们部分地、不加批判地或不自觉地采用过的标准有五:

一是"新异性的标准"。所谓新异性就是史事"内容的特殊性",也就是每一史事具有的"若干品质,或所具若干品质的程度,为其他任何事情所无者"。关于这个标准,他特别着重指出,"历史不是一盘散沙,众史事不是分立无连的;我们不仅要注意单件的史事,并且要注意众史事所构成的全体;我们写一个民族的历史的时候,不仅要注意社会局部的新异，并且要注意社会之全部的新异；我们不仅要注意新异程度的高下，并且要注意新异范围的大小。"

二是"实效的标准"。所谓实效即是"史事所直接牵涉和间接影响于人群的苦乐者"。

三是"文化价值的标准"。"所谓文化价值即是真与美的价值。"

四是"训诲功用的标准"。"所谓训诲功用有两种意义：一是完善的模范，二是成败得失的鉴戒。"

五是"现状渊源的标准"，即"众史事和现状之'发生学的关系'"。

他认为"以上的五种标准，除了第四种外，皆是今后写通史的人所当自觉地、严格地，合并采用的"。他说："我们的理想是要显出全社会的变化所经诸阶段和每一阶段之新异的面貌和新异的精神。"那些"对文化价值无深刻的认识的人不宜写通史"；"知古而不知今的人不能写通史"。当然，应用这些标准去权衡史事的轻重是不容易的，因为要使"权衡臻于至当，必须熟习整个历史范围里的事实"。

接着，他进一步指出：除标准外"还有一个同样根本的问题"，就是，"我们能否用一个或一些范畴把'动的历史的繁杂'统贯？"他认为可以用四个范畴去统贯：

第一个是因果的范畴。这个范畴指的是"因果关系"，而不牵涉因果律，因为历史事实是不能复现的。

第二个是发展的范畴。所谓发展"是一个组织体基于内部的推动力而非由外铄的变化"。这个范畴又包括三个小范畴：

一是定向的发展，即循一定方向分阶段而变化的历程。

二是演化的发展，即进化的或退化的渐变的历程。

三是矛盾的发展。这"肇于一不稳定组织体，其内部包涵矛盾的两个元素，随着组织体的生长，它们间的矛盾日深日显，最后这组织体被内部的冲突绽破而转成一新的组织体，旧时的矛盾的元素经改变而消纳于新的组织中"。

这四个范畴，他认为"应当兼用无遗"。但即使如此，也不能统贯全部重要的史实。其不能统贯的就属偶然了。每个历史家应当尽量减少那种本非偶然，只因知识不足，而觉其为偶然者。

以上所述是《自序》的提要。这篇《自序》，对了解荫麟先生的史学，是极为重要的。在《自序》的末了，他有这样两句话："到此，作者已把他的通史方法论和历史哲学的纲领表白。更详细的解说不是这里篇幅所容许。"事实上，《自序》所讲的，不仅是他写作《中国史纲》时所遵循的纲领，也是他治史的总则。他写那么多论文，若问为何那样选题，那样论述，读了这篇《自序》就大致可以理解了。回想四十年代之初，当《自序》初问世时，史学界所受的影响是很大的。尤其是一般有志于史的青年，为《自序》的新颖理论和进步思想所吸引，争相传诵。他们敬佩这位追求真理，前进不已的学者和老师[1]。

历史哲学是荫麟先生治史的一个重要方面。早在1932年留美时，他已撰成《传统历史哲学之总结算》一文（翌年一月刊于《国风》二卷一期），列举以往的各种史观，一一加以评价。他认为生产工具和经济制度的变迁"对文化其他方面恒发生重大的影响"，但不必尽然。这篇文章可以代表他留美时期的历史观点。他回国后，不只一次开出"历史哲学"课。最后一次开于西南联大，所讲内容

---

[1] 1941年，浙江大学史地教育研究室石印《中国史纲》五百册，翌年又重印，这篇《自序》均未收入。作者另作短序冠篇首，亦名《自序》。其所以如此，乃因作者欲以青年书店版《自序》为主，另成《通史原理》一书，故不复收入《史纲》。或谓因《自序》中有唯物史观的观点，研究室执事感不便，故尔删削。以荫麟先生之耿介，若非己意，盖不可能，今不取。

已与此文颇不相同，特别是对唯物史观的评价。假若我们以此文和前述《自序》对读一下，就可看见他前后观点变化之大了。到遵义后，他曾着手写一篇《马克思历史观的晚年定论》，可惜未竟而卒。他殁后半年，《思想与时代》又把他的《总结算》一文重新登出，但这不是他的遗愿，他已不能修改了。

## 三、《中国史纲》

自西学东渐，中国的史学家们采用章节体裁撰写通史以来，要在旧史学林中找一部既深邃而又通俗、既严谨而又富趣味的，像英人韦尔斯（H.G.Wells）的《世界史纲》那样的著作，是从未曾有的；若有之，那就是荫麟先生的《中国史纲》了。遗憾的是，这部优秀作品的命运，并不比它的著者好一些。它是一部未完之作，到东汉便中止了。解放以前，它始终没有一个好的版本，也没有在全国流传过。直到 1955 年，始由三联书店出版一个较佳的本子，印行万余册，流布于国内外。

国内和国外的读者对这本著作都给以高度的重视。它赢得了许多赞誉，当然也受到一些批评。据我所见，一位苏联历史学者鲁宾（B.Pyouh）的书评是颇为全面而中肯綮的。书评作者在文末如此概括地写道：

……这位历史学家的全部论述给人以这样独特的印象——可以说，从本书的字里行间会感觉到他不但是位历史学家，而且是一个人。

接下去继续写道：

处理史料时感情丰富，能激发读者对于以自己劳动创造伟大中国文化的普通人命运的热烈关怀，这是此书最吸引人的特点之一。
（略）

把科学的解释和通俗性成功地结合起来也是《中国史纲》的一个突出的优点。在张荫麟的笔下，中国古代的历史是鲜明生动的，容易了解的，对现代的读者是亲切的。同时书中没有一点庸俗化的地方，也没有因简述一些问题而使论述降低到非专家水平，更没有否认别人的成果。如果估计到中国古代史料的复杂性以及几千年形成的儒家的历史编纂学的影响——有时甚至于那些努力运用马克思主义的观点来阐明中国古代史的历史学家们也还不容易从它们的影响之下跳出来——那么就应该大为赞扬著者的才能已达到了高度科学水平，同时又能生动地、引人入胜地、简洁地讲述古代中国历史的变迁。[1]

我很敬佩这位异邦的学者，他能透过我们艰难的汉文，深刻地理解这本书，热情地赞赏这本书，并对辞世已久的著者给以如此崇高的评价。不过，他对本书特点的概括，虽说允当扼要，但仍有未尽。因此，下面再就本书着重的方面略说几点。

一是特出的写作方法。

《史纲》青年本《自序》写于"上古篇"定稿之后，其中所表白的笔削标准和统贯范畴，不仅是荫麟先生写作时遵循的理论和所悬的鹄的，而且也是他的实践和实际成就的经验总结。依据这篇《自序》去读《史纲》大致可以理解他笔削取舍的命意所在。但是，《史纲》所包括的年代，自殷商至东汉，上下几两千年。这期间，按标准可以选取的史实还很多，而《史纲》不过十一章，共十六万言。以这

---

1　鲁宾：《评张荫麟著〈中国史纲〉》，原载苏联《古代史通报》1957年第1期，许克敏译。

样少的篇幅去写那么长时间的"社会组织的变迁，思想和文物的创辟，以及伟大人物的性格和活动"，照理就得十分精简、高度概括。但这样写，往往又会流于空洞抽象，与通史的要求——具体生动、有血有肉，成为一种不易统一的矛盾。这矛盾在荫麟先生的笔下，很巧妙地统一起来了。怎样统一呢？用他自己的话说就是，"选择少数的节目为主题，给每一所选的节目以相当透彻的叙述，这些节目以外的大事，只概略地涉及以为背景"[1]。不用说，这种选择是极费苦心而又难得妥适的。但他的选择和叙述使许多人都叹赏不已。

二是对重大人物的处理。举一个例。全书共十一章，春秋时代占两章：一章为"霸国与霸业"；另一章为"孔子及其时世"。在前一章中又以一节专属郑子产。这样，对整个春秋时代他只写了争霸一大事和子产、孔子两个人物。争霸是这时代的第一大事，那是任何通史都不能不写的，虽然论断各有不同；至于人物，这时代堪称伟大的人何止十数，而以专节专章叙述的唯有这两人，那就是《史纲》独具的特色了。乍看起来，《史纲》似乎太突出这两人了；待细读之后就会觉得，这样笔削是匠心独运的。请看《郑子产》这一节。子产这个人确实是一个了不起的大人物。他道德高尚，态度开明，有善于处理内政外交的才干和开创革新的精神。虽然他的功业不如管、晏的那样大，但他处境的艰难却非管、晏所能比。假若要在这时代的政治家中我一个人格最完美的，恐无人能出其右。因此，荫麟先生把选出来给以专节叙述，是妥适的。但是还不只此，节目在"子产"之上加一"郑"字，而且把这一节作为"霸国与霸业"一章之殿，也是有深意的。我们知道，郑是一个小国而位于大国争霸的焦点，其处境的艰危为诸小国之最，具有典型性。把它写了进

---

[1] 石印本《中国史纲·自序》。

去，读者不仅可以看到大国争霸的活动，也可以看到小国求存的挣扎，对局势有一个全面的了解。而写郑国又以子产为主题，这就能够更具体地、集中地揭示郑国所面临的种种问题。因此，这一节是这一章的重要组成部分，是著者精心安排的。

孔子一章对孔子的一生作了较详的叙述，给以崇高的评价，占去颇大的篇幅。有人因此以为荫麟先生是"尊孔派"，对孔子有特殊的情感。其实这是误解。若论情感，他爱好墨子恐更甚于爱好孔子。《墨子》一节中，他把孔墨作了对比。他说："春秋叶代最伟大的思想家是孔丘，战国时代最伟大的思想家是墨翟。孔丘给春秋时代以光彩的结束，墨翟给战国时代以光彩的开端。"又说："在政治主张上，孔子却是逆着时代走的。""孔子是传统制度的拥护者，而墨子则是一种新社会秩序的追求者。"还把墨子推到世界史的范围里去评价，说："在世界史上，墨子首先拿理智的明灯向人世作彻底的探照；首先替人类的共同生活作合理的新规划。"从上面所引可知，虽然荫麟先生认为孔、墨都是"最伟大的思想家"，都给各自的时代以光彩，但他的思想感情无疑更多地倾注于墨子。那么，为何他在《史纲》中给孔子以一大章，而墨子才占两节呢？原因是，墨子的历史作用不如孔子，按照他的笔削标准，不能不有所轻重。他指出：墨学在汉以后无嗣音；而孔子，在我国教育史上，是好几方面的开创者。"这些方面，任取其一也足以使他受后世的'馨香尸祝'"。若再论到奉他为宗师的儒家，那么，他对后世的影响就更非古代任何思想家所可企及。这样的重大人物，不以足够的篇幅，给予相当透彻的叙述，不仅不能把他们很好地呈现于读者之前，也很不利于阐述尔后历史发展的某些特征。汉代的司马迁心好道家之言，但在他的《史记》里却以孔子入"世家"，以老庄入"列传"，这种不以情感定褒贬的客观态度和优良作风，荫麟先生是继承了的。

三是对于社会变迁的论述。

社会的变迁是《史纲》的重要内容之一。它贯串于全书之中，随处可见。但第二章《周代的封建社会》，全书最大的一章，是集中讲述西周社会的。为什么特详于西周的社会？原因是，著者认为物有本末，事有终始，古代社会是后世社会所从出；知道了古代，然后才能追寻递嬗之迹，明白后世社会的由来。但是，文献不足征，商以前已无法详考。只有到了西周，历史资料才能提供一个较全面的社会概况。《史纲》说：西周"这个时期是我国社会史中第一个有详情可考的时期。周代的社会组织可以说是中国社会史的基础"。事实确乎如此。

这章书一来便从土地占有状况出发，对周代社会加以等级和阶级的分析。在第一节之始，它就昭告我们："严格地说封建的社会的要素是这样：在一个王室的属下，有宝塔式的几级封君；每一个封君，虽然对于上级称臣，事实上是一个区域的世袭的统治者而兼地主；在这社会里，凡统治者皆是地主，凡地主皆是统治者，同时各级统治者属下的一切农民非农奴即佃客，他们不能私有或转卖所耕的土地。照这样说，周代的社会无疑地是封建社会。"接着，第二节便讲"奴隶"；第三节便讲"庶民"。在"庶民"节中，首先叙述土地占有状况，然后进而叙述庶人（农夫）的地位、负担和反抗斗争。土地占有分两种：一种是侯伯大夫占有由农夫或奴隶代耕的公田；另一种是农夫占有并自行耕种的私田。农夫的负担很沉重，不堪痛苦乃起而暴动叛变。这些论述在当时是很新颖的，和今天的西周封建论者的说法几乎没有什么不同。特别应当指出的是，荫麟先生对土地问题非常重视。当他正写《史纲》的同时，撰写了另一篇论文。[1]其中说："在一个'农业经济'的社会里，土地分配几乎可以说是'生产关系'的全部。所以拿经济因素做出发点去研究中国社会史的人，首先要注意各时代土地分配的情形。"他在《史纲》中正是这样做的。

西周以后的社会变迁，《史纲》特别着重战国秦汉时期商品经济的发展。它几乎把现存的有关当时商品经济的记载，如《史记·货殖列传》等，都笔而不削，全写进去了。但它不是照录原书，而是用自己的语言，天衣无缝地纳入于自己的创见，重新加以表述。它指出，"自从春秋以来，交通日渐进步，商业日渐发达，贸迁的范围日渐扩张，资本的聚集日渐雄厚，'素封之家'（素封者，谓无封君之名，而有封君之富）日渐增多，商人阶级在社会上日占势力。"这些现象的出现确实是社会的重大变迁。特别是"商人阶级"，作为一个"新兴的阶级"，此时登上历史舞台，应是我国古代史上的头等大事。在我国史学史上，荫麟先生是指出这件大事的第一人；而且直到今天，几乎是唯一的人。（这件大事的重大意义，凡读过恩格斯的《家庭、私有制和国家的起源》一书的人，应该是更为理解的。可是很奇怪，我们今天的通史著作中却只见商人，而不见"商人阶级"。是商人在我国历史上始终未能形成阶级呢，还是已形成而没有被见及？恐怕原因不是前者而是后者。）《史纲》还说，战国时代有"用奴隶和佣力支持的大企业"和"大企业家"，如白圭、猗顿等人。为什么这时候的工商业有这么大的发展呢？《史纲》指出有许多"因缘"。综合起来，一是"自战国晚期至西汉上半期是牛耕逐渐推行的时代，农村中耕牛替代了剩余人口，总有一部分向都市宣泄"。二是"秦汉之际的大乱，对于资本家，与其说是摧残，

1　《北宋的土地分配与社会骚动》，载《中国社会经济史集刊》第6卷第1期（1939年6月）。

毋宁说是解放"。三是汉初实行放任的政策,"一方面废除旧日关口和桥梁的通过税,一方面开放山泽,听人民垦殖;这给工商业以一个空前的发展机会"。这些"因缘"当然都是重要的,但似有未备,《史纲》没有展开申论。此时的工商业的发展水平是很高的,《史纲》估计"为此后直至'海通'以前我国工商业在质的方面大致没有超出过的"。

在商品经济如此高度发展起来后的社会是什么社会呢?《史纲》没有明言,但不以为仍是封建社会。它说:"在中国史里只有周代的社会可以说是封建社会。"显然,这论点现今是不可能被我国史学界所接受了。但是,当年的史学界,除少数马克思主义者而外,一般都不要求对每段历史的社会性质定性。即在马克思主义史学者之间,对中国历史各阶段的社会性质也看法不一。直到现在,我们对西周社会性质、对两汉社会性质还莫衷一是。荫麟先生当年没有给秦汉的社会定性,虽属缺陷,但不失"多闻阙疑"之旨。

四是科学内容的文学表述。

《史纲》是一部科学著作。科学著作的要求是准确明晰,而不必具备文学的优美。但《史纲》兼而有之。他的文字之美是读者所公认的一大特点。他本有很好的文学修养,并且主张历史应为科学与艺术的结合,加之受梁任公先生的熏陶,"笔锋常带情感",所以他的著作,即使是很枯燥的考据文章,也能令人读之忘倦。《史纲》是他的精心之作,他更是字斟句酌,力求给读者以艺术的享受。但他不让情感超越理智,不以辞害意,他的文学乃是为他的史学服务的。可以说,他是文以载史、文为史役。这里,让我们举两个例子。

一个是他写《楚的兴起》一节,首先讲江汉一带的地理特征,及其嘉惠于楚人的政治上和经济上的安全感。接着指出这两种得天独厚的安全感对楚人的深刻影响。早在周时已在文学上反映出楚人和北人的显著差异了。他这样写道：

　　这两种的安全使得楚人的生活充满了优游闲适的空气，和北人的严肃紧张的态度成为对照。这种差异从他们的神话可以看出。楚国王族的始祖不是胖手胝足的农神，而是飞扬缥缈的火神；楚人想象中的河神不是治水平土的工程师，而是含睇宜笑的美女。楚人神话里，没有人面虎爪、遍身白毛、手执斧钺的蓐收（上帝的刑神），而有披着荷衣、系着蕙带、张着孔雀盖和翡翠旌的司命（主持命运的神）。适宜于楚国的神祇的不是牛羊犬豕的膻腥，而是蕙肴兰藉和桂酒椒浆的芳烈；不是苍髯皓首的祝史，而是身衣姣服的巫女。再从文学上看，后来战国时楚人所作的《楚辞》也以委婉的音节，缠绵的情绪，缤纷的辞藻而别于朴素、质直、单调的《诗》三百篇。

这读起来，简直是一篇无韵的史诗。然而它没有诗人的虚构与夸张，而是无一句无来历的史家之作；当然也不是排比寻章摘句得来的史料，而是"作者玩索所得"的自然表述。

　　再举一例。

　　《史纲》第七章《秦始皇与秦帝国》是很有生气的一章。假若我们在阅读这一章之前，先掩卷想一想，秦始皇这样的大人物，秦帝国这样的大事件，应该从何写起？不用说，这是一个不易处理好的问题；若要使它能和所写的人物和事件的气势相应，那就更难了。荫麟先生巧妙地引李白的一首《古风》[1]作为楔子，接着写道："这首壮丽的诗是一个掀天揭地的巨灵的最好速写。"然后从子楚在赵说起，回溯"这巨灵的来历"，逐步展开这段波澜壮阔的历史。这样的开端是前无古人的。它一下子把一幅壮丽的图景注入读者心中，

---

[1]　这首《古风》，自《史纲》引用后，已为读者所熟知，并多次被转引，所以这里不再转录了。

同时把他们的注意力和兴趣吸引到书里，使他们欲罢不能地读下去。

《史纲》是一部史学著作，也是一部文学著作。它的艺术魅力使很多读者以未能读到后续部分为憾，为了普及历史知识，增强爱国主义精神，这种兼具文学特色的通史著作是最可贵的。

《史纲》的特点不止这些。这里，不过是在鲁宾所已经指出的以外，再增益几点而已。

## 四、考据与论评

### （一）考据

荫麟先生的史学著作，用心最多的是《史纲》，而分量最大的却是考据论文。他所考究的问题极为广泛，要一一介绍那些论文不是这篇传略所能办到的。这里只概括地指出几点。

首先要指出的是，考据不是荫麟先生治史的目的，而只是他的手段。他的主要目的，前面已经说过，是撰写"国史"，即《中国史纲》那样的著作。而那样的著作涉及面广，只靠史学界已有的研究成果是不够的，若干问题还得自己去探索。他的大部分考据论文即为此而作。当然，那些论文也有其独立的价值，不只是备通史之采择而已。

展开著作目录，首先跃入读者眼帘的是那些发前人所未发的论文。第一是中国科技史的考索。他虽无意专治中国科学技术史，但他很早已著文考索中国古代科技的成就。1923年他开始发表论文，第二篇就是关于科技史的[1]。自此以后直至赴美留学之前的六七年

---

1　这篇论文是《明清之际耶稣会教士在中国者及其著述——〈中国近三百年学术史·附表一〉校补》，载《清华周刊》第300期。

间，每年都要发表这方面的论文一篇或两三篇[1]。归国以后，又续有著译，先后发表了有关沈括、燕肃、古铜镜的论文数篇[2]。我国史学传统，一方面有许多优秀遗产，另一方面也有不少该批判的积习。对科技史的忽视就属于后一方面。荫麟先生在其著名的论文《中国历史上之"奇器"及其作者》中，曾慨然指出："自秦汉以降，新异之发明，不绝于史。其间亦有少数伟大之'创物'者，至少亦足与西方亚奇默德、法兰克林之流比肩，而于世界发明史上占重要位置焉。"可是旧日的中国，"艺成而下，儒士所轻；奇技淫巧，圣王所禁"；奇器的作者、源流、纪录、内部构造……都难于详考。近世西方科学输入，一些浅学迂儒，又穿凿附会，说是我们的先民早已前知，以致为通人所厌听。在这种情况下，我们的科技史实是一片空白。然而要写一部完善的通史又不能任其阙如，那怎么办呢？只有负起史家的责任，以科学的态度，去进行考察。他这样做了，取得许多创获。可惜《史纲》未能继续写下去，来不及收入。但是，那些论文因有其独立价值，仍产生了很好的影响。事隔多年后，还得到刘仙洲、袁翰青、胡道静等科技史专家的赞扬。在国外，执中国科技史研究的牛耳的李约瑟博士，其研究后于荫麟先生十余年，也参考了荫麟先生的论文。荫麟先生确是我国科技史早期研究的先驱[3]。

荫麟先生自美归国后，学术思想有了颇大变化，注意力渐集中

---

1　见徐规编《张荫麟先生著作系年目录》；又见徐规、王锦光合著的《张荫麟先生科技史著作述略》，载《杭州大学学报》第12卷第4期。

2　见徐规编《张荫麟先生著作系年目录》；又见徐规、王锦光合著的《张荫麟先生科技史著作述略》，载《杭州大学学报》第12卷第4期。

3　关于荫麟先生研究中国科技史的影响，详见徐规、王锦光的论文外，又见王锦光、闻人军的《史学家张荫麟的科技史研究》（载《中国科技史料》1983年第2期），兹不备录。

于两宋史事。从 1936 年起直到逝世，写了不少考订宋代历史问题的文章。那些文章多是发覆拓荒之作，产生了很深远的影响。如宋初四川王小波、李顺的武装起义，荫麟先生认为，那是"在中国民众暴动史中，创一新旗帜，辟一新道路"，"有裨于阶级斗争说之史实"，可是，"当世无道及者，今故表而出之"，乃撰为《宋初四川王小波李顺之乱》一文 [1]。此文一出，王小波、李顺的英雄业绩才为世人所知，史学界才加以注意。解放以后，农民战争史受到空前重视；王小波、李顺的斗争被公认为划时代大事，中国历史教科书和各种中国通史都在大书特书（这是完全应该的）。现在，连初中的少年学生都熟知了。在这篇论文之前，荫麟先生还发表了《南宋初年的均富思想》；之后，又发表了《北宋土地分配与社会骚动》《宋代南北社会之差异》等论文。这些论文所考究的问题多是首次提出来的。其中的许多创见，给宋史研究增添了宝贵的财富。

除以上外，还有考索其他朝代史实的许多论文。从著作目录可见，从老子生年到甲午海战，从社会经济到哲学思想……他都有所探究。但是，范围既如此之广，难免有失误的地方。如徐规先生指出并补正的李顺广州就逮之说即与实际相违。又如科技史的某些论文，"因发表时间较早，以今天的学术水平来看，似尚不够详备深入" [2]。这就有待于后起者的补充和修正了。可是从史学发展上看，前修已作出的贡献，特别是那种筚路蓝缕的开创之功，仍然是极可贵的。

## （二）论评

荫麟先生的史学著作，还有很大部分是属于论评的。这类文章多是因当时史学研究中的某些问题有感而发，对当时的史学研究起

---

1　载《清华学报》第12卷第2期（1937年4月）。

2　见前引徐规、王锦光文。

到了补偏救弊的作用。下面略举其要。

（1）论史学的学风　在二十年代前后，支配中国史学界的风气是所谓的"新汉学"。它崇尚考据，重视资料，标榜"以科学方法整理因故"。对"言之无文，行而不远"的传统，不加措意。荫麟先生认为这是偏向，特著文给以批评。他在1928年发表的《论历史学之过去与未来》一文中，一开头便说：

> 史学应为科学欤？抑艺术欤？曰，兼之。斯言也，多数绩学之专门史家闻之，必且嗤笑。然专门家之嗤笑，不尽足慑也。世人恒以文笔优雅，为述史之要技。专门家则否之。……然仅有资料，虽极精确，亦不成史。即更经科学的综合，亦不成史。……

当然他并非以为资料可以忽视。相反，他认为"资料必有待于科学的搜集与整理"。这篇文章主要就是谈论这个问题的。他对当时的资料整理工作亦深致不满，在《洪亮吉及其人口论》一文的"引言"中曾慨乎言之。他说：

> 迩来"整理"旧说之作，副刊杂志中几乎触目皆是。然其整理也，大悉割裂古人之文，刺取片词单句，颠倒综错之，如作诗之集句；然后加以标题，附会以西方新名词或术语，诩诩然号于众曰："吾以科学方法董理故籍者也。"而不知每流于无中生有，厚诬古人。此种习气，实今后学术界所宜痛戒。……

（2）对重要史实的发现和评价　这里举两篇为代表。一篇是《洪亮吉及其人口论》（1926年刊于《东方杂志》）。"引言"说："清乾嘉间之汉学大师，其能于汉学以外，有卓然不朽之贡献者，惟得二人：在哲学上则戴东原震，在社会科学上则洪稚存亮吉。"戴氏之学，当时已大显于世；洪氏之学则犹湮没不彰。荫麟先生深为之不平，特为文介绍洪亮吉其人口论。他指出洪氏的人口论与英人马尔萨斯之说不谋而同；二人完成学说的时间又都在十八世纪九十年代。可是马尔萨斯之说在西方产生了至深且巨的影响；"洪氏之论则长埋于故纸堆中，百余年来，举世莫知莫闻"。他深有感慨地说："不龟手之药一也，或以伯，或不免于洴澼絖，岂不然哉。"到现在，因人口问题受到空前重视，洪氏的人口论已多为人知。上距荫麟先生揭橥阐扬其说已六十年了。

另一篇是《跋〈水窗春呓〉》[1]。《水窗春呓》这部书，不著撰人，前此盖无人知。荫麟先生偶然看到，知其为记咸同史事的重要史料，特属学友李鼎芳考出作者为欧阳兆熊。此人与曾国藩有故，深知曾的为人。跋说：书中"所记曾事，虽寥寥数则，实为曾传之最佳而最重要资料"。跋文专就这几则曾事，加以论说，所以特加附题："记曾国藩之真相"。这真相是什么？是一副凶残、阴险、善弄权术的狰狞面孔。跋说："自曾氏之殁，为之谱传者不一，而皆出其门生故吏手，推崇拜之心，尽褒扬之力，曾氏面目遂在儒家圣贤理想之笼罩下而日晦。"应该指出，荫麟先生写这篇跋时，民国已成立二十四年了，但因历任执政军阀的吹捧，许多文人学士的颂扬，曾氏的真面目仍"在儒家圣贤理想之笼罩下"隐晦着。因此，跋对曾氏真相的揭露就不仅是史学上的一个求真的问题，而且是个现实中的政治问题。它的影响所及就不仅局限于史学领域之内了。

"诛奸谀于既死，发潜德之幽光。"韩昌黎的这两句名言，我们在荫麟先生的笔下看到了。

（3）书评　荫麟先生喜欢与人讨论问题，他发表的第一篇论文就是批评梁任公关于老子生年的说法的。由于他有渊博的学问和过

---

1　这篇跋始刊于1935年3月出版的《国闻周报》上。

人的识力，所以常能通过批评给人以帮助。如对冯友兰先生的《中国哲学史》上下卷，他都写了书评，提出许多有价值的意见，有助于这部著作之更臻完善（冯先生最近出版的《三松堂学术文集》还把这两篇书评收入）。但是，荫麟先生的书评，有的还兼有更重大的意义。例如他对顾颉刚先生的批评，其意义就不止于所讨论的那些具体问题。他写了《评近人顾颉刚对于中国古史的讨论》《评顾颉刚〈秦汉统一的由来和战国人对于世界的想象〉》……等文章。在那些文章中，他除对若干具体问题的考订和解释，提出自己的不同看法外，还批评到当时流行的疑古之风。他是最关心学风问题的。前面我们已经举出他为此而写的专文。但他的关注不止见于那些文章而已。当时的疑古派对古代传说和记载多所否定。顾先生是古史专家的巨擘，影响很大。因此，荫麟先生对顾先生的批评也就是对怀疑一切的疑古学风的批评。在《评顾颉刚〈秦汉统一的由来和战国人对于世界的想象〉》一文中他说：

　　信口疑古，天下事有易于此者耶？吾人非谓古不可疑，就研究之历程而言，一切学问皆当以疑始，更何有于古；然若不广求证据而擅下断案，立一臆说，凡不与吾说合者则皆伪之，此与旧日策论家之好作翻案文章，其何以异？而今日之言疑古者大率类此。世俗不究本原，不求真是，徒震于其新奇，遂以打倒偶像目之；不知彼等实换一新偶像而已。

上举的前一篇文章是对顾先生的《与钱玄同论古史书》的批评。他以为顾先生关于尧舜禹的论断是错误的，错误的一个主要原因，是由于误用默证。因此，特别在这篇文章的开头专设《根本方法之谬误》一节，引法国史学家色诺波（Ch. Seigmobos）之说，着重指明默证适用的限度。当时用默证以否定古人古事的不止顾先生一人。

因之，对这问题的批评也就是对当时史学界的针砭。

一个二十多岁的青年学生，能够在疑古的风潮中，砥柱中流，不随风而靡，其独立思考的智力和理论勇气是罕见的！

荫麟先生的史学论著，除上述几种外，还有许多别的文章。如对古代史料的考释与辑录，对国外史学著作的翻译与介绍，历史人物的传述……散见报章杂志，迄未裒辑完全（伦伟良编《张荫麟文集》，收各类文章五十六篇，共五十余万言，实际是一个选本）。在这种情况下，我在这里的叙述自然不能是完备的。

## 五、讲席侧记

荫麟先生不唯是一位良史，而且是一位良师。自 1934 年归国后，就在清华大学、西南联大、浙江大学等校任教。他对教学很认真，对学生很热情，凡亲沐其教泽者没有不思念他的。贺麟先生回忆说："他初任教时，最喜欢与学生接近……一点也不知道摆教授的架子。"其实，不仅初任教时，就是以后，他也一直是和蔼可亲，深受学生敬爱的。在西南联大，我从他学宋史，常送习作请他指教。每次他都是立即当面批改，边改边讲，不仅改内容，而且改文字，教我怎样做文章。有时候改至深夜，一再请他休息，他也不肯。宋史课一开始，他就教我们读《宋史纪事本末》，并从其中自选六十篇作"提要"。每篇提要不得过百字，须按时完成。听课者几十人，他都一一批阅。课上只讲专题，很富启发性。他总是每两三周，提出一个问题，指定几卷书，要我们从那几卷书中找材料，去解决那个问题。以后，问题越来越难，指定的书越来越多；最后，他不再指定。要学生自己提出问题，自己找书看。他用这样的方法，训练我们一步步地学会独立做研究工作。他很重视选题和选材，常警告我们，不善于选题的人就只能跟在别人后面转；不善于选材的人就不能写出简练的文章。由于他诲人不倦，我感到课外从他得到的教益比在课堂上还多。因为在课堂上他是讲授专题，系统性逻辑性强，不可能旁及专题以外的学问；在课外，则古今中外无所不谈。从那些谈话中，使我们不唯学到治学之方，而且学到做人的道理。回想起来，那情景真是谊兼师友，如坐春风，令人终身难忘。到遵义后，因为那是一个小小的山城，师生聚居在一起，学生得到他的陶冶更多。现今在宋史的研究和教学上很有贡献的徐规教授就是那时在他的作育下而踏上毕生研究宋史的道路的。那时的遵义又是一个白色恐怖笼罩下的地方，学生们对时政稍有不满的言论，便受到迫害。在倒孔运动中，有的学生被追捕，荫麟先生挺身而出，给予保护，使得脱险，表现了很高的正义感和勇敢精神。

荫麟先生在清华和联大，除在历史系开课外，还在哲学系开历史哲学、逻辑、哲学概论等课程。他常常介绍历史上重要哲学家的学说，最能引人入胜。他以史学家应有的客观态度，源源本本地如实讲述那些学说；所写的这类文章也是这样。因此，假若只听他一堂课或只读他的一篇文章，便可能以为他是所讲所写的那一派哲学的同调。例如，你只读《中国史纲》讲孔子的那章，你可能以为他是孔门信徒；但若你只读讲墨子的那两节，你又可能以为他是墨家的崇拜者。又若你读他的《陆学发微》，你可能以为他是一个唯心主义者，但若你读的是他关于戴东原的文章，你又可能以为他是一个唯物主义者。其实都不是。他常这样说过："我不想做哲学家，也不想做文学家，只想做一个史学家。"在我国历史上，他最崇敬的人物是司马迁。

还有一点应该说明的是他的政治态度。他说过："知古而不知今的人不能写通史。"出于这样的认识，他对现实政治是很关心的。从他的著作看来，留美归国以前，他是一个爱国主义和民主主义者，对国内的政治派别没有显著的倾向性。回国以后，他的政治思想有了显著的变化，日益倾向于人民民主革命，逐渐转变成为中国共产党的同情者。这一转变在他文章中是有流露的。例如在《中国史纲》中讲述墨子时他写道：

> 总之，一切道德礼俗，一切社会制度，应当为的是什么？说也奇怪，这个人人的切身问题，自从我国有了文字记录以来，经过至少一二千年的漫漫长夜，到了墨子才把它鲜明地、斩截地、强聒不舍地提出。墨子死后不久，这问题又埋葬在二千多年的漫漫长夜中，到最近才再被掘起！

这些话写于四十年代初。请问那时谁把那"人人切身的问题"再度掘起呢？除了中国共产党人外还有谁人？答案不是像太阳一样明白吗！

又如在《宋初四川王小波李顺之乱（一失败之均产运动）》一文的"引言"中说：王小波、李顺的暴动和钟相、杨幺的暴动，是"皆可助阶级斗争说张目者"。因为王小波、李顺的事迹，"世尚无道及者，今故表而出之"。此文写于1937年初。那时持阶级斗争之说的不正是中国共产党人吗？荫麟先生要把"可助阶级斗争说张目"的、"在中国民众暴动史中，创一新旗帜，辟一新道路"的史事"表而出之"，他的政治态度和同情所在，不也是像太阳一样明白吗？实际上，从这篇文章灼然可见，为阶级斗争说张目的也正是荫麟先生自己。"引言"中还指出《宋史》《宋会要》《续资治通鉴长编》对王小波、李顺的暴动，皆有记载，"惟其特质，即'均贫富'之理论与举动，皆绝不显露，谓非有阶级意识为崇焉，不可得也"。这更可见荫麟先生对中国共产党的理论持何态度了。他在昆明寓居欧美同学会时，赁房一小间，是书斋也是卧室。去拜访他的人都看到，在案头或枕边常放着一部"人人丛书"（Everyman's Library）本的《资本论》。在离别昆明前数日，他假同学会的会议厅邀宴友好十余人。席间，谈及时局，人人都以抗战前途为虑。他乐观而兴奋地说："抗战是长期的、艰苦的，但最后是必胜的。只是到胜利之后，国旗上的'青天白日'已不存在，只剩下'满地红'了。"他在《中国史纲》的青年本《自序》中说："我们正处于中国有史以来最大的转变关头。"听了上面那番谈话，这"最大的转变关头"何所指，不是也很明白吗？遗憾的是，他享年不永，当1949年10月1日全中国的人民欢庆这个"最大的转变"胜利出现的时节，他已凄凉地长眠遵义荒郊七年了！

（原载《史学论丛》第二辑，后收入《东莞文史》第29期，东莞市委员会文史资料委员会出版，1998年12月）

# 张荫麟先生的科技史著作述略
## ——纪念张先生逝世四十周年

徐　规　　王锦光

　　张荫麟先生（1905 年 11 月—1942 年 10 月），笔名素痴，广东东莞石龙镇人。1923 年秋，考入清华学校中等科三年级，曾在该校研究院国学导师梁启超的中国文化史演讲班上听课。是年九月，本着"吾爱吾师，吾尤爱真理"的精神，在《学衡》杂志上刊登了《老子生后孔子百余年之说质疑》一文，批评梁先生对于老子的考证。那时张先生还是年仅十八的中学生，《学衡》编者便以为他是清华的国学教授。

　　1929 年，张先生毕业于清华大学，以官费赴美留学，专攻哲学与社会学。他在与友人书中说："国史为弟志业，年来治哲学，治社会学，无非为此种工作之预备。从哲学冀得超放之史观与方法之自觉，从社会学冀得人事之理法。"1933 年冬季回国，任清华大学历史、哲学两系副教授，同时在北京大学讲历史哲学课。

　　卢沟桥事变后，张先生只身脱险南下，应浙江大学之聘，在天目山禅源寺，为新生讲国史。杭州沦陷，张先生辗转返回故里。翌年，赴昆明任西南联合大学教授。1940 年夏，又来遵义山城，再度担任浙大国史教授，宏开讲坛，青年学子如坐春风。1942 年 10 月 24 日，因患肾脏炎，不幸逝世。墓地在遵义老城南门外碧云山上。

　　张先生兼通文史哲，才识为当代第一流，其生平贡献以史学为最大。所著《中国史纲》（上古篇）一书，被推为当代"历史教科书中最好的一本创作"（陈梦家教授语）。其他学术论著，散见于报章杂志者，不下百万言，多自辟蹊径，开风气之作。

张先生对史学的贡献是多方面的。从青年时代开始，即重视中国科学技术史的研究。盖自近代以来，我国科技落后，为西洋人所轻视，先生有感于此，故特别留意发掘中国古代科技人物及其成就之资料，予以表彰，企图激起国人爱祖国、爱科学的热情，从而有助于我国科技研究事业的振兴。先生有关这方面的某些论文，因发表时间较早，以今天的学术水平来看，似尚不够详备深入，但其筚路蓝缕之功诚不可没。

张荫麟先生的科技史译著已发表的有：

（1）《明清之际耶稣会教士在中国者及其著述——〈中国近三百年学术史·附表一〉校补》，《清华周刊》第300期，1923年12月。

（2）《明清之际西学输入中国考略》，《清华学报》第1卷第1期（创刊号），1924年6月。

（3）《纪元后二世纪间我国第一位大科学家——张衡》，《东方杂志》第21卷第23号，1924年12月。

（4）《张衡别传》，《学衡》第40期，1925年4月。

（5）《宋燕肃吴德仁指南车造法考》（译），《清华学报》第2卷第1期，1925年6月。

《宋卢道隆吴德仁记里鼓车之造法》，《清华学报》第2卷第2期，1925年12月。

（7）《中国印刷术发明述略》（译），《学衡》第58期，1926年10月。

（8）《九章及两汉之数学》，《燕京学报》第2期，1927年12月。

（9）《中国历史上之奇器及其作者》，《燕京学报》第 3 期，1928 年 6 月。

（10）《驳朱希祖〈中国古代铁制兵器先行于南方考〉》，天津《大公报》图书副刊，1928 年秋。

（11）《沈括编年事辑》，《清华学报》第 11 卷第 2 期，1936 年 4 月。

（12）《中国古铜镜杂记》（译），《考古社刊》第 4 期，1936 年 6 月。

（13）《燕肃著作事迹考》，《浙大文学院集刊》第 1 集，1941 年 6 月。

他的这些著作，可归纳为下列四类：

第一类，（广义）机械（奇器）：（5）（6）（7）（9）（10）（12）。

第二类，数学：（8）。

第三类，科学家：（3）（4）（11）（13）。

第四类，西学东渐：（1）（2）。

从上列著作目录来看，张先生在科技史方面的研究，不仅范围较广，时间较早，而且门类较为集中。再加他的文笔清新流畅，故对后来科技史界影响很大。兹择其要者论述如下：

《中国历史上之奇器及其作者》，此文上起远古，下迄清中叶，对中国古代一些主要"奇器"及其作者加以介绍，确是一篇十分精炼的中国古代机械史略。刘仙洲的《中国机械工程史料》（1936 年）、《中国机械工程发明史（第一编）》（1962 年）两部书，都在张文之后出版。王锦光《我国十七世纪青年科学家黄履庄》（《杭州大学学报》自然科学版，总 6 期；《物理专号》，1960 年 1 月）就是受到此文启发而写成的。袁翰青先生称许张先生此文"虽涉及化学工艺的地方很少，内容却很精彩，值得研究化学史的人们的重视"[1]。

《沈括编年事辑》，是近人全面研究沈括的生平及其贡献的最早著作。张家驹曾推崇此文说："张荫麟先生的《沈括编年事辑》，倡导了全面探讨这位科学家的先河"，"张文对沈括生平考订精详，有不少地方，纠正史传的缺失。"[2]胡道静先生亦称赞此文"搜集事实远过旧史所载，编年也多精确"[3]。胡先生就以此文为基础，经营补苴，撰成《沈括年谱》，并将年谱摘要，作《沈括事略》，附在所纂《新校正梦溪笔谈》之末，广为流传。徐规受到《事辑》的启发，曾先后撰有《沈括编年事辑校后记》（《申报·文史》第13期，1948年3月6日）、《沈括生卒年问题的再探索》（《杭州大学学报》哲学社会科学版，1977年第3期）、《沈括"官于宛丘"献疑》（同上，1979年第1、2期合刊）以及《梦溪笔谈中有关史事记载订误》（《宋史研究论文集》，《中华文史论丛》增刊，上海古籍出版社，1982年1月）等文。

《燕肃著作事迹考》，燕肃是宋代卓越的科学家，在科学上的贡献是多方面的，前人未尝注目及此。张先生这篇文章是首创之作，日人寺地尊认为此文"对燕肃的研究有卓越成绩的"[4]。徐规曾对此文加以校补，王锦光在这些基础上写出《宋代科学家燕肃》（《杭州大学学报》哲学社会科学版，1979年第3期）一文。

《纪元后二世纪间我国第一位大科学家——张衡》和《张衡别传》，此两文全面介绍了张衡的生平及其科学贡献，约八年后，孙

1　袁翰青：《中国化学史论文集》，第25页，生活·读书·新知三联书店，1956。

2　张家驹：《沈括》，第2页，上海：上海人民出版社，1978。

3　（宋）沈括撰，胡道静校注：《新校正梦溪笔谈》，第343页，北京：中华书局，1957。

4　《唐宋时代潮汐论的特征》，《科学史译丛》，1982年第3期，第79页。

文青发表《张衡著述年表》（《师大月刊》，1933 年 1 月）和《张衡年谱》（《金陵学报》第 3 卷第二期，1933 年 11 月）。王振铎先生有关"奇器"的论文与复制工作，也是受到张先生的启发的。

《明清之际西学输入中国考略》，这是张先生在清华学校求学时所写的。它较详细地介绍了明万历中叶至清乾隆中叶西学东渐的概况，文末附录《明清之际来华西士之西学输入之有关者及输入西学之著作表》，是张先生根据日人的表格加以增改而成，参考价值较高。周昌寿的《译刊科学书籍考略》（见《张菊生先生七十生日纪念论文集》，1937 年）及方豪的《明季西书七千部流入中国考》（1937 年初稿）、《明清间译著底本的发现和研究》（1947 年初稿，以上两文均收入《方豪文录》，1948 年 5 月北平版），皆在其后问世。最近中国科学院自然科学史研究所王冰的硕士论文《明清时期西方近代物理学传入中国概况》也参考了张文。

张先生的科技史著作，国外科技界也很重视，例如英国李约瑟博士的巨著《中国科技史》就参考了下列诸文：《明清之际西学输入中国考略》《中国历史上之奇器及其作者》《九章及两汉之数学》《纪元后二世纪间我国第一位大科学家——张衡》《宋燕肃吴德仁指南车造法考》《宋卢道隆吴德仁记里鼓车之造法》等。

今秋，适逢张先生逝世四十周年，我们是老浙江大学文、理学院（即今杭州大学的前身）的学生，故特草此文，以资纪念。

〔原载《杭州大学学报（哲学社会科学版）》第 12 卷第 4 期，1982 年 12 月〕

# 张荫麟先生生平及其对史学的贡献
## ——纪念先生逝世五十周年

徐　规

张荫麟先生（1905 年 11 月—1942 年 10 月），笔名素痴，广东东莞石龙镇人。1923 年秋，考入清华学校中等科三年级，曾在该校国学导师梁启超的中国文化史班上听课。是年九月，本着"吾爱吾师，吾尤爱真理"的精神，在《学衡》杂志上刊登了《老子生后孔子百余年之说质疑》一文，批评梁先生对老子的考证。那时张先生还是仅十八岁的中学生；《学衡》编者便以为他是清华的国学教授。1929 年，先生毕业于清华大学，以官费赴美国斯坦福大学留学，专攻哲学与社会学。他在《与张其昀书》中说："国史为弟志业，年来治哲学，治社会学，无非为此种工作之预备。从哲学冀得超放之博观与方法之自觉，从社会学冀明人事之理法。"1933 年冬回国，执教于清华大学历史、哲学两系，并在北京大学讲历史哲学课。

卢沟桥事变后，先生应浙江大学之聘，在天目山禅源寺为新生讲国史。杭州沦陷，先生辗转返回故里。翌年，赴昆明任西南联合大学教授。1940 年夏，又来遵义山城，再度担任浙江大学国史教授兼史地研究所导师，弘开讲坛，青年学子如坐春风，越两载有余，不幸患肾脏炎病逝世，墓地在遵义老城南门外碧云山上，立有墓碑，题云："史学家张荫麟先生之墓"。1960 年前后，先生之高足弟子李埏教授曾道出遵义，往访墓地，已不见遗存矣。

先生兼通文史哲，才学识为当代第一流，其生平贡献以史学为最大。所著《中国史纲》（上古篇）一书，被推为近代"历史教科书中最好的一本创作"（陈梦家教授语）。其他学术论著，散见于报章杂志者百余万言，多自辟蹊径，开风气之作。台湾出版的《张荫麟文集》，收载未全。

从青年时代开始，先生即重视中国科技史的探索。盖中国自近代以来科学技术落后，为西洋人所轻侮，先生有感于此，故特别留意发掘中国古代的科技人物及其成就之资料，予以表彰，企图激起国人爱祖国、爱科学的热情，从而有助于我国科技研究事业的振兴。关于这方面的论文有十多篇，其中《沈括编年事辑》一文，是近人全面研究沈氏生平及其贡献的启蒙之作，奠定了研究沈括这个课题的基础。1985年，杭州大学宋史研究室为了纪念先生八十周年诞辰，曾编成《沈括研究》一书，交由浙江人民出版社出版，就是继承先生这个意愿的。又如先生所撰的《中国历史上之奇器及其作者》一文，上起远古，下迄清朝中叶，对中国古代一些主要科技发明及其作者加以介绍，确是一篇十分精炼的中国古代机械史略，对后来科技史界影响颇大[1]。

先生又是近代我国宋史研究的先驱者之一。关于这面的文章有三十余篇，所考究之问题多是首次提出来的，其中不少创见给宋史研究增添了宝贵的财富。如宋初四川王小波、李顺起义一文刊布后，这两位农民军领袖的英雄业绩才为世人所知，史学界始加以注目。又如《刘锜与顺昌之战自序》[2]《〈顺昌战胜破贼录〉疏证》[3]两文，

---

[1] 参见徐规、王锦光合写的《张荫麟先生科技史著作述略》，载《杭州大学学报》第12卷第4期；王锦光、闻人军合写的《史学家张荫麟的科技史研究》，载《中国科技史料》1983年第2期。

[2] 载《益世报·史学副刊》第6期，1940年6月13日。

[3] 载《清华学报》第13卷第1期，1941年4月。

乃近人研究南宋抗金名将刘锜战功的惟一作品。时先生僻处遵义山城，书缺有间，未克毕其全功，且上述两文刊布于抗日战争期间，流传不广，今已难以觅得。笔者与此间博士生王云裳女士继承先生遗志，草成《刘锜事迹编年》一文，将在中华书局今年出版的《岳飞研究》第三集中刊布。并由王女士继续撰写《刘锜新传》一书，以期完成先生的夙愿。

香港中文大学许冠三教授撰写的《新史学九十年》[1]一书，列有专章对张先生史学造诣加以评介，誉之为"近八十年罕见的史学奇材"。又说："就他的最后造诣论，可以说他比绝大多数新汉学家更长于考据，比芸芸浮嚣的史观派更精于哲学思维，也比所有讲求新史学的人更重视艺术描绘。"此外，云南大学李埏教授亦撰有《张荫麟先生传略》，发表在云南人民出版社1986年出版的《史学论丛》第2辑上，对张先生的事迹、学术贡献作了翔实而精辟的记述，读者可参阅。

〔原载《杭州大学学报（哲学社会科学版）》第22卷2期，1992年6月〕

---

1　香港中文大学出版社1986年版。

# 张荫麟培养学生情况述略
## ——纪念张师诞辰九十周年

徐 规

　　张师于 1933 年秋从留学美国返回母校清华大学执教后，曾指导李鼎芳、王栻两位撰写大学毕业论文。李鼎芳的论文题目是《曾国藩与其幕府人物》（载《大公报·史地周刊》第 36 期，1935 年 5 月 24 日）。当时张先生尝读到《水窗春呓》一书，知其为记载清咸丰、同治间史事的重要史料，但未详其著撰人，遂嘱李鼎芳考出作者乃欧阳兆熊。此人与曾国藩有故，深知曾的为人，张师据此写就《跋〈水窗春呓〉（记曾国藩之真相）》一文，对揭示曾国藩的真实史料做出了贡献。这是师生合作探索的一个成果。王栻（1912—1983）的论文题目为《严幾道（复）》（载《大公报·史地周刊》第 41 期，1935 年 6 月 28 日），与鼎芳毕业论文一样，都是师生联名发表的。王栻大学本科毕业后，又考取了张师门下的硕士研究生，再受栽培，终于成为我国研究严复的专家。比王栻迟一年（1936 年秋）的研究生是沈鉴（镜如）先生（1910—1971）。沈镜如于新中国成立后，长期在杭州大学（其前身为浙江师范学院）任教授，尝对笔者谈到，他在清华大学从张先生治清末民初的历史，张师曾付予大批有关这个时期的史料书（是张师在北平收购来，准备写《民国开国史长编》的），供他参考。卢沟桥事变后，他逃离北平，书籍全部丢失了。据他说，新中国成立后出版的《中国近代史资料丛刊》

167

有关辛亥革命的史料，尚不及先生那批书详尽云。以上三位是早期在清华从张师治中国近代史的学生，惜均已去世。

丁则良、李埏（号幼舟）是跟随张师治宋史的学生。丁则良毕业清华后，与张师常有书信往来，如 1941 年 3 月 3 日，张师在遵义浙大写给幼舟书中有云："兹寄上《宋太宗继统考实》一篇，阅毕请并附札转致丁则良君为盼！"丁氏所撰文稿亦屡屡寄奉张师求教。丁氏先后刊布论文多篇，有《王安石〈目录〉考》、《杯酒释兵权考》、《沈括生卒年考》、《北宋初年王小波李顺起义的性质》、《关于宋初王小波李顺起义》（本篇乃效仿张师在抗日战争前夕发表的《宋初四川王小波李顺之乱》而作）、《宋代土地问题》（此文乃其遗著）等，对宋史研究作出了较大的贡献。

幼舟学长自 1938 年 8 月开始，在西南联大史学系从先生治宋史。据幼舟说："常送习作请他指数，每次他都是立即当面批改，边改边讲，不仅改内容，而且改文字，教我怎样做文章。有时改至深夜，一再请他休息，他也不肯。"当时幼舟曾以宋代楮币为课题，写成《北宋楮币起源考》等一系列文章。1940 年 7 月 29 日，张师离开昆明，赴遵义浙大任教，幼舟考取北京大学文科研究所，跟姚从吾教授治宋史，此后两年间，仍不断去信向张师求教，张师随时复函给予指导。1995 年，幼舟检得张师在遵义所赐手教八通，共十八页，摄为照片，惠寄给我。现摘抄其中有关指示如下：

1940 年 9 月 8 日深夜复书云：

（足下为）北大文科研究所录取，可喜可贺！该所原可利用（中央研究院）史语所书籍，但闻书已装箱，研究工作想一时无可措手，惟有精读基本书耳。如欲读哲学书，可先读休谟之论人性及悟性两书，次读格林对休谟之批评（书名不确记，似为休谟引论，见《格林全集》中，联大哲学系办公室有之，可问石峻先生）。如细读此三书而通其意，则于西洋哲学已得门径矣。近人哲学概论一类书不必看也。

同年 11 月 15 日复书云：

关于足下在所计划事，愚有数言。既入社会，自不能事事如己意而行，须承认其若干限制加以适应，否则徒自苦耳！姚先生意亦有相当理由，如取《宋史》与其他宋代主要史料校读一遍，自于宋事深熟而打好宋代史研究之基础，惟以此施于全部《宋史》，恐非两三年所能竟功，而两三年间专做此事，未免枯燥耳！何不商之姚先生，用此计划，而缩小范围，暂以北宋为限。至于毕业论文如何写法，可听凭姚先生意，如札记、考异一类杂缀，姚先生及所中人可以承认为毕业成绩，即以此缴卷。至于其他论著可随意写作，不必作缴卷用也。学贵有创获，如真有创获，自无不为人承认之理。

**谕以处世、治学之道，教诲谆谆，情真意切，感人至深！**

次年 2 月 2 日晚复书云：

从（司马）温公史论及胡（三省）注中寻宋史料，具见读书精细，两项工作自均有价值，可以馀力为之。《中国史纲》上册（共十一章）石印底本已誊就一大半，印成一小半，大约四、五月间可出版。俟出版自当分赠昆明同好。《宋代南北社会之差异》一文，诸多不满，初拟更为一《后记》，印出后乃合并寄赠友人。今承提及，当即检寄一份。其实宋代南方社会之特色甚多，不仅农奴存在，杀婴盛行及工商业兴盛而已。例如吃菜事魔亦为南方之俗，社会骚动亦以南方为最多。凡有均贫富性质之叛变均超于北方。又北方人对南方人之偏见，及南北政治势力之消长，亦可为此大题目下之小题目。又南方工商业之发达，从宋代商税之统计当可看出。《宋会要》中商税之材料甚多（《长编》亦有之），愚手头无此书，无从利用。又身丁钱亦为南方所特有，《宋史·食货志》、《文献通考》及李焘《长编》均语焉不详，不知《会要》中有此项资料否？亦因手头无此书，故对身丁钱问题未得解决。身丁钱与杀婴习俗之关系甚大，愚文中轻轻搁置，乃最自慊之点。吾弟有《会要》在手，何不先作一《宋代身丁钱考》？愚对此问题之见解大要如下：

宋代之身丁钱，乃沿自五代，只南方有之者，因在五代时本只南方诸国有之也。各地轻重不等者，亦沿五代各地之旧额也。何以五代时只南方诸国有身丁钱？盖自两税法行后，本已无计口之税。北方五朝，犹沿唐制。此五朝者，皆以北方人而统治北方，因乡土之关系，过度之掊敛有所顾忌，且地广财丰，无须添此苛税。南方诸国则不然。其国主多以驻防之将而据地自雄，其上层统治者以至原初之下级将校及士兵大抵来自北方（此为假说，须待证实）。此等人于所驻之区本以殖民地视之，自然无乡土之顾忌，而得恣意掊敛。且地狭兵多，财用苦绌，故计口之税又复出现也。因追溯身丁钱之起源，而猜想到五代时南北方统治性质之差异。君能证实此说，亦五代史中之一重要发现也。

吾弟有意并为之否？除身丁钱问题外，即宋代杀婴俗之史料，文中所采亦未备，此文印成后，又陆续发现许多。此又自慊之一点。此文只能视为大辂之椎轮。吾弟若对此大题目感觉兴趣，与愚分工合作，将其所包涵之小题目，一一解决，先为零篇发表，将来可集合为一书也。近成《宋太宗继统考实》一篇，颇觉满意，已嘱人录副，数日后录毕，即寄与足下一商榷之。

同年4月4日又复书云：

《宋代身丁钱考》，盼先为之。为此考时自可不必涉及其远源，惟其为承五代之旧，则须提及，文中当注意下列各事：（1）各地轻重不一；（2）各地征收之方式不一，或征钱，或征实物；（3）各地蠲免之先后不一。（李心传《要录》亦有身丁钱资料，惟不多）……拙文何幸而为足下所偏好，承为校正，谢甚谢甚！卢逮曾君适有书来，为《文史（杂志）》征稿，愚已草《宋太祖誓碑及政事堂刻石考》一文应之，俟刊出当寄上一观。

张师指导学生治学途径之详尽，于此可见一斑。

幼舟学长于1942年暑假应张师之召，立即辍学来遵义浙大史地系任教，与张师朝夕相处。不久，张师逝世。次年6月，幼舟因母丧返回故里。此后长期在云南大学历史系执教，著述弘富，颇多创发。1986年，被批准为全国惟一的唐宋经济史博士生导师。他深得师门之真传，于义理、考证、词章三者，卓然有所建树；且悉心栽培后学，桃李遍布海内，皆能成材，在教育事业上亦贡献巨大，允推为同门之首席。

张师抵遵义浙大后，1940年秋招收攻读中国近代史研究生一名，即西南联大毕业的刘熊祥学长，毕业论文题目为《清季联俄政策之始末》，1942年夏末毕业，获硕士学位。长期任兰州西北师范大学历史系教授。1941年秋，张师又招收攻读宋元史研究生一名，即西南联大毕业的余文豪（行迈）学长。他在肄业期间曾发表《金亡前后南宋和蒙古的一段交涉》一文，这是继张师昔日刊布的《端平入洛败盟辨》而作的。他的毕业论文题目为《元初汉军考》，张师去世后，指导师由陈乐素师继任。1943年夏末毕业，获硕士学位。行迈多年在苏州大学（其前身为江苏师范学院）历史系任教授，今已退休。他们两位都在史学研究上有所成就。

笔者在浙大龙泉分校读完一年级课程后，1940年秋即赴遵义浙大总校史地系继续学习，亲炙张师教导两载，读过他开设的中国上古史、唐宋史和历史研究法三门课。他讲上古史，着重阐明先秦诸子的思想，并考订其著作内容之真伪及影响，传授理论分析与史实考证的方法；教宋史分专题讲解，多有新见；讲历史研究法，传授综述史事的原则和方法；在每一单元讲课结束时，辄口述一故事，由学生记录下来，按时上交一篇短文，他细加修改后发还，希望借此来提高我们的文字表达能力。张师教课十分认真，总是分别指定精读的史学名著和浏览的参考书，并印发自编讲义；还写好讲授详细提纲，与讲义不相重复。教课富启发性，有哲理分析，有史事考证，有艺术描绘，使听者如坐春风，似饮甘泉！

1942年夏末，笔者跟张师做毕业论文，他创意要我写《李焘年谱》，授以《周益国文忠公集》作主要参考书。并说研究历史人物，须从作年谱入手，李焘是宋代著名史家，所撰《续资治通鉴长编》乃研究北宋史事最重要的典籍，近代学人未尝注意探索云云。

太平洋战争爆发后，遵义物价腾贵，师友们生活困难，有些教师办起供销合作商店，站柜台兼做营业员。张师对这种现象颇为不满，那时因卧病在床，便召我赴其寓所，口授《师儒与商贾》一文，命作笔录，痛加针砭，并示我以选题的用意和遣词属文的匠心，这也是他训练学生做文章的一种方法。笔者此后在学习宋史方面获窥门径，多得力于他的谆谆教诲。

〔原载《杭州大学学报（哲学社会科学版）》第25卷第3期，1995年9月〕

# 张荫麟教授的历史教学

管佩韦

　　1940 年 10 月初，我从浙江龙泉浙大到贵州遵义浙大本部，读文学院史地学系二年级，前后曾选读张荫麟教授所授的中国上古史、唐宋史和历史研究法等课程，获益良深。

　　荫麟教授的历史教学，标准高，要求严。他在讲授中国上古史第一课时，一开始就向学生提出，要求各人选读《左传》或《汉书》作为期考内容。怎样考法？他未说明，我们也不敢询问，只问听课笔记是否要考？他明确回答："已经讲过了，就不考了。"他所著《中国史纲》（当时还未正式出版，是用石印分章发给我们的）作为教科书，也不考；我们听后，很觉新鲜（别的课程都是考听课笔记的），但很担心（只怕考不好）。他在讲授唐宋史第一课时，一开始也向学生提出，要求各人选读《资治通鉴》（唐鉴部分）或《宋史》（或《宋史纪事本末》），作为期考内容。期考《左传》试题是：一、按次序写出鲁国十二公名字。二、自选一名历史人物，加以评述。期考《汉书》试题是：一、按次序写出西汉十二帝王名字，第二题也是评述自选一名历史人物。接到试题后，我才放下心来。读了这两门课程以后，我们再阅读一般大学丛书，就觉得比较简略了。

　　在讲授唐宋史时，他先征求学生意见，重点讲授宋诗，我们颇感兴趣，听得津津有味。他讲过苏轼《和子由渑池怀旧》的七言律诗："人生到处知何似？应似飞鸿踏雪泥。泥上偶然留指爪，鸿飞那复计东西。老僧已死成新塔，坏壁无由见旧题。往日崎岖还记否？路长人困蹇驴嘶。"我们听后，才知"雪泥鸿爪"一词的由来；并认识到人生的漫长道路是不平坦的，必须立志作艰苦的努力，才能在将来对人类作出较大的贡献。从那时起，我就把"少壮不努力，老大徒伤悲"，作为自己一生的座右铭。他又讲过王安石《读史》的七言律诗："自古功名亦苦辛，行藏终欲付何人？当时黯黮犹承误，末俗纷纭更乱真。糟粕所传非粹美，丹青难写是精神。区区岂尽高贤意，独守千秋纸上尘。"我深深体会到，研究学术必须坚持"高标准，严要求"；同时必须采取实事求是（浙大校训就是"求是"）的态度，不可投机取巧，更不可挂羊头卖狗肉。他还讲过欧阳修的《明妃曲》："汉宫有佳人，天子初未识。……明妃去时泪，洒向枝上花。狂风日暮起，飘泊落谁家？红颜胜人多薄命，莫怨春风当自嗟！"我国史学界对汉朝王昭君的"和亲匈奴"一事，虽有不同的看法，但这首诗可能是"红颜薄命"一词的由来。

荫麟教授在讲授历史时，很不赞成对学生进行"训诲式"的教学；但在他的历史教学中，却收到"传道、授业、解惑"的良好效果。

选读荫麟教授所授历史研究法一课，启发也是很大的。深感张老师确是学贯中西。他不仅对中国哲学、中国历史造诣很深，而且对西方哲学、西洋历史也颇有研究。在这一门课程中，他既介绍历史观点，也讲授历史方法，除了讲授西方资产阶级各种流派的历史观点为外，也介绍马克思的"唯物史观"。荫麟教授曾重点讲授十九世纪英国早期实证主义历史学家的代表人物博克尔（1821—1861）的史学观点，比较详细地介绍博克尔的代表著作《英国文明史》，指出博克尔开始注意到历史发展的规律性，并主张"只有通过揭示因果关系，才能把历史上升为科学"，"帝王将相是时代的产物"。这在当时是难能可贵的。不过博克尔用自然规律来划分世界文明（"欧洲文明"和"非欧洲文明"）的高低，明显是"欧洲中心论"史观的一种表现，客观上是为资本主义国家殖民扩张服务的。同时，博克尔强调地理环境对人类文化的发展具有决定性的作用，显然也是错误的。

荫麟教授在讲授历史研究法时，很重视历史人物在历史上的作用。他说：具有传统观念的历史学家，对历史人物往往全盘肯定，或全盘否定。换句话说，总想以完节对待所叙述的历史人物，不忍累以白璧之玷；反之，该历史人物如果犯了错误，那么他的一生的功绩，也就一概予以抹煞。这种情况，确是屡见不鲜的啊！荫麟教授认为：历史人物各有其优点，也有其缺点，在进行评述时，应力求直书，使是非清楚，真伪分明，切忌铺张失实，也不可为贤者卫护。例如《新唐书·崔光远传》："子仪与贼战汲县，光远援之不力，及光远守魏，与贼战，子仪亦不救，故败。"此事为子仪短处，而《子仪传》没有记载。又例如明严嵩作恶多端，为后人所唾弃，可是他的文章做得还不错，在《明史·严嵩传》中只有"读书铃山十年，为诗古文辞，颇著清誉"而已。

荫麟教授也讲授描写历史人物的方法。他说：除了采取具体性和个别性外，同时还可采用暗示笔法和心理分析。唯有采取具体的写法，才能写出历史人物的"真"和"美"，抽象的写法，难免有虚构和空中楼阁的缺点。例如描写宋玉体态外形之美，有"增之一分则太长，减之一分则太短；着粉则太白，施朱则太赤"的话，只说明该人物的身材不太长，也不太短，不太白，也不太红的抽象概念而已，不如古诗《陌上桑》（见《玉台新咏》卷一，又作《艳歌罗敷行》）描写少女秦罗敷的美貌："行者见罗敷，下担捋髭须。少年见罗敷，脱巾（一作帽）着帩头。耕者忘其犁，锄者忘其锄。来归相怨怒，但坐观罗敷。"这是用旁人息肩停担以欣赏少女美貌的写法，似较具体一些。同样地写一位历史人物，必须抓住该人物的特点，即其天赋个性表现。有些就在平时的行动上，可以见到；有些还需要综合其一生的活动结果，才能判定。例如《史记》卷四十八《陈涉世家》："夥颐！涉之为王，沉沉者。"又如《汉书》卷一《高帝纪》："沛中豪杰吏闻令有重客，皆往贺，萧何为主吏，主进，令诸大夫曰：进不满千钱，坐之堂下。高祖为亭长，素易诸吏，乃给为谒曰'贺钱万'，实不持一钱。谒入，吕公大惊起，迎之门。"都能写出一人一事所特有的个性。所谓暗示笔法，就是要从小处可以暗示其大处。例如《汉书》卷一《高帝纪》："高祖以亭长为县送徒骊山，徒多道亡，自度比至皆亡之，至丰西泽中亭，止饮，夜皆解纵所送徒。曰：'公等皆去，吾亦从此逝矣！'徒中壮士愿从者十余人。"又如《史记》卷七《项羽本纪》："项籍少时，学书不成，去；学剑又不成，去。项梁怒之。籍曰：'书足以记名姓而已，剑一人敌，不足学，学万人敌耳。'于是项梁乃教籍兵法，籍大喜，略知其意，又不肯竟学。"前者暗示高祖度量大，能够完成伟大的事业；后者暗示项羽有始无终，缺少恒心，不能成事，终究必然失败。因此，先生提出必须注意用心理分析的方法，才能洞察该历史人物内心的秘奥，不致有隔靴搔痒的弊病。有些人平日所做的，并不是他们平生所想要做的，因为人们时常会有一种矛盾的心理和缘故。例如北宋王安石创议变法，他的本意是好的，但后来在变法过程中，因用人不当，以致变法失败。王安石在《上仁宗皇帝言事书》中，不是早已注意人才的教、养、取、任吗？

　　荫麟教授在讲授历史研究法时，也提到处置史料的方法。他举清朝著名历史学家赵翼（瓯北）所著《廿二史劄记》（下简称《劄记》）和《陔余丛考》（下简称《丛考》）二书为例，归纳为比论、对照、校正、补缀、实证、显示几种方法。"比论法"就是"史事如有相似者，则比较而说明之，以观其同"。例如《劄记》卷二十《黄巢李自成》，又如《丛考》卷四十一《苏东坡秦少游才遇》。"对照法"就是"史中之事物，如有不同者，亦可比较而说明之，以观其异"，例如《劄记》卷一《史汉不同处》，又如《丛考》卷十六《尧舜之禅不同》。"校正法"就是"前人之记载与议论，或者错误者，今改正之，断其确为误，以示不可信也"。例如《劄记》卷七《借荆州之非》，又如《丛考》卷二十《曹彬伯颜不妄杀人之非》。"补缀法"就是"凡前人所记载之事物，尚有遗漏者，应缀辑而补足之，以谋其全"。例如《劄记》卷二《睢阳殉节尚有姚訚》，又如《丛考》卷三十九《守节绝域不传者甚多》。"实证法"就是"前人这记载与议论，实为正确者，今证明之，断其确为正确，以示可信也"。例如《劄记》卷七《关张之勇》，又如《丛考》卷十八《元代疆域之大》。"显示法"就是"如史中之事物，不易明知者，则提要而显示之；或已为众所知，然尚需加以解释者，则就作者所及见之范围，以说明之"。例如《劄记》卷一《史记律书即兵书》，《丛考》卷二《曹翙即曹沫》。

荫麟教授患肾炎，于 1942 年 10 月 25 日逝世于遵义卫生院（今遵义地区医院前身），享年仅三十有七，时光荏苒，距今已四十多年了。荫麟教授的历史教学，难以全面追忆。上文所记，仅其一小部分，尚祈浙大史地学系学长们予以补充和指正。

（原载贵州省遵义地区地方志编纂委员会编《浙江大学在遵义》，浙江大学出版社 1990 年）

# 张荫麟教授的最后岁月（1940—1942年）

管佩韦

寒舍、孤灯……

张荫麟教授，我们浙江大学学生尊称他为"张先生"。他在昆明西南联合大学与夫人伦慧珠女士分手后，于1940年初，应聘来到贵州遵义浙大史地学系，任教中国古代史（中国上古史、魏晋南北朝史、唐宋史）和历史研究法等课程。在讲授中国上古史时，曾将他所著《中国史纲》作为教科书，用石印分章发给我们阅读。该书内容充实，文笔生动，不仅是一本名闻中外的历史著述（苏联曾有译本），而且是一部优秀的文学作品。我们阅读时，真是爱不释手，得益良深。

当年，张先生在浙大任教时，年虽仅35岁，但因教学勤奋，生活孤单，乏人照顾，身体健康状况欠佳。他患有慢性肾炎、肺气肿等疾病，时常不断地流鼻血，但他并不在意。我们作为他的学生，曾劝他及早去医院诊治，还劝他注意营养，多多保重身体，少熬夜，而张先生仍时常通宵看书、写文章，不觉旭日早已东升。他曾对我说过："老毛病，不要紧的，吃一两瓶肝精片，就会好的。"我不懂医学，只认为肝精片怎能治疗肾病？我的年仅15岁的胞妹，正是患肾炎在一年前去世的，我心有余悸。张先生的病情和我胞妹的病情非常相似：面色苍白、浮肿，血压很高，我很担心。

1941年8月，我突然接到史地系张其昀主任的短笺，嘱我去照顾张荫麟先生。"一日为师，终身为父"，我就认张先生为自己的父亲一样，欣然乐意地去看护张先生，这也是我应尽的责任和义务。于是我就卷起铺盖，带上日常生活用具，奔向张先生住处。当我向张先生说明来意后，他很高兴，叫我住在外面一间，张先生自己一直住在里面一间。张先生的一日三餐，仍旧同过去一样，他自己就近到一间名叫"来来饭店"去就餐。我对张先生说："夜里，如果有事，尽管叫醒我好了。"可是张先生在半夜里，从来没有唤过我。有一夜，十二时左右，我在睡梦中被里间张先生房内的较大响声惊醒，我连忙起来，小心地拿着点好的煤油灯，脚步轻轻地走进去，只见张先生已起床，摸黑在找尿壶，尿已撒到地板上，我连忙扶他回到床上，让他好好地睡下。当时，没有发生什么意外，我才放下心来。在这同时，我发现张先生的枕巾上和床单边，浸湿了鼻血。此时此景，感触万千。张先生抱病坚持工作的忘我精神使我深受感动，无限崇敬。

由于房屋比较阴暗、潮湿，对张先生养病不利，我建议搬家，张先生也同意了。1942年春，我协助张先生迁到离浙大本部何家巷较近的一座楼房里居住，我也从老邮局学生宿舍迁到何家巷学生宿舍。我和史地系同学们时常抽空去看望张先生，继续照顾张先生的生活起居。

张先生对史地系同学非常关心、爱护，除了热心教学外，还多次轮流请同学们到他住所会餐，改善伙食。张先生对吃食有独到的见解，他特别欢喜吃大胡桃和白果。他说："吃大胡桃可以补脑；吃白果别有滋味，有人嫌苦，其实，妙就妙在有点苦味。"张先生吃青菜，不用油炒，很少放盐（因患肾炎，遵照医嘱，必须低盐）。张先生还说："青菜这样吃法，可以体会青菜的原汁原味。"如今回忆当时师生之间的深厚情谊，没齿难忘。

1942年5月开始，张先生时常厌食、头晕、咳喘，面色更加苍白，浮肿也加重了。张先生在身体更加虚弱的情况下，还非常关心国家大事。他消除一切顾虑，写就《修明政治的途径》一文，投寄重庆《大公报》，多么希望中国政治开明。（此文在1942年10月25日张先生去世后，《大公报》连同一篇社论和张其昀先生的一篇悼念张荫麟教授的纪念文章，在同一天发表。）

10月14日，张先生病重不能起床。当天下午二时许，我雇一辆人力车送张先生去遵义卫生院看病，经检查后，医师不肯说明病情，我要求让张先生住院治疗，未获同意。医师只开了一些药，给我带回来。我即到遵义老城杨柳街浙大女生宿舍，将张先生病重情况告诉史地系女同学范易君和邹含芬，并请她俩明天上午到张先生住所来陪伴、看护张先生。当夜，我独自一人照顾张先生。次日上午，我去遵义县府拜访杨友群县长（杨县长是我在杭州高级中学读书时的历史教师。1940年11月初，我到遵义浙大以后，曾去看望他。他很重视师生情谊，没有架子，平易近人地接待过我），承蒙杨县长热诚接见。我当即向杨县长说明来意后，杨县长立刻打电话给遵义卫生院院长，院长当即同意，嘱我在当天下午来办理住院手续。我向杨县长深表谢意后，就辞别回来。下午二时许，我仍雇一辆人力车，携带必需的用品，送张先生去住院。在路上，张先生曾对我说："给我买一两瓶肝精片，吃完后，我就可以出院回来。"我听到后，不免一阵心酸，暗地里流下眼泪。到遵义卫生院办好入院手续，待张先生住进住院部楼下中间第三病室后，我即先通知史地系张其昀主任，然后我就排好日程表，请史地系同学日夜轮流值班，看护张先生。

住院头五天，张先生神志尚清楚，说话也正常。从第六天开始，情况大变。连我进入病房，他都高喊："谁啊？"待我将姓名告诉他后，他才说："噢。"当时，我的心情日益焦急，难免有不良的预感。从10月24日开始，张先生的大小便失禁，我就拿来温水，给张先生洗净下身，换上尿布，让他好好地休息。

自从张先生住院以来，张其昀主任和其他浙大师生前后不断地到卫生院来看望张先生。10月24日夜，轮到我值班。刚巧昆明云南大学历史系李埏老师（也是张荫麟教授的学生）来到遵义，当夜他就陪我值班，共同看护张先生。10月25日，张先生病情恶化。当天夜里，轮到徐规同学值班，张先生竟在当夜去世，年仅三十七岁！

张先生去世后，我们立即拍电报给广东省东莞县伦慧珠老师。不久以后，接到伦老师来信，言辞恳切，使人感动，她在信中写道："如果及早告知，即使相隔千里，我也看在曾经相爱过些时的夫妻分上，一定会亲自到遵义来陪伴、看护张先生，现在懊悔也已经来不及了。"

张先生的遗体安葬在遵义城南一个小山岗上，坟前竖有一块石碑，上面刻着"中国史学家张荫麟之墓"。

丧葬事宜办妥后，我们在张先生遗下的皮箱里，发现一份协议离婚书，用一张红线条的八行信笺写的，双方亲笔签名。某年某月某日。我们在箱子里还找到一张黑白双人合照，原来是张先生和伦老师的儿女，各8岁左右，面目非常清秀，多么令人喜爱。我们还在张先生书桌右侧的抽屉内，发现还藏着好多大胡桃和白果，竟成张先生留下的遗物。

1943年上半年，是我们在浙大史地系读书的最后一个学期，换句话说，我们将要毕业了。"多情自古伤离别！"我和范易君同学相约，在清明节同去张先生坟前扫墓。当天下午二时许，我们买好一捆清香、一对蜡烛，二斤糕点，还带上张先生平日最喜爱的来不及吃遗留下来的大胡桃和白果，到张先生坟前沉痛悼念。我们先放好祭品，点好香烛，然后深深地向张先生行三鞠躬礼。我们同声地在坟前告别："尊敬的张先生，安息吧！"在回来的狭小山径上，我们屡屡回头张望。我们心中在想：一位清华大学的优秀高材生，美国斯丹福大学的哲学博士，西南联合大学和浙江大学的著名史学教授张荫麟先生，就这样地英年早逝了，多么使人痛惜啊！他的业绩和精神必将永留人间。

一座小小的坟茔竟是张先生奋斗终身的归宿。今后啊！陪伴张先生的，只是：

冷月、青松……

2002 年 8 月

（原载周忱编选《张荫麟先生纪念文集》，汉语大词典出版社 2002 年版）

# 忆张荫麟师

王省吾

我到达遵义时，荫麟师已病在床上，但学校选课单上还印有他的"魏晋南北朝史"。我不知道有多少人选这一课，因我久已仰慕他的大名，就不加考虑把课填上。因为我是新来，他把我找去谈话。他住的地方好像在三开堂内，一进门是三开间，他住在里面的一间，我走过的二间，地上桌上都是书。我进去时，他穿着睡衣躺在床上，手里捏着书，见我进来，马上起来。经我自我介绍后，他便问我读过些什么历史书，龙泉分校的情形如何？接着，他告诉我，他因身体不好，不能上课，今年的"魏晋南北朝史"，他指定参考书，由同学自行阅读，但须缴笔记。他指定的书，有《通鉴纪事本末》《晋书》《魏书》《南北史》《周书》《北齐书》《宋书》《齐书》《梁书》《陈书》。这一张书单可以吓死人，一年时间如何读得完。他又说，《通鉴纪事本末》须熟读，要做笔记，其他如来不及，参阅一下也可以。这是我第一次被指定要读如此多的古书。回来后，心里惴惴不安，第二天便去图书馆开始工作。在遵义二年，我读毕《通鉴纪事本末》，且全部做过笔记，便是得力荫麟师的一句话。以后，我多次去看他，不是与佩韦兄一起，便是还有其他同学在，不过他的病情一天严重一天。那时，我虽不是教徒，我确实天天在祈求上帝保住荫麟师的生命。但终于可怕的一天来临，荫麟师离我们而去。我们全系同学，也可以说全浙大同学，均为他的殒落而流泪。荫麟

183

师葬在遵义城外一个小山的山顶,出殡的那一天,风很大,荒山孤坟,倍增凄凉。荫麟师的墓地,也许很快被人忘去,但荫麟师对整理国史的新手法,及其从理论到实际的作品,将嘉惠后代,长留人间。

（节选自《天涯赤子情：港台和海外华人忆浙大》，浙江人民出版社 1987 年）

# 怀念张荫麟先生

张效乾

　　人生的幸福，不在富有，而在智慧；生命的价值，不是地位的显贵，而是为学能规模宏远，判事则精审明晰，对社会人群有真实的贡献。东莞张荫麟先生，有超人的禀赋，在外患方深、国家危殆之时，竟以三十七岁的盛年，病逝于贵州北部群山环绕的遵义，言之令人扼腕叹息！他虽有用世之心，终无缘操济世之柄。自谓："当国家栋折榱崩之日，正学人鞠躬尽瘁之时。""尝一抵陪京，任某职，留数月即去。"吾甚感喟王驾吾（焕镳）先生论荫麟师之言："孔子称学而优则仕，仕固必出于学。""顾征之载籍，守所学而踬，违所学而遂者众矣。岂上下之所需，不在此而别有在欤？君之言，其大足以兴百世之利，平万物之嚣，既昭昭在人耳目矣，仕不仕无足计。余独悲其书未成而病，病未及甚，而遽好老庄无为之旨，以自放也！"（见《张荫麟传》）王先生的论赞，语意深长。仕不仕固无足计，在上位者的一念之差，往往可造成千古的遗憾。荫麟师在病危的时候，犹朗诵《庄子·秋水篇》。此时我已毕业离校，据同学来信告知，他朗诵时，声音悲凉，诵后似感舒畅，默然无语，这是智者最后唱出的生命之歌。当时有一位女同学送给他一杯开水，他吃了以后说："只有开水是真的。""秋水"的主旨，是说"河伯"自大的意识，为世人的通病。稍有所得，即"欣然自喜"，认为"天下之美，为尽在己"，等到流进大海，东面而视，一望无际，才觉得自己的狭隘褊小。张先生病中的心境，可能已泯视生死、夭寿、得失，没有欲望的束缚，没有喜怒的萦怀，把天地与自己合而为一，所谓"至人无己"。

荫麟师第二次到浙大任教，是在1940年的秋天，笔者刚进入大三。在以后的两年里，我修过他的"中国上古史"与"历史研究法"，毕业论文也是他指导的。从他第二次至浙大算起，到今天已四十余年。四十年的岁月，虽然很漫长，回想起来，往事历历，好像仍在眼前。那时浙江大学才由广西宜山迁到贵州遵义不久。这年抗日战事正酣，全国人民的生活都很艰苦，大学教授亦不例外。浙大的老师们，每天自己洗衣服，操持炊事者，实不乏人。张先生到遵义，住在老城的石家堡，后来又迁到文庙街五号。其间有一段时间搬到新城，距离老邮局不远的山边。他平时不喜多言，但与熟朋友或学生相处，就无话不说，有时候约集同学数人到饮食店里小吃，或到郊外野餐，师生之间，无拘无束，谈话的范围也非常广泛，由学术讨论到国家大事，间或也说几个令人发噱的故事，说到高兴处，他会发出爽朗的笑声，充分表现出他诚恳、率直的个性。因为他诚恳、率直，所以不肯与陌生人交往。悲观主义者叔本华说："通常一个人的知识越贫乏，为人越凡俗，他便越善于交际。"这几句话，虽然说得过分，不过我们看古今中外的学者，大凡在哲学、文学、史学、艺术等方面，有卓越成就而名播四方的人，常常会独来独往，沉默寡言，不喜欢多接近泛泛之交（当然也有例外），这可能是一种孤高自许的寂寞。张师住在遵义新城山边的一段时间，即有寂寞之感。有一次，他对笔者说："我现在觉得家庭生活对一个人很重要，我已写信去广东，两个月后，我的家眷可能来遵义。"寥寥数语，道出他的心声。其后张师母伦慧珠女士与男女公子在广东因故未能成行。

## 怀念张荫麟先生

凡读过张先生文章的人，无不敬佩其思想精湛，辞藻典雅；与他相处过的人，更觉得他文人气息很重，诚朴感人。张晓峰老师对他更是一往情深，他们除了是学术知己外，更是事业上的挚友。在遵义任教时，晓峰师即派助教王德昌兄照料他的生活起居，生病时，对他医疗护理费心尤多。1942年，正是对日战争进入最艰苦的阶段，物力维艰，交通不便，荫麟师的病情忽然转剧，晓峰师驰往陪都，为之延医诊治。归途中，惊闻逝世噩耗，悲戚而归，抵达遵义，在灵前失声恸哭。1957年，张先生特接伦女士携男女公子回来暂住，男公子匡与女公子华在政治大学完成学业以后，即去海外谋发展，今已各有成就，荫麟师地下有知，也可以瞑目了。

《张荫麟文集》先后已印行两种版本，对张先生在学术上的成就，叙述略已赅备，本文因篇幅所限，不拟论述。可是，他的《中国上古史纲》已成为名著，从这部书里，可以看到他高尚的人格，丰富的情感，渊博的学问，优美的文章，明达的识见与爱国的情操。此书的撰写，第一是选择史料非常严谨。每一章节在撰写之前，对于各类史料必先校雠考证，探其来源，辨其真伪，去其繁芜，作有宗旨、有系统的研究，然后采用。第二是文章优美，深入浅出。历史写作与文学创作不同，文学创作凭想象，历史内容靠真实，但是文学必须有描述生动的文章。《中国上古史纲》是一部史书，也是一部文学，因为它内容真实，文笔清新，作者消化各种史料，若大海之汇纳江河，然后用自己有技巧的文句，写成这一部巨著。本来文史之学是不可分的。若荷马的史诗，司马子长的《史记》，都是史学而兼有文学的价值。

荫麟师自言可以活到七八十岁，算到今天，也不过是七十六岁的眉寿，正是人生盘根错节的时候。吾尝闻俗人善妒，难道上天也会嫉妒贤才么？以他睥睨一世的雄心与坚强无比的意志，为何不能终其天年？人间的不平，确可使英雄气短，志士神伤！

（节选自《天涯赤子情：港台和海外华人忆浙大》，浙江人民出版社 1987 年）

史迹留存

# 陈寅恪致傅斯年

陈寅恪

孟真兄：

　　昨阅张君荫麟函，言归国后不欲教哲学，而欲研究史学，弟以为如此则北大史学系能聘之最佳。张君为清华近年学生品学俱佳者中之第一人，弟尝谓庚子赔款之成绩，或即在此人之身也。张君年颇少，所著述之学术论文多为考证中国史性质，大抵散见于《燕京学报》等，四年前赴美学哲学，在斯丹福大学得博士学位。其人记诵博洽而思想有条理，若以之担任中国通史课，恐现今无更较渠适宜之人。若史语所能罗致之，则必为将来最有希望之人才，弟敢书具保证者，盖不同寻常介绍友人之类也。北大史学系事，请兄转达鄙意于胡、陈二先生，或即以此函转呈，亦无不可也。专此，敬颂

著祺

弟寅恪（一九三三年）十一月二日

　　此函前有"中华民国廿三年一月廿五日收到转"等字；末有傅斯年批语："此事现在以史语所之经费问题似谈不到，然北大已竭力聘请之矣。"

（原载《陈寅恪集·书信集》，生活·读书·新知三联书店 2001 年）

# 陈寅恪致容庚

陈寅恪

希白先生著席：

　　清华哲学系主任言，仅能聘张君半年。弟又见其致吴雨僧君函欲治史之故，即转向北大及史语所两方面介绍，今得傅、陈二君复函，附上，乞

日祉

弟寅恪顿首（一九三三年）十一月十二日

（原载《陈寅恪集·书信集》，生活·读书·新知三联书店 2001 年）

# 叶崇智致容庚

叶崇智

希白吾兄：

张事今探悉，清华当局及申府先生态度均极愿其来。功课方面据申府言亦毫无冲突，聘均按章。先以一年为期（如二月来则其先定半年），但续聘当不成问题。哲学系现亟需如张者一人，非为目前计，盖切望张久留于此也。待遇亦因章程已有规定，只能二百八十元，名义为专任讲师，二年后始可改教授名义，并增至三百元。望将此情节转告张君为盼。顺颂

道祺

弟崇智（一九三三年）十一月廿七日

（广东省立中山图书馆藏容庚档案"来鸿尺牍"）

# 贺麟致容庚

贺　麟

## 一

希白先生：

　　久知先生为荫麟挚友，昨日会后得一把晤，如见故人，殊恨相见之晚。承荫麟之拳拳介绍，麟更常多求与先生谈叙之机会，不日定必前来拜谒，来时当事先由电话约妥也。荫麟将在《火把》发表之书及长文登出时希赐寄□一份为荷，手此即颂

著安

贺麟 拜启

（1932 年）三月廿六日

## 二

希白先生：

　　因稍受感冒，今日未赴清华上课，故亦未能来先生处，屡次打电话均未打通，特畀此寸笺致歉忱。荫麟处久无信来，其与先生论时事书，雨僧先生决登《文副》。时局近来毫无进展，殊令人沉闷也。匆此即烦

道安，并颂

谭祉不一

麟 手启

（1932 年）四月廿二日

（广东省立中山图书馆藏容庚档案"来鸿集录"）

# 顾颉刚日记中的张荫麟

顾颉刚

**1925 年 11 月 13 号　星期五**

点张荫麟文。

**1929 年 5 月 2 号　星期四**

予往燕京大学，到槐树街访希白，蒋家胡同访绍虞，与绍虞同到希白处吃饭。

饭后与希白同到芝生处，并晤金甫、梅孙、之椿。与金甫、希白到清华大学，访张荫麟及佩弦，均不遇。与希白游朗润园，游燕京大学，坐汽车归。

**1929 年 5 月 15 号　星期三**

到马神庙剃头。到芝生处。到建功处，并晤涤洲，商定行程后即出城，访容媛及希白。与希白同到清华，访佩弦等。

在希白家吃饭，到绍虞处睡。

今晚同席：绍虞、张荫麟、予（以上客），希白、容媛（主）。

**1933 年 6 月 2 号　星期五**

到希白处，吃冰淇淋。点张荫麟文入《学报》。

**1934 年 2 月 18 号　星期日**

到希白家，开会，并晤张荫麟。

**1934 年 3 月 8 号　星期四**

（晚）到希白家吃饭，十一时半归。

今晚同席：梅贻琦、叶公超、闻一多、赵紫宸、洪煨莲、张荫麟、予（以上客），容希白（主）。

**1934 年 3 月 11 号　星期日**

技术观摩社在予家开会。

今晚同会：容希白、张荫麟、容媛、于式玉、李安宅、田洪都、张铨、聂崇岐、李书春、马鉴、予（讨论设立分社事）。

**1934 年 3 月 22 号　星期四**

到煨莲处夜餐，至十一时归。

今晚同席：吴其玉、吴甫、徐宝谦、张荫麟、张印堂、容希白、予（以上客），煨莲（主）

**1934 年 4 月 29 号　星期日**

到煨莲家开会。

今晚同会：王素意女士、煨莲、希白、八爱、荫麟、安宅夫妇、崇岐、洪都、予。

**1934 年 6 月 9 号　星期六**

到希白家开技术观摩社会，四时许归。

今日同会：张荫麟、安宅夫妇、希白、煨莲、洪都、季明、盛之、洪亮、八爱、予。

**1934 年 7 月 20 号　星期五**

（晚）到容宅，与元胎、大槐、素痴等谈。十时归。

**1934 年 7 月 22 号　星期日**

写素痴信。

**1934 年 7 月 23 号　星期一**

宴客。

今晚同席：希白夫妇、元胎夫妇、容大槐、张荫麟、容八爱、起潜叔、闻在宥夫妇（以上客），予夫妇（主）。

**1934 年 7 月 24 号　星期二**

到季明家开会。七时许归。

今日同会：季明、煨莲、希白、八爱、荫麟、洪都、式玉、安宅、书行、丰田、予。

**1934 年 12 月 2 号　星期日**

与起潜叔及元胎同到希白处吃饭，并开《史地周刊》编辑会。

今晚同席：煨莲、印堂、思齐、希白夫妇、元胎、八爱、荫麟、起潜叔、予。

**1934 年 12 月 9 号　星期日**

技术观摩社开会，十时许散，与书春谈社事。

今晚同会：煨莲、季明、希白兄妹、荫麟、思齐、克刚、书春、予。

**1934 年 12 月 23 号　星期日**

为《史地周刊》宴客，十时半散。

今晚同席：煨莲、希白、荫麟、起潜叔、予。

**1935 年 1 月 6 号　星期日**

九时起床。希白、荫麟、范任来。张子玉来。家昇来，同校《禹贡》二卷十期，留饭。

**1935 年 5 月 19 号　星期日**

到希白处晚餐，《史地周刊》月会也。十时归，倦甚即眠。

今晚同席：张荫麟、吴晗、李鼎芳、洪思齐、元胎、煨莲、筱珊、书春、予（以上客），希白（主）。

**1935 年 6 月 18 号　星期二**

与希白同到荫麟处吃饭。四时归。

今午同席：洪煨莲、洪思齐、容希白、予（以上客），张荫麟（主）。

**1935 年 7 月 15 号　星期一**

到欧美同学会赴宴。

今午同席（为开中国哲学会筹备会）：林宰平、冯芝生、张荫麟、张真如、张崧年、许地山、予（以上客），适之先生、金岳霖、子通、瞿菊农（以上主）。

**1935 年 7 月 29 号　星期一**

到欧美同学会吃饭。

今午同席：Wittvügel 夫妇、Taylor、孟真、荫麟、希圣、从吾、汤象龙、梁方仲、曾仲刚、予（以上客），陶孟和（主）。

### 1935 年 8 月 1 号　星期四

六时，到中央饭店，访袁希渊，未晤。与张晓峰等四人出，步行到青年会上车，遇刘治平。到燕京参观。到予家。他三人到颐和园，晓峰留予家。志韦来，与同到清华访荫麟、吴宓、吴正之。

宴客，二时半散。与晓峰乘三时车回城。

### 1935 年 8 月 2 号　星期五

到东兴楼吃饭，九时散。

今晚同席：张其昀、向觉明、容肇祖、容希白、予（以上客），张荫麟夫妇（主）。

### 1935 年 10 月 6 号　星期日

到忠信堂，赴哲学会之宴。

今午同席：子通、岳霖、郑昕、彭基相、汪奠基、邓以蛰、汤用彤、傅佩青、徐旭生、张崧年等（以上客），芝生、林宰平、张荫麟（主）。

### 1935 年 12 月 8 号　星期日

在校印所校《禹贡》，并编《春秋史讲义》。到清华新南院吃饭。

今午同席：希白、煨莲、荫麟、八爱、周珏端女士、予（以上客），思齐夫妇（主）。

**1936 年 2 月 20 号　星期四**

到希白处吃饭。

今午同席：煨莲、思齐、荫麟、洪都、起潜叔、予、季明（以上客），希白（主）。

**1936 年 5 月 23 号　星期六**

到清华，访袁复礼、洪思齐、张荫麟，俱不遇。

**1936 年 8 月 25 号　星期二**

到北海仿膳吃饭。

今午同席：徐旭生、冯芝生、吴其玉、陶希圣、吴世昌、叶公超、汪叔棣、吴俊升、张荫麟、连士升（以上客），马荫良、予（主）。

**1936 年 9 月 20 号　星期日**

与父大人、德辉、来根乘汽车同到成府，招刘、萧二君审查汽车机件。与父大人到刘治平家。又到希白家，并晤元胎、荫麟。坐汽车到东兴楼吃饭。

**1936 年 10 月 1 号　星期四**

到玉华台吃饭，为通俗读物事。

今午同席：凌叔华、沈从文、荫麟、思和、蹇先艾、希圣、朱光潜、侯树峒、杨缤、子臧、士升夫妇、日蔚、一非等二十余人（客），予（名义上的主人）。

**1936 年 10 月 2 号　星期五**

与伯平同到东兴楼赴宴，九时归。

今晚同席：宾四、援庵、元胎、绍虞、亮尘、伯平、安宅、致中、筱珊、荫麟、侃如、志韦、煨莲（以上客），博晨光、希白（哈佛燕京社代表）。

## 1936 年 10 月 3 号　星期六

到正阳楼吃蟹及烤羊肉。

今午同席：煨莲、书行、思齐、筱珊、安宅夫妇、希白、元胎、八爱、荫麟、思和（史地周刊社会宴）。

## 1936 年 10 月中旬

此宣言系张荫麟君所起草，由我修改者。

〔 **原件** 〕

国民政府、行政院、军事委员会钧鉴，全国各报馆、各通讯社、各杂志社、各机关、各法团暨全国人民公鉴：溯自沈阳之变，迄今五载，同人等托迹危城，含垢忍泪，不自知其运命之所届。去秋以来，情势更急，冀东叛变，津门倡乱，察北失陷，绥东告警，丰台撤兵，祸患连骈而至，未闻我政府抗议一辞，增援一卒，大惧全国领土，无不在可断送于日人一声威吓之中。近来对华进行交涉，我政府所受之威胁虽尚未宣布，然据外电本诸东报所传，谓日本又有侵害中国主权之五项新要求对我提出，姑勿论所传之虚实如何，任承其一，即足以陷我民族于万劫不复之深渊，堕"中国之自由平等"之追求于绝路；中山先生所遗托于吾人之重任，数十年先烈所糜躯洒血以殉者亦将永绝成功之望。我全国人民，至于今日，深知非信仰政府不足以御外侮，精诚团结，正在此时，深不愿我政府轻弃其对国民"最后关头"之诺言，而自失其存在之领导地位。故为民族解放前途计，我政府固有根本拒绝此诸条款之责任，而为国家政权安定计，我政府亦当下拒绝此诸条款之决心。在昔绍兴之世，宋虽不竞，犹有顺昌之撄；端平之世，宋更陵夷，复有淮西之拒。我中华民族，数千年来，虽时或沦于不才不肖，从未有尽举祖宗所贻，国命所系，广土众民，甘作敝屣之弃者。此有史以来前所未闻之奇耻大辱，万不能创见于今日。是则同人等觇民意之趋向，本良心之促迫，所敢为我政府直言正告者也。同人等以国防前线国民之立场，在此中日交涉紧张之际，为愿政府明了华北之真正民意与树立救亡之目标起见，特提出下列数项要求，望政府体念其爱国赤诚，坚决进行，以孚民望而定国是，不胜企祷之至。

一、政府应立即集中全国力量，在不丧国土，不辱主权之原则下，对日交涉；

二、中日外交绝对公开，政府应将交涉情形随时公布；

三、反对日人干涉中国内政，及在华有非法军事行动与设置特务机关等情事；

四、反对在中国领土内以任何名义成立由外力策动之特殊行政组织；

五、根本反对日本在华北有任何所谓特殊地位；

六、反对以外力开发华北，侵夺国家处理资源之主权；

七、政府应立即以武力制止走私活动；

八、政府应立即出兵绥东，协助原驻军队，剿伐藉外力以作乱之土匪。

| | | | | | | |
|---|---|---|---|---|---|---|
| 徐炳昶 | 顾颉刚 | 杨振声 | 钱玄同 | 陶希圣 | 梅贻宝 | 黎锦熙 |
| 冯友兰 | 洪　业 | 马寿龄 | 林志钧 | 张熙若 | 姚从吾 | 孟　森 |
| 陈其田 | 容　庚 | 崔敬伯 | 钱　穆 | 叶公超 | 梁士纯 | 唐　兰 |
| 张子高 | 张荫麟 | 蔡一谔 | 朱光潜 | 陆侃如 | 郭绍虞 | 张佛泉 |

| | | | | | | |
|---|---|---|---|---|---|---|
| 齐思和 | 沈从文 | 于永滋 | 朱自清 | 萨本铁 | 梁思成 | 林徽音 |
| 张景钺 | 孙云铸 | 谭锡畴 | 饶毓泰 | 徐辅德 | 汪奠基 | 董人骥 |
| 李季谷 | 沈嘉瑞 | 崔之兰 | 王日蔚 | 薛文波 | 赵 斌 | 艾宜栽 |
| 常松椿 | 王梦扬 | 杨堃 | 黄子卿 | 金岳霖 | 曾远荣 | 李继侗 |
| 杨武之 | 周先庚 | 熊迪之 | 陈 桢 | 严既澄 | 容肇祖 | 雷洁琼 |
| 侯树彤 | 杨秀峰 | 焦实斋 | 卢郁文 | 田洪都 | 谢玉铭 | 赵承信 |
| 冯沅君 | 谢景升 | 夏 云 | 刘 节 | 李安宅 | 于式玉 | 熊乐忱 |
| 刘敦桢 | 冯家昇 | 连士升 | 吴世昌 | 黎琴南 | 李一非 | 李荣芳 |
| 薛瀛伯 | 聂崇岐 | 邓嗣禹 | 刘盼遂 | 顾廷龙 | 陈鸿舜 | 李书春 |
| 董 璠 | 杨荫浏 | 朱士嘉 | 容 媛 | 马锡用 | 侯仁之 | 陈梦家 |
| 沈心芜 | 饶毓苏 | 王承书 | 张振达 | 丁汝南 | 张凤杰 | |

等一百零四人同叩。

中华民国二十五年十月十三日

〔剪报〕

二十五，十，十七，《申报·北平特讯》

### 文化城中文化界之呼声

（丰台）本年"九一八"事件解决后，北平由国防最前线之地位，一变而有陷入敌人阵后之虞。华南、华中局势紧张后，交涉中心，移往南京，而某方目标之所在，则依然为华北。自南京方面中日交涉入于欲断欲续状态以来，某方在华北之工作，乃愈益加紧，以致人心惶惶，谣言蜂起。华北人民处此情势下，一般观察，早料华北民众必将有所表示。果也，向为民众先锋之文化界，于本月十二日，有一宣言发出矣。此次宣言之由倡议、起草以至发表，其中酝酿甚久，签名其上者，达八十三人之多。签名时虽各人以个别名义加入，而一考彼等之所隶属，则所有在北平之各文化机关，有大半包括在内，斯已不啻北平文化界之全体。凡彼等之所表示，实亦全市民众所欲表示而未果者。由目前情势推测，彼等此次表示，在实际上正以极快之速度，向全市人民继续传布，以待事实之相当答复。故来势甚觉蓬勃，爰将采访所得，记之于后。

一、经过　事之酝酿，在月余以前，首先倡议者，为燕京大学方面之中国教职员会。此种组织，原为该校教职员同人之联欢组织，而其会员又大多系埋首研究之学者。过去北平各界对于时局之表示与主张，甚少见该会会员参加在内。而此次发动者之顾颉刚、容庚、梁士纯、陈其田、田洪都、谢玉铭、谢景升、雷洁琼、夏云等九人，在平素尤为专门从事研究工作，不问外事之人。此次由彼等首先发动，而又于最短期间，获得众多人之同情，殊值得注目。从发动至宣言之发出，其中曾开会三次，会址悉在燕京大学。彼此交换意见，获同一之结果后，乃推张荫麟起草宣言，并推徐炳昶、顾颉刚、冯友兰、钱穆、崔敬伯等加以修改，宣言前后曾修改三次，最后宣言，于本月十二日晚正式发出。

二、发起人　此次宣言之最大意义，不在于宣言之内容，而在于发起人所网罗之广阔，因而足征其代表一般民意之程度。该宣言签名之发起人，截至十一日止，已有八十三人，其隶属之文化机关，共有十二个之多。计北大方面，有陶希圣、钱穆、叶公超、张佛泉、容肇祖、朱光潜、孟森、姚从吾、唐兰、饶毓泰、张景钺、孙云铸、谭锡瑞、沈嘉瑞、崔之兰等十五人；燕京方面，有顾颉刚、梅贻宝、洪业、陈其田、容庚、梁士纯、陆侃如、蔡一谔、郭绍虞、于永滋、雷洁琼、田洪都、侯树彤、谢玉铭、赵承信、夏云、刘节、于式玉、冯家昇、谢景升、李安宅等二十一人；清华方面，有冯友兰、张奚若、张子高、张荫麟、黄子卿、金岳霖、朱自清、萨本铁、曾远荣、李继侗、杨武之、周先庚、熊迪之、陈桢等十四人；北平研究院方面，

有徐炳昶、崔敬伯、吴世昌、林志钧等四人；回教教育界方面，有
马寿龄、薛文波、赵斌、艾宜栽、常松椿、王梦扬等六人；师大方
面，有钱玄同、黎锦熙、齐思和、杨堃等四人；天津法商学院方面，
有卢郁文、连士升、杨秀峰等三人；中国营造学社方面，有梁思成、
刘敦桢等二人；平大女子文理学院方面，有严既澄、董人骥、汪奠
基、徐辅德、李季谷、熊乐忱等六人；天津女子师范方面，有冯沅
君一人；通俗读物编刊社方面，有黎琴南、王日蔚、李一非等三人；
河北省立高级中学方面，焦实斋一人；此外属于普通文艺界者，有
杨振声、林徽音、沈从文等三人。

此八十三人中，如以其所研究者分之，文科方面占大多数，理
科者亦不少，政法者只有三数人，与通常之以政治兴趣浓厚，研究
政法者占多数之情形，适为相反，此其一。回教徒与汉人合作者，
在北平不常见，此次参加宣言签名之回教六人，均为北平回教中之
重要人物，此其二。向来北平教育界、文化界之对外作集团表示时，
其中无不以负有教育行政责任者为主干，而此次则一反向例，此其
三。上述三点，皆此次宣言发起人方面之特色。

三、反响　宣言发表后，此间一般人士，均取热烈之赞助态度。
现发起人等正在继续征求签名，参加者颇为踊跃，闻俟签满相当数
目时（五千或五万人未定），即用合法手续，递呈中央，以表示民
众之公意。

### 1936 年 12 月 6 号　星期日

与履安到元胎家，同到丰泽园吃饭。

今午同席：煨莲夫妇、思齐、荫麟夫妇、希白夫妇、八爱、元
胎夫妇、容琬、林玛利、杨君、予夫妇、筱珊、鸿舜。（《史地周刊》
公宴）。

**1936 年 12 月 20 号　星期日**

到东兴楼吃饭。商《申报·星期论文》事，三时许归。

今午同席：旭生、芝生、希圣、荫麟、其玉、俊升、士升（以上客），子臧、予（名义的主）。

**〔剪报〕廿六年（1937）一月《申报》**

**本报发刊"星期论坛"启事**

本报兹自今年一月十日起，每星期日特请顾颉刚、徐炳昶、冯友兰、陶希圣、叶公超、白寿彝、吴其玉、张荫麟、连士升、吴世昌、吴俊升、李安宅诸先生，轮流担任撰述"星期论坛"，在时评地位刊载，敬希读者注意是幸。

**1937 年 2 月 21 号　星期日**

到春华楼吃饭。

今午又同席：煨莲、思齐、思和、元胎、希白、荫麟、博晨光夫人、海松芬、八爱、裘子元（《史地周刊》聚餐）。

**1937 年 6 月 6 号　星期日**

与履安同赴《史地周刊》宴于太平街谭宅。

今午同席：谭篆青、希白夫妇、煨莲夫妇、元胎、八爱、思齐夫妇、致中夫妇、荫麟夫妇、予夫妇。

**1937 年 6 月 14 号　星期一**

与子臧同到公超家应赵叔雍宴，听翟少屏唱《叫花子立学堂》。

今午同席：公超、荫麟、希白、元胎、其玉、子臧、士升、安宅、希圣、予（以上客），赵叔雍（主）。

**1937 年 6 月 16 号　星期三**

在成府寓中宴客。

今午同席：赵叔雍、吴其玉、冯芝生、张荫麟、容希白、李安宅、连士升（以上客），叶公超、予（以上主）。

**1938 年 10 月 22 号　星期六**

一时二十分到昆明，熊校长等来接，同乘汽车至辰伯家，又至饭馆吃饭。饭后到辰伯家，到荫麟处。同出，到云南大学，晤在宥、朝阳。

回辰伯家吃饭，以饭酒觉醉，早眠。

今晚同席：予、荫麟（客），辰伯兄弟、刘朝阳（主）。

**1938 年 10 月 24 号　星期一**

赴宴。

今午同席：予、文藻、熊校长、龚自知厅长、莘田、佩弦、林同济、陈雪屏、余冠英、张荫麟（以上客），闻在宥、吴辰伯（以上主）。

**1938 年 10 月 26 号　星期三**

四时起身，进点后即与在宥、辰伯、荫麟同到车站，遇赵紫宸之子。七时四十分开车，十时廿分到宜良，五十分到县府，见王炎培县长，在署留饭。

一时半启行，坐滑竿。三时十五分到伏虎镇，吃茶稍憩。从此上山，路极难行。五时半抵陡坡寺，轿夫欲住，予等不可，强行之。

八时五十分到路南县城，至饭馆吃饭。李幼舟来，同至启明镇李氏鹿阜山庄。十时，眠。

今日火车行百廿里，滑竿行七十里。山陡路滑，夜色又深，予轿夫老，力已竭，又不辨道路，跌了三跤。前二次滑竿扑地，人幸未坠，后一次则侧翻，予亦跌出，擦伤右膝盖之皮。

今日歇宿之处，主人李映乙，号莲舟，曾任寻甸、大关、腾冲等县长。其子埏，号幼舟，师大史系生，转学云大，又转西南联大。

### 1938 年 10 月 27 号　星期四

六时半起。十时在李宅吃早饭。主人莲舟先生来谈。云大附中主任杨春洲及教导主任杨一波来谈。马备妥，已十二时矣。

十二时十分出东门，一时许抵昌乐镇，遇大雨，与在宥立树下避之。二时许霁，在宥辞归，予与辰伯、荫麟、幼舟同行。四时到石林，至剑峰及亭上游眺，路滑石峻，幸未跌。五时七分下山，又遇雨，衣服尽湿。恐回城晚，未躲。

六时半到城。七时赴宴。参观民教馆。九时半归。

今晚同席：杨省三（名立身，一波之兄）、朱光焘（小轩，县长）、金之琦（玉心，民教馆长）、徐谦（受益，附中训育主任）、在宥、荫麟、辰伯、予、幼舟（以上客），杨春洲、杨一波（以上主）。吃饭地点为城外武庙民众教育馆。

### 1938 年 10 月 28 号　星期五

晨在李宅吃饭后，与幼舟侄女上街买物。九时坐滑竿出南门。十时十五分到宏图村（本名小屯），小息。十一时三刻，到小叠水。由舆夫之导，步行而上，昨日雨后，路滑难行。

一时，到大叠水，游憩其下，吃点当饭。二时半，步回。予跌二跤，擦伤右腕。四时半，又至宏图乡休息。五时三刻，回城。

在李家晚饭，同席有高荫槐（问华）。与在宥、荫麟、辰伯，同到文庙云大附中参观，晤二杨，并晤马彭骥（伯煌，北大毕业）。

昨日骑马行四十里，今日乘滑竿行九十里。石林与大叠水，均
我生平所未见之奇景也。

### 1938 年 10 月 29 号　星期六

送辰伯、荫麟行。予与在宥同到李氏老宅，谒莲舟先生，即在
其家吃饭。

### 1938 年 11 月 13 号　星期六

与履安、自珍及辰伯全家及荫麟同到大众电影院看《尼港战役》
电影（写廿年前苏俄游击队抗日故事）。

### 1938 年 11 月 26 号　星期六

荫麟邀至南昌食堂吃西餐。

今晚同席：吴雨生、辰伯、予（以上客），荫麟（主）。

### 1938 年 11 月 28 号　星期一

看《定盦集》。西山来谈，与同至辰伯处，晤梁嘉彬及荫麟。

### 1938 年 12 月 5 号　星期一

宴诸人于昆明大旅社。

今晚同席：吴辰伯、张荫麟、张西山、梁嘉彬、李幼舟（以上
客），予与履安、自珍（以上主）。

### 1938 年 12 月 10 号　星期六

思齐来，元胎来。辰伯、荫麟来。谈《史学周刊》事，予为书眉。

### 1938 年 12 月 14 号　星期三
元胎、宾四、辰伯、荫麟来。

### 1938 年 12 月 21 号　星期三
辰伯、荫麟、嘉彬同来谈。

### 1938 年 12 月 25 号　星期日
与在宥、辰伯、荫麟同到一波处，看其新购书报。十二时，与同出，到昆明大旅社吃饭。遇名举、振誉、舟生、孙毓棠夫妇、任叔永等，与一波同归。

今午同席：一波、辰伯、荫麟（以上客），在宥、予（主）。

### 1938 年 12 月 26 号　星期一
先至新雅赴谦之宴。

今晚同席：汤锡予、元胎、江应樑、莘田、毅生、荫麟、辰伯、邓君、予（以上客），谦之（主）。

### 1938 年 12 月 28 号　星期三
与辰伯同到中华、商务两馆购书。孟真来，并与辰伯、荫麟谈。佩弦来，同到昆明大旅社吃饭。

### 1938 年 12 月 31 号　星期六
到金碧西菜馆吃饭。

今晚同席：谦之、予（以上客），荫麟、辰伯（以上主）。

## 1939 年 1 月 21 号　星期六
上街买物，晤荫麟，到仁和园吃饭。

## 1939 年 2 月 13 号　星期一
看荫麟《周代的封建社会》。

## 1939 年 8 月 3 号　星期四
元胎来，与同访荫麟，不晤。

## 1939 年 8 月 4 号　星期五
张荫麟来。

## 1939 年 8 月 8 号　星期二
镜池来，同至大都会吃饭。遇荫麟等。

## 1939 年 8 月 31 号　星期四
荫麟与容琬来赠物，未晤。

## 1941 年 7 月 31 号　星期四
小眠。醒后疲甚，翻看张荫麟通史讲义。

## 1941 年 8 月 8 号　星期五
看张荫麟《中国史纲》。

## 1941 年 11 月 10 号　星期一
看宾四《中国文化与中国青年》一文。

张其昀有政治野心，依倚总裁及陈布雷之力，得三十万金办《思想与时代》刊物于贵阳，又垄断《大公报》社论。宾四、贺麟、荫麟等均为其羽翼。宾四屡在《大公报》发表议论文字，由此而来。其文甚美，其气甚壮，而内容经不起分析。树帜读之，甚为宾四惜，谓其如此发表文字，实自落其声价也。

**1942 年 7 月 14 号　星期二**

天气太热，不得工作，看张荫麟《中西文化之差异》及余贤勋纪念号等。

**1942 年 8 月 25 号　星期二**

看张荫麟《孔子》一文。

**1944 年 8 月 3 号　星期四**

予剃头。归，卧看张荫麟《史纲》。

（选自《顾颉刚日记》，中华书局 2011 年）

# 记张荫麟

金毓黻

## 一九四〇年七月十一日 星期四

复张君荫麟函。

## 一九四一年十月十二日 星期日

### 致张君荫麟笺

前承赐大著《中国史纲》，适值某在重庆，久疏笺谢。某近撰《宋辽金史纲要》，全书约三十万言，分上、中、下三编。上编政治部分，去岁撰竣，约十万言，谨以油印本寄上，藉当奉手请益。中编制度之部，六十万言，成已逾半，亦付之油印，俟印竣再为奉寄。至下编社会文化之部六十万言，约于明春写成，近数月来，屏绝百务，从事于此，自维谫漏，舛误尤多。先生精研宋代故实，尤尽心于南宋，凡前所发表之论文为某所见者已为之尽量摄取。弟患不能尽见，兹将所见之篇目开具别纸，希将未见之稿一一予以钞示，其沾溉末学当非甚浅也。某所见大著《〈宋史·兵志〉补阙》《端平入洛辨》二篇，皆大略有所商榷，且于兵制一项蒐得数事，足补大著之所遗，迟日寄请订正。此间书籍虽少，然如《长编》《会要》《通考》《要录》《会编》《玉海》诸宏编钜帙大致略备，宋人文集、总集、笔记亦有五六十种，属于辽金二史之资料亦有十之七八，兼以地僻无扰，颇便考览。若得先生曲加教益，指其谬误，则受赐非可言喻，

213

以此为请，庶其见许。晓峰先生领袖群伦，规抚弘远，凤所心折。李君洁非精研艮维故实，衷然成书，亦近顷之星凤也，恕不一一作笺，敬烦分神候问，史稿另寄，不尽缕缕。

### 一九四一年十月十三日　星期一

致张君荫麟函。

### 一九四二年十一月一日　星期日

报载张君荫麟卒于遵义，年三十七，患肾脏炎半年，以至不治，可伤也！张君治中国通史用力綦勤，成果甚著，何意中道捐谢。《通史》首卷已油印问世，余在续撰中。所论宋代史事多有创获卓见。近人治中国通史者，首推钱宾四，次则张君，若缪君赞虞则似不及。天之生才实难，既生矣又夺其算，然则通史之难得善本，又何足怪。张君其昀为撰悼文一首，襮之报端。

### 一九四二年十一月二十一日　星期六

朝起撰挽张君荫麟诗，得三十二韵，寄遵义老城水硐街三号思想与时代社。托张君晓峰代转，附以笺云："晓峰先生，别来无恙。前闻荫麟先生即世，为之怅然累日。顷知将开会追悼，想由左右主持。今年先丧姚君名达，继以张君，皆为一世健者，可谓史界之不幸。谨撰挽诗一章，聊表惋悼之旨，摛词不工，惧取讥于大雅，然景行之思，仰止之忱，略可于此窥之。寄请先生转致，不胜企幸。书不宣意。毓黻顿首。"

#### 挽张君荫麟诗

昔在酂邑人，已叹生才难；遥遥二千载，此理今尚然。若天不生才，吾复何论焉；天既肯生才，胡令中道捐。吾爱张夫子，闭户

理丛残；腐心乙部书，不懈而益虔。旧学日以精，新知恨未殚；不
能融中西，其蕴何以宣。壮岁泛沧瀣，心不怯狂澜；良工得利器，
怀宝以言旋，偶尔露鳞爪，足以惊八埏。他人理其细，君独拔其坚。
朝甫一编脱，夕已万口传；声名溢神州，朔南争礼延。捷音常恐后，
怯者莫能先。我曾致殷勤，惜悭一面缘；却喜邮筒中，时时寄篇翰。
精理许我窥，危言待君刊。苦饥去渝市，抱疴卧潼川。一旦披朝报，
为之摧肺肝，如何卓荦士，悄然赋游仙。志业未多就，遗书尚待编。
不为斯人痛，乃为绝学叹。贪夫不殉名，烈士无盛颜。君子疾殁世，
姓字委荒烟。夭折见贾生，短命有颜渊，伊古有道士，多不永其年。
其容日姝姝，其腹日便便；虽享彭祖寿，亦不足称贤。持此以论君，
理道或不愆。逝者长已矣，来日常苦艰。愿言怀君子，惆怅咏斯篇。

## 一九四三年十月二日　星期六

### 钱宾四教授以所著《国史大纲》见贻，喜不自胜，
### 报以此诗得三十韵。

读书破万卷，下笔如有神。每因启缥缃，辄用怀伊人。蚤岁论
国学，近年系先秦。学术重清代，遥遥三百春。任公应退舍，镜海
尤非伦。又复说《论》《孟》，露其一爪鳞。君先后著《国学概论》《先
秦诸子系年》《中国近三百年学术史》《论语要略》《孟子要略》等书。梁任公蕞著《三百
年学术史》未能杀青，若唐镜海《清学案小识》，非钱著之伦也。诸子著新史，
持论常断断。夏曾佑梁启超最老辈，缪凤林周谷城亦盛陈。邓君之诚诚
晔晔，张子荫麟尤彬彬。所惜未终篇，难以资诵循。章嶔作颇丰缛，
竟以殒其身。君师吕诚之思勉，造语何嶙峋。闭户勤著书，乃在沈之滨。
所著白话《中国史》成于任教沈阳高等师范时。汩汩复滔滔，其气老益振。
及门作高弟，衣钵喻传薪。青固出于蓝，其论乃日新。上下五千载，
粲若数家珍。胜义难偻指，渺意俱以申。举重乃若轻，其力比千钧。

不翼破云汉，不胫走川津。家弦而户诵，足以慰苦辛。曾是盈尺书，茫茫传无垠。诡辩者谁子，胡为稽反唇。蚍蜉撼大树，资人生笑嗔。孙次舟近撰《评钱穆中国史观》一文，肆意抨击，全是小人行径。且其用心险恶，撦取《史纲》中一二语，以明其不满于当局，而有讪谤时贤之意，几欲以此兴文字狱。所谓小心之心，无所不至者也。远道来汤子定宇，启帙拂风尘。持君两卷书，贻我当馈贫。所愧梼昧资，难以识其真。题诗比论赞，余曾集句题《史纲》之尾。寄笺趁良辰。为念生才难，但愿相见频。懿欤钱夫子，先觉觉先民。


### 一九四四年三月十日　星期五

武汉大学教授吴其昌子馨以疾卒于重庆歌乐山医院。吴君出身于清华研究院，从王观堂、梁卓如两先生问学，所作文字失之冗长，微有纵横家习气。去岁在中国史学会及史地委员会会场中晤谈，立言好尽，知其体羸不耐劳，初不意其遽卒。近年研史之士每多不禄，如张荫麟、姚名达二君亦然，深可慨也。


### 一九四六年三月二十六日　星期六

张君荫麟撰《中国史纲》第一册，起殷商，迄秦汉之际。往岁由著者寄赠，实未寓目，著者下世已数年，今日乃得取读之，觉其叙述之朴实深刻，殊非并世诸作所能及。张君自序云："融会前人研究成果及作者玩索所得，以说故事之方式出之，不参入考证，不引用前人叙述之成文，又选择少数节目为主题，予所选节目以透彻之叙述。"此即本书叙述之方法，与其他通史不同之处，亦即在此。


（选自《静晤室日记》，辽沈书社 1993 年）

# 我与荫麟

张岱年

一

张荫麟先生是 30 年代著名的博学之士，对于文史哲都有很高的造诣，做出了重要的贡献，惜年寿不永，在抗战时期不幸因病逝世了。他的史学专著《中国史纲》已于 50 年代出版，内容考订精确、文笔优美，受到学术界的赞誉。他在 20 年代至 40 年代初发表了文章多篇，受到当世学人的重视。

20 年代，顾颉刚先生大倡疑古之风，对于廓清唐宋以来关于上古史的虚构是有贡献的，但是疑古过勇，不但怀疑伏羲、神农、黄帝的传说，而且连尧、舜、禹也否定了。顾氏认为，《诗经》中只讲禹，未提到尧、舜，于是认为尧、舜的传说是春秋以后才有的，认为"周代人心目中最古的人是禹，到孔子时有尧、舜"。荫麟先生指出了顾先生的方法有根本的谬误，他说："凡欲证明某时代无某历史观念，只能指出其时代中有与此历史观相反之证据。若因某书或今存某时代之书无某史事之称述，遂断定某时代无此观念，此种方法谓之默证。默证之应用及其适用之限度，西方史家早有定论。吾观顾氏之论证几尽用默证，而什九皆违反其适用之限度。"荫麟对顾氏的诘难，实深中肯綮。按先秦古籍，今存无多，周公称"殷人有典有册"，《左传》记载楚左史倚相能读三坟、五典、八索、九丘之书。这些古典俱已失传，《汉书·艺文志》所著录的古籍也

217

大部分散佚，何以证明"周代人心目中最古的人是禹"？由"默证"而否定古史是不足取的。荫麟说："顾氏谓尧、舜、禹的关系起于战国，其所举证据皆不能成立。"这是正确的。时至今日，对于疑古派的贡献及其缺点，应看得更清楚了。

荫麟先生对于中国科学史有比较深切的研究，著有《纪元后二世纪间我国第一位大科学家——张衡》《张衡别传》《宋卢道隆吴德仁记里鼓车之造法》《〈九章〉及两汉之数学》《中国历史上之奇器及其作者》《沈括编年事辑》《燕肃著作事迹考》等篇，内容都极其详明，在当时实属前人所未发，可以说是中国科学史研究的先驱。这些关于科学史的论述，在今天仍具有重要的参考价值。

荫麟也谈到中国文化的问题，他在《中国民族前途的两大障碍物》一文中指出了传统文化的偏失。这两大障碍物是"三讳主义"和"家族中心道德观"。三讳主义即"为尊者讳，为亲者讳，为贤者讳"。荫麟指出："三讳主义是法律的最大仇敌"。而今日所需要的是"法律高于一切"。这个观点，在荫麟逝世后五十年的今天，仍然是正确的、非常深刻的。荫麟呼吁："在中国生存斗争当中，我们应当赶快舍弃家族中心的道德而代以国族中心的道德。"到了今天，传统的大家庭的制度久已崩溃了，"父权中心"的"孝道"也久已消失了，而追求个人私利的风气却猖獗一时。我认为今日当务之急还是建立严格的法治，同时提倡符合新时代需要的道德。荫麟说："黑格尔全部哲学的最后结晶，就是把道德和法律合一。"道德和法律的统一是非常必要的。

荫麟先生是我的老友。30年代，同住于清华园中，常相过从，彼此议论相互契合。不意他中年早逝，实为中国现代学术界一大损失。今披读遗文，感慨系之。希望研究中国现代学术史的同志们注意荫麟先生的贡献。

## 二

回忆 1933 年，我初到清华大学任教。当时荫麟先生从美国斯丹福大学取得博士学位回国，遂相结识。当时我曾在《大公报》上发表过一些论文，受到荫麟先生的注意。他给我寄一小笺："对于你的学术观点和社会理想深表同情，愿附朋友之末。"他长我四岁，又是留美回来的博士，而我不过是一个国内大学毕业的，荫麟先生如此相待，实在令我感动。1933 年至 1937 年之间，多次晤对，议论无不契合。40 年代闻荫麟噩耗，我曾为痛哭。

40 年代之末，有一次与前辈林志钧先生晤谈，志钧先生对我说："荫麟的文章，我已剪辑成册了。"荫麟的遗文，为前辈如此珍惜，这不是偶然的，亦足见其具有卓越的价值。

## 三

在清华大学任教，最值得纪念的一件事情是与张荫麟先生定交。荫麟字素痴，对于哲学、史学、文学都有高深的造诣。他赴美到斯坦福大学留学，1933 年回国，到清华大学任专任讲师（即副教授）。他虚怀若谷，看到我在《大公报·世界思潮》上发表的文章，表示赞同，遂成挚友。他时相过访，议论相近。

1931 年冯友兰先生在《大公报·世界思潮》上发表了几篇《新对话》，主张共相实在之说，提出"未有飞机之前先有飞机之理"的著名观点。张荫麟先生著文进行争辩，认为共相不能脱离具体事物而独立。于是引起了我对于共相问题的兴趣。我联系中国古代哲学，写了《谭理》一文。

1934 年我因父丧忧伤影响健康，于暑假辞去清华教职，进城暂住北京图书馆宿舍。张荫麟曾来访谈，令我感动。

　　清华南迁，冯友兰先生、金岳霖先生等随校南行，辗转到达昆明。张荫麟亦离京南行，其后不幸早逝。

　　（第一部分节选自《文史哲的珍贵文献——喜见〈张荫麟文集〉出版》，《张岱年全集》第 8 卷，河北人民出版社 1999 年；第二部分摘自《〈张荫麟文集〉序》，《张岱年全集》第 8 卷；第三部分摘自《耄年忆往——张岱年自述》，山西人民出版社 1997 年）

# 竺可桢日记中的张荫麟

竺可桢

**1937 年 9 月 23 日　星期四**　雨

中午大学一年级教授赴天目。

八点半至校，阅报知昨上午敌机大规模肆攻击，以中央党部及城南为目标，损失甚巨。余乃打电话与雨岩，渠只云南京安全，对于损失不置一辞。中午邀钱子泉、贺昌群、郭洽周、张荩谋等在校长官舍中膳。膳后一年级教授朱权麟、张荫麟等一行于雨中赴天目山。

**1941 年 6 月 14 日　星期六**　〔遵〕　晨雾

晓峰来谈思想与时代社之组织。此社乃为蒋总裁所授意，其目的在于根据三民主义以讨论有关之学术与思想。基本社员六人，即钱宾四（穆）、朱光潜、贺麟、张荫麟、郭洽周、张晓峰六人。主要任务在于刊行《思想与时代》月刊及丛刊，与浙大文科研究所合作进行研究工作。月刊定七月起发行，每月由总裁拨七千五百元作事业费，其中 2500 为出版费，1500 元为稿费，编辑研究 2000，与史地部合作研究 1500 元。据晓峰云，拟设边疆、气象、南洋、东北四研究计划，补助文科研究所之不足云。

**1941 年 12 月 8 日　星期一**　雨,日中阴,晚五点雨,至九点不止。

二点至校。四点半钱伟来,知张荫麟于今晨忽患出鼻血,迄今弗止,人在朱诚中医生处。余即至朱医处晤张荫麟。据云,渠向无此病,今晨忽出鼻血甚多,不能停止,且眼口亦出血。余忆昔在哈佛大学为学生时,亦常于晚间出鼻血,后经美国医生将血管以电烧去一段,此患始止,但张之病则远甚于此。若今晚不好,拟以校车送往贵阳矣。五点雨中回。

**1941 年 12 月 9 日　星期二**　雨,阴。

八点至朱诚中处,知张荫麟流鼻血于昨晚已停。故今日可无需送贵阳矣。

**1942 年 1 月 1 日　星期四**　〔遵〕阴

晓峰、方杰人、沙学浚、张荫麟来。

**1942 年 6 月 21 日　星期日**　〔遵〕雨

下午二点在第三教室文学院公开演讲,余主席。张荫麟讲章太炎,张晓峰讲梁任公,郭洽周讲鲁迅,题为"中国近代思想界之代表人物"。张述章太炎受英美政治影响,主张放任主义,晚年致力于通俗散文。峰则以任公亦为革命者,不过出于另一方式,其政见与中山先生并无大异。洽周以阮籍、嵇康比鲁迅。至五点散。

**1942 年 7 月 21 日　星期二**　〔筑〕晴

至 9:30 偕张荫麟乘车赴贵阳。据张云,中国之用水车,由水力灌溉或磨米始于明代,由严州初用之云。又谓中国之有玉蜀黍与番薯,于民生影响甚大。余以为明代以前中国人口之不能增多,殆以此故。在息烽"好公道"中膳。一路平顺。

**1942 年 7 月 26 日　星期日**　〔遵〕晨阴，日中晴。

七点半，余一人至南门外气象所，及中央医院第二号病室晤张荫麟。张虽卧床上，但精神尚佳。据云，医生检验谓其血压过高，至 240，自休息后血压已降。病在肾（Kidney），不在心脏云。余嘱其静养。

**1942 年 10 月 16 日　星期五**　〔遵义〕晨雨，日中阴。

张荫麟又病倒，为一星期日夜不能睡（Insomnia）失眠症，鼻管出血，昨移入卫生院。余至院见其极为兴奋，余戒医生令弗见客，同时并嘱朱医生往诊。

**1942 年 10 月 18 日　星期日**　雨终日。

晚晓峰来,偕史地系学生二人。知张荫麟在卫生院病危,以便闭,小便不能泄出,因肾脏已坏,无可救药,波及耳鼻出血不能睡眠等症。朱诚中、徐院长已告绝望,故晓峰嘱余打一电至贵阳请戚寿南来。

**1942 年 10 月 19 日　星期一**　〔遵义〕　晨雨,日中雨。

午后,王驾吾谓张荫麟病状更坏,见人已不能认,且几于不能言语。晓峰于今日下午去渝。

**1942 年 10 月 23 日　星期五**　〔遵〕晨阴,日中昱。

遇戎涓之,知张荫麟病无起色。张父母双亡,年卅七,其妻已离婚,无子女,只一弟在贵阳。平常读书常至深夜二三点钟,作文时甚至竟夕不睡。所作《中国史纲》已出《战国》,《两宋》亦写就,甚望其病能痊，但中西医均束手，奈何。

**1942 年 10 月 24 日　星期六　〔遵〕晴佳。**

张荫麟于今晨三点去世。

七点至车站张鹏飞寓补牙，八点回。知张荫麟已去世。昨叔谅尚有电话来询是否派医生来遵，因晓峰已到渝请医生也。下午三点张已入殓，由狮子桥卫生院出发，送丧者史地系同人及学生与洽周、谢文通、黄尊生、任美锷、羽仪、振公诸人。出老城南门至旗杆山天主堂坟地，并先在体育场致祭。在旗杆山知王驾吾接重庆电话，谓晓峰偕一医生今日坐车赶桐梓，明晨可到云，可称不巧矣。五点馀余先回。

**1942 年 11 月 2 日　星期一　〔遵〕晨阴，下午阴。**

十点半至播声作纪念周，请谢幼伟先生讲已故历史教授张荫麟之事迹，述其生平、为人与学问。始渠二人于民十八年同轮出国，均学哲学，张信 Symbolism（符号论）、Logic（逻辑），入斯旦福与加州大学，于民廿三年回国。其研究历史之有成就，由于其有哲学论理之根底也。

午后至振公寓，遇杨义久、周仲奇。知其于送张荫麟丧回后即病卧，温度在 100 — 120° F，但不退。周医谓系患疟云。

**1942 年 11 月 28 日　星期六　晨阴，下午霁。**

膳后晓峰来，知明日张荫麟追悼会，翁咏霓、陈寅恪各有挽诗，委员长送赙仪万元，又教育部丧葬费五千元。明日在十六号教室开追悼会。

竺可桢日记中的张荫麟

**1942 年 11 月 29 日　星期日**　〔遵义〕　阴
上午张荫麟追悼会。

**1943 年 1 月 23 日　星期六**　〔渝〕晨阴，日中微雨。
九点叔谅来谈。知去年政府之所以忽然襃扬梁任公，因张晓峰之文提及任公对青年之影响未被政府所重视，接着张荫麟又在《思想与时代》上著一文，均为委员长所见而有襃扬之议。张溥泉、戴季陶反对之，故《中央周刊》曾出专刊，有吴其昌等所著，为张继等所阻而销毁云。

**1943 年 2 月 6 日　星期六**　〔遵〕晨微雪，下午阴。
水峒街三号晤士楷、晓峰，见史地研究室为张荫麟设一研究室，名"东莞室"，荫麟遗著及遗物均存在内。

**1944 年 2 月 25 日　星期五**　〔遵义〕
阅《思想与时代》十一期中张荫麟《论中西文化的差异》。谓有三点：（一）中国人对实际的活动，兴趣远在纯粹活动之上，实践的价值压倒观念的价值，而西洋人相反。所谓实际的活动即是"正德利用厚生"，《左传》之所谓三不朽是也。中国人把道德放在一切价值之上，但同时亦重视利用厚生。许多人以为西洋近二三百年来在利用厚生上有惊心夺目的成就，认定西方文明本质上是功利主义的文明，而中国人之所以落后，由于不重功利，这是大错。正惟西方人不把实际的活动放在纯粹的活动之上，所以西方人有更大的功利的成就。亚里士多德的《伦理学》以至善的活动是"无所为而为"的真理的观玩。《大学》的至善是"为人君止于仁，为人臣止于敬……与国人交止于信"。中国人说"好德如好色"，西人说"爱知爱天"。纯粹科学在西方形成甚早，而中国古代未曾出现。没有发达的纯粹科学，也决不会有高明的实用发明。（二）个人对家族义务、权利观念不同。（三）中国文化是内陆的、农业的、静的；西洋是海洋的、商业的、动的。

**1949 年 3 月 25 日　星期五**　〔杭州〕晨阴，九点雨，下午雨。

余为觅演讲材料（题目"人口问题与世界和平"），与史地系同人论及，知张荫麟于《东方杂志》廿三卷二期（民国十五年）著有《洪亮吉及其人口论》。浙大图书馆有此本，徐规曾见到，但近为人剪去云。中午至图书馆。

昨阅《洪北江诗文集》，卷首有年谱，知氏生于乾隆十一年，死于嘉庆十四年（六十四岁）（1746—1809）。比 Thomas Robert Malthus 马尔萨斯（1766—1834）出世早廿年，故世早廿五年。其所著《意言》乃四十八岁在贵州为学使时著，时为 1794 年，中有（乾隆五十八年）《治平》《生计》二篇述人口问题，与 Malthus 氏所说相类，但其书早于 Malthus 1st Edition *An Essay on Principle of Population* 出版年月早四年（1798），此亦可谓巧矣。马尔萨司谓人口增加速率是几何级数，而食物生产增加是数学级数，其言简而包含甚广。洪氏则比较笼统："然言其户口，则视卅年以前增五倍焉，视六十年以前增十倍焉，视百年、百数十年以前不啻增二十倍焉。"中国科学之不能兴，亦以此。

**1949 年 3 月 28 日　星期一**　〔杭〕晨昙，下午阴。

上午阅 John Fairbank（费正清）1948 年出版 *The U. S. and China*（《美国与中国》）一书。其中论及人口问题时，关于十八世纪自康熙迄嘉庆一百年中中国人口增三倍一节，谓系此时适在苞谷、红薯等自美洲传入。余忆两年前余在剑桥，至 Fairbank 家茶点时，曾以此意告之，不度竟亦将此意载入书中也。余有此意曾于民卅一二年与张荫麟谈及，渠深以为然。后在《读书通讯》中见书评，提及某书中已述及此，现已忘在何书矣。

**1949 年 4 月 11 日　星期一**　〔杭州〕晨阴，九点转晴，晚晴，月晕。
今日阅张荫麟著《中国史纲》关于春秋战国部分第五章与第六章，极为精彩。

**1949 年 4 月 12 日　星期二**　〔杭〕晨昙，午一点微雨，晚昙。
晨六点起。上午阅张荫麟《中国史纲》及 Compass of the World（Editors Weigert, H. W. + V. Stefansson, MacMillan, 1944）。张荫麟谓中国之有骑兵，始于战国。J. Russell Smith 亦谓春秋战国时之所以逐渐统一，其重要原因由于 300 B. C. "One of the W. Kings adopted a new technique of warfare from the barbarian enemies of steppes. It was the mounted bowman; an irresistible blitzkrieg much superior to the lumbering chariot." 《史记·白起列传》谓起败赵括于长平，坑赵卒四十余万。赵之所以败，由于秦有骑兵五千绝赵之后。至楚汉之争，骑兵已极普通。鸿门之会，刘邦以单骑遁去。垓下之围，项羽以单骑数十人。但在赵武灵王以前鲜见有用骑兵者，可知当时骑兵之发现。周代陆军部长称为"司马"，可知马之重要矣。

**1949 年 5 月 18 日　星期三**　〔上海〕晨晴，下午晴，晚十点雨。
上午至科学社图书馆。阅《东方杂志》廿三卷二期（民十五年一月）pp.69-73，张荫麟著《洪亮吉及其人口论》。谓清代整理国故，须推戴震（东原）与洪亮吉（稚存、北江）。但任公先生论清代人物，盛推东原，而于洪则一字未提，可谓有幸有不幸矣。Malthus人口论在西方已有 Plato、Aristotle、Walter Raliegh、Arthur Young、J. Townsand、B. Franklin 为之先驱，但洪之人口论则异军突起，弥可宝贵也。

（选自《竺可桢全集》第6—11卷，上海科技教育出版社2006年）

# 记张荫麟

胡　适　胡颂平

## 一

**1943 年 10 月 12 日**

这几天读张其昀君借给我看的《思想与时代》月刊（I—XX，卅年八月至卅二年三月），是在贵阳印行的。

这是张君主编的，钱是蒋介石先生拨助的，其中主重人物为张其昀、钱穆、冯友兰、贺麟、张荫麟。他们没有"发刊词"，但每期有启事，"欢迎下列各类文字：

1. 建国时期主义与国策之理论研究。

2. 我国固有文化与民族理想根本精神之探讨。

3—6（从略）"

这两条就是他们的宗旨了。此中很少好文字。如第一期竺可桢兄的《科学之方法与精神》，真是绝无仅有的了。（张荫麟的几篇"宋史"文字很好。不幸他去年死了。）

张其昀与钱穆二君均为从未出国门的苦学者，冯友兰虽曾出国门，而实无所见。他们的见解多带反动意味，保守的趋势甚明，而拥护集权的态度亦颇明显。

**1957 年 11 月 25 日**

张荫麟曾引朱子"一齐打烂，重新造起"二句，不知出于何书。记在这里待查。

朱子《语录》里，常有这种态度的表现。如云：

欲整顿一时之弊，譬如常洗濯，不济事。须是善洗者一一拆洗，乃不枉了，庶几有益。（108，p.9）

又如云：

譬如补锅，谓之小补可也。若要做，须是一切重铸。（108，p.6）

## 二

**1960 年 3 月 27 日（星期日）**

先生今天对胡颂平说："我昨夜一夜之间把五百多页的《张荫麟集》看了一遍，因为书内有许多事情我是知道的，所以看得很快。张荫麟是广东人。广东是我们中国文化的边区。凡是边区地方都是守旧的。像梁廷枏、康有为，都是边区守旧思想的反动，因为边区先和外国文化沟通的关系。张荫麟是清华毕业的，很聪明，三十七岁就死了。集内的《尚书考》一篇，他的方法和我的《〈易林〉判归崔篆》的方法一样，算是全集中最好的一篇。还有一篇根据《续资治通鉴长编》的材料写的《沈括传》，也写得很好。此外好的文章很少。这个人可惜死得太早了！那种病，在他那个时代无法医治，到现在是可得救的。"

先生看过的《张荫麟集》，上面都有红色原子笔的批语。张荫麟说他的译文是受林琴南翻译的影响，这话不确切，还有一些句子不通的。先生对他译笔不通的地方，都划上了红杠。于是又对胡颂平说："你们做文，先要把句子做通。像某君'天道循环之'的'之'，字，无论如何是不通的。"先生又说："张荫麟以前的文章都发表于《学衡》上。《学衡》是吴宓这班人办的，是一个反对我的刊物。我想把他的文章作一个发表时间先后的表来看——大概他在清华时已经露头角了。人是聪明的，他与他们一班人相处，并没有成熟。"胡颂平因问："倘使他不入清华而入北大，能在先生旁边做研究工作，那他一定会有特殊的成就。"先生说："不，北大里边也有守旧派，就是入了北大，也不一定会跟我学。他是广东人，或是出于守旧的家庭；如果他有好的师友，造就当然不同了。你不要以为北大全是新的，那时还有温州学派，你知道吗？陈介石、林损都是。他们舅甥两人没有什么东西，值不得一击的。后来还有马叙伦。马叙伦大概是陈介石的学生。"胡颂平又问："傅斯年当初不是很守旧吗？他只旁听了先生的几天课后，才丢了旧的来跟张先生吗？"先生笑着说："是的，孟真是很守旧的。那时穿上大袍褂，拿着大葵扇的。"

### 1960 年 3 月 30 日（星期三）

胡颂平看见先生在翻张荫麟的《中国史纲》，因问："张荫麟从商朝写起，他的史学眼光是不错的；我以前看夏曾佑的《历史教科书》，觉得他有很多新颖的见解。这书从前是本中学的历史教科书，现在商务印书馆把它收入大学丛书里，书名改作《中国古代史》了。"先生说："夏曾佑是代表旧的历史。他是今文家，有今文家的写法。那时殷墟的古物还没有发现，只有那样的写法。他的书列入大学丛书是不对的。他死前我曾见过他一次。他是老辈，在老辈中是有见解的。他的儿子夏元瑮，当过北大理学院长。"

先生又说："张荫麟的《中国史纲》，我预备看一遍。他写上古史的时候，殷墟古物已经出土了，应该从商朝写起；所以他写商朝文化之后，再写夏朝以前的文化。夏朝以前的文化，不能不提一提的。张荫麟这个人很聪明，也很用功，也很怪。他的离婚了的太太是伦明的小姐。伦明也是广东人，他家藏书很富，听说后来也卖光了。"

（第一部分选自曹伯言整理《胡适日记全编》，安徽教育出版社 2001 年；第二部分选自胡颂平编著《胡适之先生晚年谈话录》，中国友谊出版公司 1993 年）

# 杂忆张荫麟

钱 穆

一

雨生本为天津《大公报》主持一文学副刊，闻因《大公报》约胡适之、傅孟真诸人撰星期论文，此副刊遂被取消。雨生办此副刊时，特识拔清华两学生，一四川贺麟，一广东张荫麟，一时有二麟之称。贺麟自昭，自欧留学先归，与锡予在北大哲学系同事，与余往还甚稔。荫麟自美留学归较晚，在清华历史系任教。余赴清华上课，荫麟或先相约，或临时在清华大门前相候，邀赴其南院住所晚膳。煮鸡一只，欢谈至清华最后一班校车，荫麟亲送余至车上而别。

……

是年春，又折赴遵义浙江大学，作一月之讲学，乃由张晓峰力邀成行。先在北平时，晓峰已邀余去浙大，余未去。又邀张荫麟，亦未去。嗣在昆明，荫麟屡责其妻治膳食不佳。其妻谓，君所交膳食费请各分一半，各自治膳。荫麟无以答，勉允之。夫妻对食，荫麟膳食乃大不如其妻之佳。其妻曰，果何如。荫麟遂愤欲离婚，经友人劝，先分居，荫麟乃一人去遵义。患肺病。余之去，荫麟已先在前年之冬逝世矣。

（原载《八十忆双亲 师友杂忆》，生活·读书·新知三联书店1998 年）

## 二

民二十六年，晓峰特来信邀余转往浙大任教，时北平风声鹤唳，而余则以其他关系不忍离去。晓峰又改请张荫麟，荫麟自美留学归来，任教于清华大学。其先为清华学生，与同学贺麟，同为其师吴雨僧创办天津《大公报·文学副刊》撰文，一时号称"二麟"。贺麟留学欧洲归，任教于北京大学之哲学系。荫麟在清华史学系，两人与余往来皆甚密。荫麟亦如余，不能一时离去。晓峰乃又改聘贺昌群，时任职于北海国立图书馆，亦治中国史。某夜，余、荫麟、昌群共饮一小酒店，商议晓峰邀南行事。又同赴一著名拆字人处，彼云昌群当先行，余两人随后亦有机会去。昌群乃先赴杭州。

抗战期中，余与荫麟皆赴云南西南联大，晓峰则仍留浙大，但迁校贵州之遵义。

……

余后改赴成都任职于齐鲁大学与美国哈佛燕京社合办之研究所中。而荫麟则以一时夫妇失和，独赴遵义浙大任教。晓峰于荫麟不仅敬礼备至，荫麟病，晓峰派人及浙大同学照顾护养亦备至，当时学术界群传为美谈。而荫麟则终于不幸逝世，一切后事亦均由晓峰任其劳。

（原载钱穆：《纪念张晓峰吾友》，收入《八十忆双亲·师友杂忆合刊》，《钱宾四先生全集》第51册，台北：联经出版事业公司1998年）

# 记张荫麟

浦江清

## 一九二八年

### 一月十七日　星期二

晚上，吴雨僧先生（宓）招饮小桥食社。自今年起天津《大公报》增几种副刊，其中《文学》副刊，报馆中人聘吴先生总撰，吴先生复请赵斐云君（万里）、张荫麟君、王以中君（庸）及余四人为助。每星期一出一张，故亦定每星期二聚餐一次。盖五人除赵、王与余三人在研究院外，余各以事牵，不相谋面，非借聚餐以聚谈不可也。

### 三月七日　星期三

张荫麟君为《大公报·文学》副刊撰一稿，评清华研究院所出《国学论丛》。吴雨僧先生谓其骂得太过火，嘱余于其文后续一段，将《国学论丛》较好数篇略推誉之。因将二期《国学论丛》细看过。于张君文后删去一段，续上一大段。原文骂得极痛快，气势亦盛，我的"续貂"文笔乃大不类。弄得筋疲力尽，终究有晴雯"补虽补了，终究不象"之慨。

### 三月八日　星期四　晴

吴先生终究怕研究院学生和他"捣蛋"，张君之文决定不登了。

因此我又得闲。

### 八月二十七日　星期一

访荫麟。荫麟已搬住大楼，相见甚欢。初余离平时，彼疑余或将在南方任事不复来，及得吴先生自杭来书，悉余将与吴先生偕北上，不料余一人独来且速也。余谢其暑中以一人而维持《文学》副刊之热心。彼云最近与朱逖先君辩论感情，恐吴生见怪。余曰不至于是。

### 八月二十八日　星期二

至西客厅向吴先生处仆人索最近几期《文学》副刊，取归读之。荫麟驳朱逖先君在《清华学报》上所发表之《古代铁器先行于南方考》一文之无据。朱反讥，张因又反驳。大体真理属张，特朱地位高，负盛名于国学界，一朝被批，岂有不强辩之理。长此辩论，恐无已时，然而《文学》副刊则不愁乏稿矣。马叔平向人言《大公报·文学》副刊专攻击北大派，实则余等初无是意也。

### 八月二十九日　星期三

晨八时起。昨荫麟来约今日进城去看斐云，缘斐云殇其子，心绪甚恶也。洗漱毕即至荫麟处，彼亦方起床。偕出，雇车进城。自校进城有长途汽车，余曾坐过数次，震动既甚而汽油味尤奇恶，辄晕。故余出进例雇人力车，虽慢而舒适也。余来校之日西直门清华园间之小路上发生兵士抢劫事。故余等今日进城由海淀绕大路。近午始至北海公园，见斐云，偕至东安市场五芳斋午饭。归乘便至景山书社，余购胡适《白话文学史》上卷一册及陆侃如译《左传真伪考》一册，费洋二元，亦云昂矣。还至斐云寓处谈一小时。

六时，归清华园，适及晚饭。

**九月一日　星期六**

晚吴先生邀荫麟及余饭。荫麟偕其弟炜麟往。炜麟方十四，已考取南开中学初级部一年级，活泼过其兄。闻高小毕业名列第一。

**九月二十日　星期四**

与吴先生争《文学》副刊署名不署名问题。先生成见甚深，全不采纳他人意见。视吾侪如雇工，以金钱叫人做不愿意做之文章，发违心之言论。不幸而余在清华为吴先生所引荐，否则曷为帮他做文章耶。

张荫麟君在《文副》上为文与朱希祖辩论，吴甚怕得罪人，颇不以此为然。张声明再不做批评文字矣。

# 一九二九年

**一月三十一日　星期四**

吴雨僧先生及张荫麟君来谈。谈及《大公报》（天津发行）《文学》副刊前途事。此数期稿件甚缺乏，缘《大公报》纸张加宽，每期需九千字，而负责撰稿者仅四人。佩弦新加入，尚未见有稿来。以后每人每月须担任七千余字方可对付。梁任公新殁，张允明日动笔写哀悼文字。余允为中央研究院历史语言研究所董作宾君所作殷虚《新获卜辞写本》作详细介绍，又为日本盐谷氏新印明景德本《娇红记》作短篇介绍。

**二月五日　星期二**

吴雨僧先生招吃饭。吴先生寒假中将南游，托代编辑《大公报·文学》副刊。

稻翁及荫麟来谈，谈及中国历代服装等等。

佩弦交来副刊稿件，为评老舍君之《老张的哲学》《赵子曰》两小说之文。文平平，无甚特见。《赵子曰》我曾读过，并在副刊上论《小说月报》十八卷时曾评及之。老舍君笔头甚酣畅，然少剪裁，又多夸诞失实，非上等作家也。

### 二月六日　星期三

晴，暖。发副刊稿至天津。稿共二篇，一即佩弦稿，一荫麟纪念梁任公之文。张文甚佳，颇能概括梁先生晚年思想上及学术上之贡献。

### 二月八日　星期五

雨僧先生来谈，云明日将进城，即南下。荫麟适亦来，遂剧谈。荫麟以大考，又忙于作文，病吐血。余劝其休息数日。《文副》稿，此一二期，当由余一人承当矣。

### 二月十八日　星期一

斐云有信来，并寄来所撰《文副》稿，二千余字。荫麟来，云莱辛（Lessing）纪念稿赶不及。余甚焦急，盖《文副》尚缺数千字，而明晨须发也。夜，读广东中山大学所出版之《民俗周刊》，并民俗丛书中小册四五种，欲作一介绍及批评文字，未果。

### 二月十九日　星期二

荫麟以《所谓中国女作家》一文来，有二千字。此文乃嘲讽《真善美》杂志"女作家专号"者，对于冰心嘲讽尤甚。文并不佳，但此种文章较有生气，适宜于副刊。倘吴先生在，则此文定不能登载，以挖苦人太甚也。

## 一九三一年

### 一月十日

美国张荫麟有信来，并汇美金三十元，嘱转其弟，作学费。即函天津南开中学张炜麟。

## 一九三二年

### 二月十日　星期三

写信与荫麟。彼在美国将得博士学位矣。但余以国家如此，劝其抛弃纯正哲学之路。作书与容希白、张炜麟等。

## 一九三六年

### 一月五日　星期日

晨，张荫麟、吴春晗皆来谈。

### 一月十九日　星期日

下午至马大人胡同，访钱宾四，宾四谈康有为之思想矛盾处，又伪造文章事，甚趣。其《近三百年学术史》不久即脱稿矣。

晤许闲若，许、钱同租一屋也。汪健君、陈盛可、俞平伯夫妇同至，唱曲二小时。

偕宾四同出，至昌群处。陈述民先在，略谈。以中来。贺麟、张荫麟二君邀饭，同赴贺寓。

饭后看他们打牌。十时同昌群返。宿昌群处。

## 一月二十三日　星期四

张素痴来，谓《八仙考》文字尚好，文白混合，彼亦有此种倾向。

〔选自《清华园日记·西行日记》（增补本），生活·读书·新知三联书店 1999 年〕

# 记张荫麟

朱自清

## 一九三四年

**四月六日　星期五　晴**

晚雨僧约饭，有张素痴、中书君、张季康。中书君言必有本，不免掉书袋，然气度自佳。

## 一九三五年

**四月十四日　星期日　晴**

到忠信堂参加张荫麟的婚礼，新娘热情而老练。

**六月十一日　星期二　晴**

宴陈铨、赵家璧，到客有张荫麟、闻一多、顾一樵。

与赵商谈《语文》事。

**十月三日　星期四　晴**

读《中国的兵》和《周代的封建社会》，前者载于《新机轴》杂志。

## 一九三六年

**八月二日　星期日　晴**

在玉华台设宴。邀素痴、芝生、宗岱、平伯、健吾、稻孙、循正、涤非等。钱先生与梁先生就日本实力问题展开辩论。钱警告我们不能低估日本。争论主要因用词不同而引起。

菜量少，我因之不悦。司机开口要晚餐会小费，予之。然平时无此事。

### 十二月十三日　星期日　晴

张荫麟、吴春晗来。张送来论北宋的失败与均产运动的文章。

### 一九三九年
#### 九月八日　星期五　阴

张荫麟先生借走《卜辞通纂》。

### 一九四二年
#### 十月二十七日　星期二　晴

陈请午饭。下午进城。今日有预备警报。晚桥戏。食点心。得知张荫麟去世，甚可惜。

（选自《朱自清全集》第九、十卷，江苏教育出版社 1997 年）

# 张荫麟的追悼会

梅贻琦

1942 年 12 月 4 日 F.

下午四点，校中同人追悼张荫麟君于北门街宿舍，到约三十人，致词者余及冯、雷、吴春晗、吴雨僧[1]（有兔死狐悲之语），最后其令弟略述在浙大临终情形。

（选自《梅贻琦日记》，清华大学出版社 2001 年）

---

1　"冯、雷、吴春晗、吴雨僧"，指冯友兰、雷海宗、吴晗、吴宓诸人。

学术评议

# 读《春秋时代的争霸史》

刘玉衡

　　编部中国史，并不是一件容易的工作。史料方面，固然不少，但得需用科学方法将它详细的加一番整理，务使取材要系统而准确化；否则，杂乱无章，握不住历史的中心点。文体方面，字句的构造，务要流利而艺术化，有文学上的价值才可。如是材料准确了，读者便不会因之得到偏见；文体有了艺术之美，便可引起读者的兴趣，不至干燥乏味。过去之一般编者，合乎上列二条件的，总是不多；尤其是字句的结构，乏艺术之美。所以现在教科书编成的虽已不少，但完善的确不甚多。

　　最近张荫麟先生正在进行编一部中国史，名《中国史纲》，并先将其第六章发表，名《春秋时代的争霸史》（见本刊第五十二期）以征求批评其取材及文体。此书全部虽尚未见到，但就此一章，使鄙人读后，感到十分满意，可为当代之名著。其优点有二。

　　第一，文体方面。字句之构造艺术化，有文学上的价值，能引起读者的兴趣。谈到中国古代史书之有文学价值者，当推《史记》与《左传》。这两部书，一方面固然是历史书籍；同时，因其字句构造有艺术之美，所以有许多人把它当做文学的作品去研究它，其故即在此。张先生所编之《中国史纲》，便有此优点。如述楚之地理环境，用这样一段流利的文字去描写它："江水在四川、湖北间被一道长峡约束住；出峡，向东南奔放，泻成汪洋万顷的洞庭湖，然后折向东北；至武昌，汉水来汇。江水和汉水界划着一大片的沃原，这是荆楚民族的根据地。……"又如张先生之述楚国古代神话，用下列一段流畅而美丽的文字："……楚国王族的始祖不是胼手胝足的农神，而是飞扬缥缈的火神；楚国道地的河神不是治水平土的工程师，而是含睇宜笑的美女。楚人的神话里，没有人面虎爪，遍身白毛，手执斧钺的蓐收（上帝的刑神），而是披着荷衣，系着蕙带，张着孔雀盖和翡翠旌的司命（主持命运的神）。适宜于楚国的神祇的不是牛羊犬豕的血腥，而是蕙肴兰藉和桂酒椒浆的芳烈；不是苍髯皓首的祝史，而是采衣姣服的巫女……"读者若多重复的读几遍，自然会领略其文字的艺术之美了，不只此二段如此，全篇都是这样的美。

第二，取材方面。叙述系统化，简明而扼要，握住了历史的中心点。这便是他的第二优点。第一段，先述楚之建国与兴起，及其向中原之扩张势力；次述公子元为一言所激率师北伐郑，遇到齐桓公率诸侯来救郑而逃遁，作成了楚国和北方强国的争霸史的楔子。第二段说明争霸之意义和诸小国所受霸主的诛索是怎样的苛重。第三段叙述齐之建国与兴起，及桓公与楚国之争霸。再次述宋襄公继桓公之图霸而遭悲局。第四段述晋之立国，兴起，及与楚国之长期对抗；因之而产生向戌之"弭兵"会议。最后，又论到吴国之兴起。第五段是述郑国大政治家子产的事绩。二百余年之春秋争霸史，用这很流利的文字写出来，并且写的系统而扼要，此种优点是其他教科书之所不及。

下列诸项，是鄙人读后的一点意见。

（一）取材方面，尚有数处须加讨论：

（甲）此篇第三段谓："……太公初来定都营丘（后名临淄，今仍之）的时候，莱夷就给他一个迎头痛击……"然在《史记》卷三十二《齐太公世家》内，却是如此的记载："……于是武王已平商而王天下，封师尚父于齐'营邱'……盖太公之卒，百有余年。子丁公吕伋立。丁公卒，子乙公得立。乙公卒，子癸公慈母立。癸公卒，子哀公不辰立。哀公时，纪侯谮之周，周烹哀公，而立其弟静，是为胡公。胡公徙都'薄姑'。而当周夷王之时，哀公之同母少弟山怨胡公，乃与其党，率营邱人袭杀胡公而自立，是为献公。献公元年，尽逐胡公子，因徙薄姑，都治'临淄'……"《史记》上记载着齐是迁了两次都，第一次是由营邱迁薄姑，是当胡公之时。第二次是由薄姑迁临淄，是当献公之时。由此可知，营邱与临淄是二地名，并非同一地方。此为应注意之第一点。（编者按，营丘即临淄，系据《水经·淄水注》）

（乙）又同段谓："管仲死后一年，桓公接着死了。"若我们查看《史记·齐太公世家》，却是另一种的记载如下："……（桓公）四十一年……是岁，管仲、隰朋皆卒。……四十二年，戎伐周，周告急于齐，齐令诸侯各发卒戍周。是岁，晋公子重耳来，桓公妻之。四十三年……冬十月，乙亥，齐桓公卒。"由《史记》可知管仲死后二年，桓公才死的；并不是桓公卒于管仲死后的一年。此为应注意之第二点。

（丙）此篇第四段谓："过了两年（即前五九五），厄运轮到宋人头上。楚王派人出使齐国，故意令他经过宋国时，别向宋人'借路'。……于是宋杀楚使。果然不久楚国问罪的大军来到宋的都城底下，晋国答应的救兵只是画饼。九个月的包围弄到城内的居民'易子而食，析骸以炊'……幸亏华元深夜偷入楚营，乘敌帅子反的不备，挥着明晃晃的利器，迫得他立誓把楚军撤退三十里，和宋国议和，这回恶斗才得解决。"然《史记》之记载却迥乎不同，如其卷三十八《宋微子世家》则谓："……（文公）十六年，楚使过宋，宋有前仇，执楚使。九月，楚庄王围宋。十七年，楚以围宋，五月不解。宋城中急，无食，华元乃夜私见楚将子反，子反告庄王，王问城中何如？曰："析骨而炊，易子而食"。庄王曰："诚哉言！我军亦有三日粮"，以信故，遂罢兵去……"又卷四十《楚世家》载："……（庄王）二十年，围宋，以杀楚使也。围宋五月，城中食尽，易子而食，析骨而炊。宋华元出告以情，庄王曰："君子哉！"遂罢兵而去。……"据此，可知《史记》所载，是楚国兵包围宋都城共"五月之久"，而并不是"九个月"。楚之退兵是出于"自动"，而并不是受了宋华元之袭营被迫而撤退的。此为应须注意之第三点。（编者按，张君所述系载《左传》，与《史记》异）

（二）材料方面应再加补充。如在述齐桓公与晋文公争霸之先，应再加添一点关于彼二人整理内政的事迹。盖国势必先"充乎内"，然后才能"溢于外"。国家若欲向外发展，其内部必须先得组织健全。因齐桓公、晋文公之改革内部，使齐、晋两国变成了"霸国"的地位，两国经这一番整理，组织力较他国健全了，国势也因之而提高，于是形成了两国争霸的"原动力"。所以齐桓、晋文之改革内政，不可不略为一叙，目的是求读者明了齐、晋之所以能强盛及争霸的原因。

（三）人名应尽量写出，以免去读者再查史书的麻烦。此篇内有数处只提到"某臣"，"某大夫"，及"某王"；其真名却未在文内提出，亦是美中之不足。今举数例如下：如其第一段之"……至迟在前七四〇年以上，楚人已把国都迁到也是南枕大郢江的邑（在今湖北江陵县，旧荆州府的首邑），但直到前六一三年，他们才开始建筑郢邑的城郭。而着手建筑它的乃是两个'叛臣'，要据郢作乱的……再等到前五五九年，因为一位'大臣'临死的谆嘱，执政者才把郢城筑好，这时吴患已经开始了。"又其第二段之"……前

读《春秋时代的争霸史》

五九八……'楚王'……带兵入陈……便把陈国收为楚县。楚王凯旋，诸侯的使臣和国内的县公争来道贺。有一位'大夫'适自齐国奉使归，偏不道道贺……"这其中的"两个叛臣"、"大臣"、"楚王"和"大夫"之名，并没有指出；最好是应在本文内提出，如是便可使读者省去再查史书或问教师的麻烦，时间上岂不是可以得到经济么？

（四）文体方面。引用这"却说"及"话说"二成语，不甚适宜。如其第三段之"却说襄公至少有两个兄弟：长的叫做纠，由管仲和召忽傅佐着；次的叫做小白，由鲍叔牙傅佐着。……"又其第五段之"话说前五六五年，即鄢陵大战后十年，郑司马子国打胜了蔡（是时楚的与国）把它的主帅也俘了回来，郑人都在庆祝，子国更是兴高采烈。……"作者之用意，是以它去修饰文句之美；但若不用这二成语，这段文字流利的程度，也不见得会减去多少。鄙人认为应删去不用最好；不然，则颇有类似"小说体裁"之嫌疑。一部正史，不甚适易于这种体裁。

以上数点，是读后所供献的一点管见。

（原载天津《大公报》，1936年2月7日，第八版）

# 张荫麟：《中国史纲》
## ——一个外行人的话

汤朝华

"《中国史纲》是有生气的，亲切的。"

中国一直就是史学发达的国家。《史记》当然是世界最伟大的一部历史作品。西洋近代史学越来越盛，而我们的新史学如我们的新文学，才开始一个萌芽的时代，我们的新史学如我们的新文学，有着极丰富的遗产。我们希望：这个史学向来发达的国家保持原有的风气，继续发达这门重要的学问。我们的新史学，虽然还在一个萌芽的时代，却也已经有了二十多年的历史（这个历史应该从夏曾佑先生和梁启超先生起算，不知道史学者们可能同意吗？），但是二十多年的努力竟还没有产生一部新的中国历史。若干专家告诉我们说：现在还没有到那个时代，因为各个断代史的研究尚未成熟，通史是没法写的，而且写不好的——我们外行人粗听这话好像相当有理，但是，仔细一想：要等到各个断代史的研究都相当成熟，那要什么时候？起码还得三五十年吧。在外行的我们看来，无论什么时候，不管各个断代史的研究是生是熟，一部尽量完善的通史是必需的。非专家的人们要求不过如此：请给我们"中国的故事"吧。（所谓历史其实是一个故事，不过这个故事是必需根据事实的罢了）——我们无暇研究历史的许多专题。所以那些若干专家的话，简直是一种拒绝的表示，那是岂有此理的事。那些若干专家要责问我们了：

难道你们否认断代史和通史的关系吗？我们并不。我们不过觉得：有了二十多年工夫的中国史学界还不能对局外人简单地、清楚地、亲切地、美丽地说说我们民族和国家的故事，实在太惭愧了。通史和断代史的确互有关系，却不是相依为命的；通史和断代史的处理是不同的。二十多年中间，没能交卷一部中国通史，这样错误的概念至少要负大部分责任。错误的结果是：小学和中学和大学以及国民的历史教育都没有什么成绩，教科书也好，讲义也好，在我们看来，都是生料硬货，零杂不堪，只是名字史料无穷无尽的排列而已。国民最基本的教育当然是史地的教育，史地教育的失败，便是整个教育的失败——这话是丝毫也不过分的。

我是一个始终想读一部新的中国历史而一直没有读到的人。最近拜读《大公报·史地周刊》发表的张荫麟先生所撰《中国史纲》的几个片段，我真是感到无限的快慰！等不及全书完成发表了，恕我借《书人月刊》创刊之盛，给大家介绍这部值得我们前瞻的新的中国历史——介绍，只是介绍，不是什么评论，因为，第一，既然对于史学外行，评论自然不配；第二，原书只见几个片段，即使硬要评论，材料不太够了。

我所见的几个片段是：

"秦始皇帝"（第10章："郡县式大帝国的建立"一部分）——《史地周刊》第87号（25年5月29日）、"汉初的学术与政治"（第？章："儒学的正统化"大部分）——《史地周刊》第107号（25年10月16日）、"春秋时代的争霸史"（第6章："霸国与霸主"）——《史地周刊》第52号（24年9月3日）。

或许还有几个片段已经发表，而我没有机会见到，现在我在旅途中，无法查考。好在完全介绍性质，目的是在引起大家对于这部新的中国历史注意的兴趣，即使仅仅看到一个片段，也是一样的，是不是呢？反正将来还要全部正式出版。严格的说，我完全是外行，介绍也是不一定做得洽切，希望关心中国历史以及历史教育的人多说几句话，因为《中国史纲》本身尚在写作中，著者张荫麟先生正在征求批评。（当然不会需要我这种外行人的意见的。）

坊间中国通史之类的书不是没有，专备大学程度采用的有三五部，专备中学程度采用的更多了。这些书最大的缺点便是没有生气，读者尝不到亲切之味。我们相信历史也是故事，和文艺故事不同的仅是前者必需根据事实，后者不限事实，不能弄得道貌岸然。历史艺术的任务，不但是把故事说好听，而且一定要使人可以相信；使人相信必需要拿出证据来，证据便是史料——这里我们必需明了：一个止于蒐集和研究史料的人，虽是一个历史工人，却并不是一个历史家。历史家是一个建筑师，历史工人不过是一个泥水匠。建筑师懂得材料（史料）的运用而不知其他，是不够的，他必需还要有设计的能力。设计是多方面的，衡量、分配、组织、调和……设计的里应当结实，设计的表应当美观动人。材料拿到手里（如一块木头），必需选择品质，衡量长短宽狭，还要改削分割，然而可用，等到装好弄好，还要油刷。可是几乎全部这些作者都错认了：历史者，材料之学也。结果出来的便是生料硬货。没有灵魂，怎么会有生气？没有艺术，怎么能够亲切？但是《中国史纲》是有生气的，亲切的。这是最大的成功之处。

《中国史纲》如何能够这样成功？原因很多。

第一，作者的态度简直就是小说家的态度：流畅的国语，不避俗话，不避俚语，偶引精洁的文言，最难得的是能极恰当地用诗、词、歌谣（这些好像弹词说书里的音乐歌唱）。"却说……"，"……这些都可不表"，"但楚国且慢高兴"等等也是有的。不是在说书和讲《山海经》吗？

张荫麟：《中国史纲》

楚国道地的河神不是治水平土的工程师，而是含睇宜笑的美女。楚人的神话里，没有人面虎爪，遍身白毛，手执斧钺的蓐收（上帝的刑神），而有披着以荷衣，系着蕙带，张着孔雀盖和翡翠旌的司命（主持命运的神）。适宜于楚国的神祇的不是牛羊犬猪的血腥，而是蕙肴兰藉和桂酒椒浆的芳烈，不是苍髯皓首的祝史，而是采衣姣服的巫女。再从文学上看，后来荆楚文化成熟时代产生的《楚辞》，也以委婉的音节，缠绵的情绪，缤纷的词藻而别异于朴素，爽直，单调的诗三百首。（"春秋时代的争霸史"）

这是一节流畅的语言，也是一段清丽的散文，引人入胜！我们敢说：中国没有几个写历史的人能够写出这样的文字。"馋嘴"，"绿头巾"……这些字眼有人曾在一册堂堂皇皇的中国历史里用过吗？

小白后到。管仲瞄准他的心窝，一箭射去，正中目标，眼见他应弦仆倒。小白的死讯传到鲁国后，护送公子纠的军队，在庆祝声中，越行越慢，及到齐境，则齐国已经有了新君，就是小白！原来管仲仅射中他的带钩，他灵机一动，装死躺下，安然归国。（"春秋时代的争霸史"）

读者忘记了是历史，以为这是紧张的戏剧，而且舞台技巧熟练的很——同是这个史料，我没有看到以前有人说得这样生动过呢？

第二，作者不肯迁就史料，史料倒反被他拉拉长，捏捏扁。除了很少很少的机会史料直接出现于字行间或者附注以外，每次总是把早已消化了原是史料的东西如蚕丝一样地倾吐出来。这样，全篇的形式便能很完整了，不像普通叙述夹史料或议论夹叙述那样的凌乱庞杂，没有横也一个"注一九三"竖也一个"注二五六"的破相。《史记》并没有因为缺少引文或注解而失其伟大的价值。史料应有史料的书，历史不过参考史料而已。

第三，作者忽略许多不必需的人名和地名和年代。这些东西，不必需而出现，历史便变成账单了；账单多看了没有不头痛的。

我所见的三个片段，比较起来，"秦始皇帝"最成功，虽然都很不错。"春秋时代的争霸史"，（三）的末节，桓公五子争位，（四）的上半，都不见精彩，于是全篇显得软弱了，"争霸"确是一堆乱柴，不容易写。"汉初的学术与政治"把从"道"到"儒"的转变写得非常清楚，但是并不出色，或许是题材本身平庸的缘故。

现在谈谈"秦始皇帝"。稍稍的分析，以见结构和内容的一斑。（《中国史纲》全书目录恐怕还没有发表，因此，整个组织如何，我们还不得而知，所以说话也还早呢。）开场引录李白的诗："秦皇扫六合，虎视何雄哉……但见三泉下，金棺葬寒灰？"作为一个前奏曲。接着便说："这首壮美的诗是一个掀天揭地的巨魔的最好速写。这巨魔的来历，说来话长。"这使我联想：《西游记》的神猴，《红楼梦》宝玉，《水浒传》的一群魔鬼，仿佛也是在这样的空气里介绍给我们的。于是叙述：吕不韦发现子楚，子楚由赵归秦，娶赵姬而生嬴政，嬴政即位，赵姬的情夫作乱，吕不韦连带遭殃，结果自杀。通常总是在叙秦灭六国的时候，大论特论苏秦张仪合纵连横，而这里用了五百个字把秦灭六国了结，不说那些亡国在覆灭的前夜如何破落，如何混乱；其实是无需说的。但是，奇特而又聪明的是：欲也用了五百个字光景叙述荆轲那个悲壮的故事，最后才引"风萧萧兮易水寒，壮士一去兮不复返！"歌词结束——如果像普通那样先说："荆轲唱了这首悲壮的歌便直奔秦国了"，悲壮的力量不一定够。以下引录那个宣布六国罪名的诏书，运用这个诏书的虚威，讽刺着了残暴的成功。"始皇帝"这三个字解释得很清楚。至此，告一段落，是谓第一部。第二部在"一个纯粹郡县式的大帝国"

这个题目之下发挥,详述这个大帝国建立的经过。第三部首先批评秦始皇帝的人格,明正极了:"像始皇的励精刻苦,在历代君主中确是罕见。国事无论大小他都要亲自裁决;有一个时期,他每日用衡石秤出一定分量的文牍,非评阅完了不肯休息。他在帝位的十二年中,有五年巡行在外;北边去到长城的尽头碣石,南边去到衡山和会稽。他觉得自己的劳碌,无非是为百姓的康宁。他自己的期待,不仅是一个英君而且是一个圣主。"这里,我们可以看到作者有着一颗纯洁的爱心,能同情人,能了解人,能宽恕人,他不但对于秦始皇帝如此,他对于每个主要的历史人物都能如此。("春秋时代的争霸史"里第五部完全供给子产的叙述和评论,比"秦始皇帝"这段更值得注意)。其余便说:秦始皇帝如何祈求长生不老,如何欣赏建筑,"他的一切丰功烈绩"如何"乃是黔首的血泪造成的"。最后说到二世"别的都远逊始皇,只有在残暴上是'跨灶'的"。两代的暴政伏下了灭亡的危机。读完这篇"秦始皇帝",好像看了一出满意的历史剧!

关于史实,外行的我,也有若干不能同意于张先生的见解,不过在这篇介绍文字里面,似乎是无需赘言的!如有机会,不妨另外讨论。

听说先生有把《中国史纲》这个名字改成《国史新编》那个较陈旧的名字的意思。笔者个人还是喜欢"中国史纲"这四个字,因为对于内容是相衬的:中国历史的纲要。"国史"啦,"国朝"啦,"国学"啦,"国术"啦,"国乐"啦,"国剧"啦……这些名字好像都是很小气的,很迂腐狭窄的。

《中国史纲》似乎很受西洋的影响:在编制上,韦尔斯的《世界史纲》;在人物的描绘上,李顿·史脱莱吉的传记。

《中国史纲》的作者,不但深有史学的研究,而且对于文学,也富有修养，如果将来《中国史纲》能够大受欢迎，绝不是偶然的。

（原载《书人月刊》第 1 卷第 1 号，1937 年 1 月）

# 《中国史纲》（上古篇）读后感

巨　朱

张荫麟编著，三十七年四月，正中书局初版，定价七圆五角。

张素痴先生（荫麟）此书于三十年由浙江大学史地教育研究室石印五百部，仅前八章。翌年再版，续增三章。今正中书局此本，虽曰初版，盖据原书再版重印者，仍为十一章，叙述止于东汉建立。其章目：一，"中国史黎明期的大势"；二，"周代的封建社会"；三，"霸国与霸业"；四，"孔子及其时世"；五，"战国时代的政治与社会"；六，"战国时代的思潮"；七，"秦始皇与秦帝国"；八，"秦汉之际"；九，"大汉帝国的发展"；十，"汉初的学术与政治"；十一，"政制与革命"。

此书草创，约在民国二十四年，今本第三章"霸国与霸业"，曾载于史地周刊第五十二期（民国二十四年九月十三日《大公报》），题曰："春秋时代的争霸史"，首有自识云：

此文为鄙人试编高中程度适用的《中国史纲》的第六章（章宋考证从略），原题"霸国与霸主"。此种书的取材和文体均在试验中。特发表此章，征求批评。

今本此章已有大段更易，且原作第六章，今为第三章。可见全书编制，屡有修改，绝非掉以轻心者可比。

本书体例，依作者初版自序所列鹄的有三：

（一）融会前人研究结果和作者玩索所得，以说故事的方式出之，不参入考证，不引用或采用前人叙述的成文，即原始文件的载录亦力求节省。

（二）选择少数的节目为主题，给每一所选的节目以相当透彻的叙述，这些节目以外的大事，只概略地涉及以为背景。

（三）社会的变迁，思想的贡献，和若干重大人物的性格，兼顾并详。

实为有见，尤以第二项为课本或简短通史之必要条件。

至于作者之态度，尤有足称者。如本书开端于商朝，作者云：

从前讲历史的人每喜欢从"天地剖判"或"混沌初开"说起。近来讲历史的人每喜欢从星云凝结和地球形成说起。这部书却不想拉得这么远。也不想追溯几百万年以前，东亚地方若干次由大陆变成海洋，更由海洋变成大陆的经过。也不想追溯几十万年以前当华北还没有给飞沙扬尘的大风铺上黄土层的时候，介乎猿人与人之间的"北京人"怎样在那里生活着，后来气候又怎样改变，使得他们消灭或远徙，而遗留下粗糙的石器，用火的烬迹，和食余的兽骨人骨，在北平附近的周口店的地层中。也不想跟踪此后石器文化在中国境内的分布传播，和进步，直至存在于公元前六七千年间具有初期农业和精致陶器的"仰韶文化"（仰韶在河南渑池附近）所代表的阶段。

这部中国史的着眼点在社会组织的变迁，思想和文物的创辟，以及伟大人物的性格和活动。这些项目要到有文字记录传后的时代才可得确考。（页一）

故托始于商，"然后回顾其前有传说可稽的四五百年，即以所知商朝的实况为鉴别这些传说的标准"。其言不矜才，不使气，平易近人。绝不于纷歧之传说与混乱之附会中，驰骋其文学天才，独抒其假想之古史。亦无外以与世界古文化争胜，而内以鼓舞人心之夸大狂。然世之读者，若肯平心阅之，自可见先民缔造之艰难与成就之伟大，而起敬起爱，固胜彼叫嚣招摇，至于力竭声嘶，翻令人生疑生厌。教材虽可有深浅难易之别，要当示人以真，始克有功。一切蒙混虚诞，至多能有暂时之效，既不能持久，复不能屡用，其书则有不可胜言者。世人每不解立国之道，所以安内攘外者，固别有在，非国史课本所能任。而国史课本所能任者，往往因过于求好，蛇成又添足，意义全失。故作者之态度，最可称道。后之编国史者，亦所最宜留意者。

循是以读本书，如论唐虞夏史云：

商朝所替换的朝代是夏。关于夏朝，我们所知，远更模糊。例如夏朝已有没有文字？有没有铜器？其农业发展到什么程度？其政治组织与商的异同如何？这些问题都无法回答。（页十二）

我们若从夏朝再往上溯，则见历史的线索迷失于离奇的神话和理想化的传说中不可析辨了。凡此种种，本书自宜从略。但其中有一部分和后来历史的外表，颇有关系，应当附带叙及。（页十三）

如论老子云：

老聃传说是楚人，姓李名耳，做过周室的守藏史。传说孔子在中年曾往周都向他问礼，又现存的《老子》五千言相传就是他的遗著。不过老聃既然是这样一个名人，《老子》书又真是他所作，那么书中最露骨的主张，像"绝圣弃知"，"绝仁弃义"之类，和孔、墨的学说都根本不相容的，不应在孔、墨时代的一个半世纪中，绝无人称引或批评的，而且书中所泄露的社会背景，像"万乘之国""取天下"等话，决非孔子时代所有。因此好些史家都不相信《老子》书是孔子同时的老聃所作。但在战国晚期，这书中所具的学说已成为显学，而书中的话屡为《庄子》所引，那么这学说当有一部分产生于庄周著书之前，也许有一部分是承袭孔子同时的老聃的。我们不能起古人于地下，只好以这样不确定的结论自足了。（页一四三至一四四）

皆可见作者知之为知之，不知为不知之聪明而忠实之态度。更可见作者立论之严，悬鹄之高。

作者于广泛史料中，选择少数节目为主题，与以适当的透彻叙述，其取材之标准，作者在《论史实之选择与综合》（《思想与时代》第十八期）中，尝提示六端：一、新异性，即内容的特殊性；二、决定性，即因果关系；三、实效，即对人群影响之程度；四、文化价值，即真与美之价性；五、训诲功用，即完善之模范与成败得失的鉴戒；六、现状渊源，即追溯现状的由来。作者云：

以上的六种标准，除了第五种外，皆是今后作选择的历史叙述的人所当自觉地严格地系统地采用的。不过它们的应用，远不若它们的列举的容易。五面俱顾的轻重比较，已是一样繁难的事。而且这五种尺度都不是有明显的分寸可以机械的辨别的。再者，要轻重的权衡臻于至当，必须熟习整个历史范围的事实。而就有些历史范围而论，这一点会不是个人一生的力量所能做得到的。所以对于有些历史范围，没一种选择的叙述能说最后的话。所以有些选择的历史叙述的工作，永远是一种冒险。

可谓道尽个中甘苦。以作者见闻之博洽，目光之犀利，制作之认真，从事于此种冒险工作，吾人自可信其有成。盖编纂课本，篇幅有限，贵于能弃，而不贵矜奇斗博。今观本书取材，作者于此，可谓已尽其能事。十一章中，惟第八章"秦汉之际"，似嫌篇幅稍多，若缩为二节附于第七章之末，叙述已足。此或由于史公《项羽本纪》，文笔生动可喜，屋乌之爱，不觉言之冗长也。

　　本书之文体，作者虽谓尚在试验中，实则甚为成功。作者不只覃精史学、哲学，于文学亦具过人之天才与深厚之涵养，即在并世名作家，亦推服作者"行文远过目下流行的文学创作"（陈梦家先生评语）。自来良史，首推《左氏传》《史公书》，二书不仅史学之渊薮，实亦文章之典则，故能流传至今，为世圭臬。降及近世，学校课本，虽殊名山之业，然文笔若美，必能行远。以中等历史课本而论，当推夏曾佑之历史教科书，近始有本书。皆能融会贯通，行文邕茂，成一家言。本书视夏氏书又迟数十年，后来居上，可云无愧。作者尝论梁任公之史学云：

　　任公于学，所造最深者唯史，而学人之疵之者亦在是。以谓其考据之作，非稗贩东人，则错误纷出，几于无一篇无可议者。实则任公所贡献于史者，全不在考据。任公才大工疏，事繁骛博，最不宜于考据。晚事考据者，徇风气之累也。虽然，考据史学也。非史学之难，而史才实难。任公在"新汉学"兴起以前所撰记事之巨篇，若《春秋战国载记》（在《饮冰室合集》中首次刊布于其身后，世人注意之者甚少），若《欧洲战役史论》，元气磅礴，锐思驰骤，奔砖走石，飞眉舞色，使人一展卷不复能自休者，置之世界历史著作之林，以质而不以量言，若吉朋、麦可莱、格林、威尔斯辈，皆瞠乎后矣。曾试自操史笔之人，读此等书而不心折者，真无目耳。

　　（《思想与时代》第四期）

可见作者于此用心之深与用力之勤，故能超越流俗，自成馨逸。至于千虑一失，亦或不免。如页一一三论白圭云："他俨然是一个战国时代的张南通。"如页一六八论胡亥云："他别的都远逊始皇，只有在残暴上是'跨灶'的。"之类。在知者固可有更亲切之认识，若在殊方异时，不解此俗语或比喻之本义，翻感迷惘。此类词语，施之纯文艺作品或时论中，可增文趣，至通行教科书，则须雅洁易喻，未宜多用。此外古书今译，亦有须再事推敲者，兹不复及。

综观全书，作者态度之公正，取材之精审，文笔之流利，不仅为课本之上选，亦今日历史文学之佳构，有目共赏，无庸赘述。至于编印上之缺点，除误字外，略有三端：

一、增补　本书初版八章，再版十一章，今本仍之。作者于宋代部分尚有数篇，载《思想与时代》，以不衔接，可不加入。此外尚有《汉帝国的中兴与衰亡》（《思想与时代》第三十期）原文未见，想当为第十一章之续，今兹重印，自应添入，则上古篇亦可成一段落。又据徐规先生所编作者著作目录，尚有《自序》与《献词》二文（原文未见，不知《自序》即初版自序否？），此类有关文章，均宜采入。

二、考证及参考书　据前引作者二十四年自识，章末原有考证，今本未备，盖沿袭再版本。今日通行历史课本，每嫌注解太多，诚须改善。惟参考资料，亦不能全付缺如。如通行数十年之英文中等教本 J. H. Breasted 之古代史，每章之末有专题参考书，著者复精选通行适用之书，列目十余页，附于书末。此在西洋上古史，其史迹已经学者论定，尚附书目，以便教者与读者。国史在今日，尚有许多问题，未经探究，或未有定论。近数十年来史学论著，单篇专册，出版甚多，已非一般中学教师所能悉究。作者"融会前人研究结果和作者玩索所得"而为此书，其间不乏不见旧籍或不合旧说之处，苟不注明去取之由，将使教者茫无头绪，不知何所据而云然。中心既疑，自难讲授，尤难释学生之疑问。故参证资料，未可从略。

三、图版　研究历史，最重实证，课本中之插图，实属必要。英文书中，如 Rostovtzeff 之上古史，其图版之精美无论矣，即中学课本，如 J. H. Breasted 之古代史，Hayes & Moon 或 C. L. Beeker 之近代史，皆有丰富之插图，以助对史迹之理解。日本前数年所出之东洋文化史大系，叙述未精而附图颇佳，亦属可取。本书初出，方在战时，甚多材料，无缘征引，加以后方印刷困难，难求美备。今本仍之未改，减色甚多。

上举三端，以第一项为最易做到，竟莫之为，诚恐本书以后重印十版，亦将不改旧观，此乃国内出版界一贯作风，诚可叹也！

张其昀先生敬悼张荫麟先生云：《中国史纲》一书是呕心血的著作，他常常工作至午夜以后，因此就深伏了病源。本书价值，识者自有公评，即就文字而论，亦用力至勤。……字字珠玑，皆为潜心涵泳几经锤炼而后成。………他念念于《史纲》之完成，虽在病中仍精思不休，而病势遂陷入深渊。（三十一年十月二十七日重庆《大公报》）

此书作者所编，已至汉末，魏晋以下，闻亦多有初稿。顾颉刚先生《当代中国史学》云：

张荫麟先生亦欲以极简洁的笔调，集合数人的力量，写一通俗的通史，不加脚注，不引源文，使有井水处，人人皆熟于史事。汉以前由张氏自谳，唐以后则属于吴晗先生，鸦片战后的社会变化则属于千家驹先生，中日战争则属于王芸生先生。惜其书未成。……张氏英年早逝，甚盼吴先生等能本其书的体例，完成其志愿。（页八五至八六）

乃今仅得此不改旧观的重印本。死者有知，饮恨曷极。时至今日，弥天烽火，遍地哀鸿，教育破产，文儒愁穷。张君旧日同事闻、朱两君，相继谢世，一多先生之烈，佩弦先生之惨，视素痴先生为尤甚。至于三君在学术上之贡献，正未易轩轾，而张君之年独少。闻君尝手书："鸟兽不可与同群，吾非斯人之徒与而谁与！"以赠吴梧轩先生，张君虽狷介，固非遗世者。今闻君全集已问世，朱君书亦着手编辑。张君没世时，清华、浙江两大学亦尝思所以永君念者，荏苒六年，竟无闻为。且张君遗文，纵能成集，亦未必能如闻、朱二君书流行之速，故商店必不肯承，再阅数年，更不易为，斯固赖两大学与张君生前知交有以速成之也。

三十七年九月于天津

（原载天津《大公报》，1948 年 10 月 4 日、18 日）

# 评张荫麟先生新著《中国史纲》

翟宗沛

张荫麟《中国史纲》

浙江大学史地教育研究室（贵州遵义）石印本，三十年五月初版，二一四页，价二元五角

重庆青年书店铅印本，三十年六月出版，三三二页，价三元

张先生这册书有上面所列的两种印本，浙大石印本前有"三十年三月"作的短序，青年书店铅印本前有"二十九年十一月"写的长序；又后者内容虽较前者增加《大汉帝国的发展》、《汉初的学术与政治》及《政制与易代》等三章，而铅印本《秦的兴亡》一章在石印本中却分为《秦始皇与秦帝国》及《秦汉之际》两章，其余各章内容石印本较之铅印本亦颇有增改的地方。浙大印本是著者重加修正而付印在后是毫无疑问的。本篇评论以石印本为据，惟石印本所无而为铅印本所独有的长序及最后三章则仍据铅印本以补前者之不足。至于同此一书何以在两处先后出版，我因不明内情，不欲轻加推论。我所惜的是铅印本将张先生的"张"字从书面到书尾皆误为"杨"字。

这册书从上古到新莽虽仅寥寥十数万字，就内容讲，较任何一般通行的中国通史为少，但不论就取材、结构、叙述乃至论断等任何方面均与已有的通史著作迥乎不同。造成这种不同的原因当然是

异常复杂，但其中重要的一点即因著者对于通史的方法论及历史哲学有自觉的深切的了解和主张，本书乃根据他所深切了解和主张的通史方法论及历史哲学写的。为行文便利计，本篇拟分为两层讨论：第一是著者的通史方法论及历史哲学，第二是全书的内容。

著者的通史方法论及历史哲学详见于铅印本的自序，这可说是一篇讨论这问题的杰作。全文内容得析为三分：第一分是批评过去通史的缺点；第二分是讨论写通史时的笔削标准——提要选材的标准；第三分是讨论统贯史事的范畴。讲到笔削的标准，笔者提出了五种：即（一）新异性的；（二）实效的；（三）文化价值的；（四）训诲的；（五）现状渊源的。序文中说："以上的五种标准，除了第四种外，皆是今后写通史的人所当自觉地严格地合并采用的"，这是著者的通史方法论。讲到统贯史事的范畴，笔者提出了四种，共分两类：（一）因果的范畴；（二）发展的范畴，内又包括三个小范畴：（甲）定向的发展；（乙）演化的发展；（丙）矛盾的发展。这是著者的历史哲学。在短短的四千言中，著者对于每种标准及范畴均有简单扼要的说明，文字明洁而有力，内容又异常丰富，在我所看到国人近十年来论述历史的方法和历史哲学的论文乃至著作，没有比这更精辟动人，更言简意丰的了。最令人佩服的是下面的几句话：

依作者看来，不独任何一个或两三个范畴不能统贯全部重要的史实，便四个范畴兼用也不能统贯全部重要的史实，更不用说全部的史实，即使仅就一个特定的历史范畴而论。

这和现在一般稗贩肤浅的唯物辩证法者仅仅以一个偏而不全的范畴（或观察），不但欲概括全部重要的史实，并欲概括全部的史实，乃至非历史的自然现象，当然更不限于一个特定的历史范畴。

真如司马相如《喻巴蜀檄》文中所说："人之度量相越岂不远哉！"写到此，忽然想起缪赞虞师《中国通史纲要》（二十一年出版）首册自序中讨论真正的史家和一般社会主义史家的差别，有下面对比的一段话：

> 史家之主观，其叙述皆有客观性，而彼则多向壁虚造；史家之主观务求合乎人心之公，而彼则多逞一人之私；史家之主观要在明其赜而观其通，而彼则多忽其大而举其细；史家于史事一秉大公，信而有征者从之，彼则惟择一二传疑乖异者以宣传其学说；史家先无成见，惟以事实为依归，而实事求是，彼则先有主义而以史事为其主义之奴隶；史家先无结论，虚心研究事实，结论犹未可必得，彼则先有结论，曲解或臆造一部分之事实以证明其结论。

这段文章的意义和批评的对象与上面所引著者的论断并不完全相同，但就批评一般根据唯物主义辩证法及唯物史观来衡论历史事实的著作论，两先生的话真是"异曲同工"。从前章实斋著《文史通义》，在那有名的《史德篇》里曾替写历史的人立下了一条准则，说史家最要紧的是："尽其天而不益以人"。史实原来是怎样，写史的人还他一个怎样，黾勉以求事实的真象和这事实本身应得的评价，绝不掺杂丝毫的私意和偏见，这就是"尽其天而不益以人"，实斋又称为"著书者之心术"，也就是章氏的所谓"史德"。两先生的话和实斋的主张在精神方面是一贯的，但反观现在一般拿历史做宣传工具的人，不尽其天惟益以人，所谓人，不是主义的偏见，就是个人的私意，他们的心术都是不堪闻问的，那里够得上谈什么"史德"？"滔滔者天下皆是也"，因了著者解释历史范畴的话使我联想到章、缪两人的名论，不禁感慨系之！

著者解释判断历史事实是否重要的五种标准，说来也异常动人，但末了著者只说到"它们的应用远不若它们列举的容易"，没有像论范畴那样加以综合的论断。我不自揣量要想在此地模仿著者附加几句综合的话。原来这五种标准似乎也和四种范畴一样，不独任何一种或三两种标准不能统贯全部重要的史实，便五种兼用也不能统贯全部重要的史实，更不用说全部的史实，即使仅就一个特定的历史范围而论。著者在序文中尝用"动的历史繁杂"（Changing Historical Manifold）一名词，我们形容史事的多面性和复杂性没有比这名词更确切的了。历史现象既是动的繁杂，因之任何一种重要的史事都可以有各种不同看法或解释，易言之，它的重要性可以同时用两种以上乃至五种标准来衡量——例如：孔子、墨翟等类的史实用新异性、实效、文化价值、训诲功用及现状渊源等五种标准均可，不，也许在此五种以外尚有他种衡量的标准可以显出此一史实某方面的重要性，《易传》上说"仁者见之谓仁，智者见之谓智"，就是这种意思。六年前我在学校念书的时候，曾修习缪师的《中国通史纲要》，他常常提到那书取材的标准，反复重言以申明之，似乎在著者所说的五种标准之外又有三种标准：

（一）主要潮流的标准。《中国通史纲要》首册自序中说："高中与大学普通科之国史，以说明古今各方面之重要潮流，示国家、民族、社会、文化、政治演进构成之真相为主，事之与全体历史无大关系者，一朝钜典阙之可也；虽有关系而历史潮流不必赖此事而始显者，略之亦可也。盖人事之演进虽无预定之原则，就已陈之迹而察之，又若有端绪可寻。"这端绪就是历史的主要潮流。序文中接着举了许多实例，末了又说："《传》曰：'圣人有以见天下之赜，而拟诸其形容，见天下之动，而观其会通'，编纂历史，其道亦若是矣。"这和张先生所说的"现状渊源"略有不同，因为历史上的主要潮流有些是过去了——例如西汉之外戚宦官——与现状并无渊源可言的。

（二）史心的标准。凡一时代的史实为同时代其他无数史实所从出，并足以说明此时代种种历史现象者，则此基本的史实可名之曰史心——历史的重心或中心。例如春秋战国时代之"列国的兼并"，和我们现在的抗战，这都是写史者所最宜注意的。

（三）变迁关键的标准。各时代的史实皆各有其特征，而从上一时代演变到下一时代，此两个时代之所以不同，又有它的重要关键，我们着眼于此种为两个时代的变迁关键的史实——例如汉魏以后的两晋混乱与南北朝对峙，以五胡入侵为一大关键是——则可以"通古今之变"了。

诚然，这三种标准也可以勉强的分属或并入于著者的五种标准之内，可是历史既是"动的繁杂"，有它的多面性和复杂性，可以从多方面去解释去观察，彼此着眼点既各有不同，所立的标准自不妨并存。我在著者所说的五种标准之外再介绍三种，或者更能深切了解"动的历史的繁杂"吧。末了，著者讲到"训诲功用的标准"时说："旧时史家大抵以此标准为主要的标准，近代史学的趋势是在理论上要把这标准放弃，虽然在事实上未必能彻底地做到。依作者的意见，这标准在通史里是要被放弃的，所以要放弃它……是因为学术分工的需要。"后面的几句话个人实在有点怀疑，人类的可贵莫大乎善用过去的经验，历史的记载则为人类过去经验的总汇。我们今天写短短的通史诚然不能也不应该再去效法《春秋》乃至《通鉴》，写成"人道要录""人事鉴戒""修身读本""资治课本"的样子；但史事的本身自有它的鉴戒或训诲功用乃至性质，我们只要客观忠实的写下来，这种功用和性质也就不期至而自至，不期显而自显。就我个人读史的经验说，屡读不厌的部分，每每能在字里行间领略到人生的滋味，即在我没想到在书中去寻训诲的时候。本书的叙述子产和墨子——尤其是墨子——就是个例子。历史就有如是的作用，我们的笔削时如何能将这标准放弃，即使是仅仅的一个小册。著者的铅印本（页二四八）中曾说："刘邦与项羽争天下的历史，读者欲知其详，可看司马迁《史记》的《项羽本纪》和《汉高祖本纪》，那是我国史籍中有数的文字。"我不知道这样的有数文字是否富有训诲的功用。石印本的短序中又说："思想的贡献和若干重大人物的性格，兼顾并详。"我们看作者叙述墨子时用那样的笔力，俨然有以墨道救中国乃至救世界的神气，不知作者选择那种材料时，是否也含有训诲作用的标准？话说多了，我的私见只是："这标准不特不可放弃，纵欲放弃也不可能。"

现在要开始讨论全书的内容了，我想最好引用石印本自序中"作者写此书时所悬的鹄的"来看它"实际的成就"：

（一）"融合前人研究的结果和作者玩索所得，以说故事的方式出之。"——这鹄的是达到了的，例如第一章讲商代文化，第三章讲楚的兴起等皆是。

（二）"选择少数的节目为主题，给每一所选的节目以相当透彻的叙述。"这鹄的也是达到了的，全书的叙述皆可以说明这一点。

（三）"社会的变迁、思想的贡献和若干重大人物的性格，兼顾并详。"书中讲社会变迁的，如第三章"周代的封建社会"，第五章"战国时代的政治和社会"；讲思想贡献的如第四章"孔子及其时世"、第六章"战国时代的思潮"、第九章"汉初的学术与政治"以及子产、孔子、墨子、秦始皇、汉武帝、王莽等等重要人物性格的描写，都可以证实这一点。

从前太史公做《史记》提出了三大鹄的：即"明天人之际，通古今之变，成一家之言"。刘子玄则说史家必兼才、学、识的三长，"有学无识如愚贾操金，不能殖货；有才无学犹巧匠无楩柟、斧斤，弗能成室。"曾子固的《南齐书序》——这是《南丰类稿》中有数的文字，也是旧史的最高典范论之一——又说："古之所谓良史者，其明必足以周万事之理，其道必足以适天下之用，其智必足以通难知之意，其文必足以发难显之情。"有了这种完备的条件，然后他所记者不独古人的陈迹，"并与其深微之意而传之，使诵其说者如出乎其时，求其指者如即乎其人"。我们评论近人的著作，当然不能也不敢拿这样伟大的标准来衡量。本书作者在铅印本自序中论判断史事的五种标准时，也有这样的话：

由于第三种标准，对于文化价值无深刻的认识的人不宜写通史；由于第五种标准，知古而不能知今的人不能写通史。再者要权衡的轻重臻于至当，必须熟习整个历史范围里的事实，而就中国史而论，这一点决不是个人一生的力量所能做得到的。所以无论对于任何时代没有一部中国通史能说最后的话，所以写中国通史永远是一种极大的冒险。这是无可如何的天然限制，但我们不可不知有这种限制。

但就作者所悬的三个鹄的而论，这册书是确确实实的达到了。馀如叙述的具体与扼要，行文的流利和秀美，以及到处流露着出人意表的剪裁和目光如炬般的论断，虽说是薄薄的一本小册，在现代的出版界中已占了不可多得的地位，作者的才、学、识也确实令人钦佩。因为原书具在，稍有国史素养的人读了自能领会并发现它的优点，我不一一列举了，现在只略述我对本书的一些意见：

（一）石印本三十页谈到筮法，"筮的时候，取五十茎蓍草加以撒弄，以得到某一卦，再加以撒弄，看这一爻中那些爻有变"云云，这"再加以撒弄"五字似乎是错了。原来筮卦的方法系将五十茎蓍草加以三次的撒弄，即得到"三十六"（老阳）、"三十二"（少阴）、"三十八"（少阳）及"二十四"（老阴）四个馀数中的任何一个，即得到一阴爻或一阳爻。经过十八次的撒弄，得到六爻，就成一卦，《系辞》所谓"十有八变而成卦"也。至于卦中的那些爻有变，则在最初十八次撒弄时既已决定（凡所求得是少阴、少阳爻则不变，老阴爻则变少阳、老阳爻则变少阴），例如遇观之比，乃第四爻老阴变为少阳，遇乾之离，乃第三与第五爻老阳变为少阴，并非得到观卦、乾卦后再加以撒弄，看其中那些爻有变乃如得到遇乾之比与遇乾之离也。从《左传》孔疏、朱子《周易本义》到黄以周《礼书通故》中的"卜筮通故"，皆系如此说法——也只有这一种说法。又八四至八六页说："《周官》的政治理想在基本观念上是与《孟子》一致"，因而"推测《周官》的作者的时代当在孟子之后，而且是受到孟子的影响"，接着列举了五个证据。依我看来，这几个证据都不很可靠，并且要列举同数乃至倍蓰的反证也并不困难，因为这问题说来很繁，姑略而不谈；但《周官》的作者的时代问题不易轻轻断定，这是可以断言。上面所说的两点皆石印本有而铅印本无，想系作者最近加入。又如石印本二十七页详说大武的六成并表列相配的歌词，这是根据《乐记》孔疏及王静庵先生《周大武乐章考》的，似乎太专门了一点（铅印本亦无之）。铅印本《秦的兴亡》一章在石印本分为《秦始皇与秦帝国》及《秦汉之际》两章，后一章的叙述头绪似稍嫌纷繁，与他章体例亦不甚相配。凡此种种，似乎后出的石印本尚不如付印在前的铅印本。

（二）本书以商朝为出发点，夏朝等等则概目为传说。其实夏朝的存在确系实事，不是传说。著者推尊墨翟，墨翟即专尚夏道，崇拜大禹。我们当然说墨子不是史家，推尊墨翟不必相信他崇拜的大禹，正如"有为神农之言者许行"，现在信奉许行学说的人并不信有神农一样。但周书中《召诰》《多士》《多方》诸篇皆以夏、殷并言，不独周人以夏为殷鉴，或以夏、殷为鉴，凡周人诰诫殷人，讲到周的灭殷，必先与殷的灭夏为比，足征殷前有夏，且此夏为殷所灭实为殷人所共知共晓。《多士》说："惟尔知，惟殷先人有典有册，殷革夏命"，则殷的伐夏，殷人尚有典册的记载，为殷人和周人所及见。商代的甲骨文和典册的记载不但是一种平行的东西，当时的价值后者亦远在前者之上（忆精研甲骨文的唐兰先生序某先生的《殷契佚序》亦有如此主张），今讲商史，专据甲骨，而置周初人尚见及的典册于不议不论之列，且将殷人确认灭夏的夏代放入传说的范围，私衷总觉不安。我曾在《学衡》杂志中读过著者批评某先生古史学说的宏论，现在我并不想重新提出这类问题，夏以前的五帝等等我也不欲去讨论，我所不能已于言者只因历史上的时间和地理上的空间有同样的重要。从清季到今天我们国土损失了多少，若在一般通史读物中再自动的削去若干朝代，影响所及岂独有心人私衷不安而已。

钱穆先生在他的《国史引论》里曾说过："中国为世界上历史最完备之国家，然中国最近乃为其国民最缺乏国史智识之国家"，这其中原因之一实由国史良好读物的缺乏。张先生这册书是一本良好的读物，我敬以诚挚的心情向读者介绍；同时不但希望作者赶快将全书杀青付梓，并切盼史界先进多编几部通史以应国民的急需。至于我微末的私见如有错误，渴望作者及读者先生们赐教！

（原载重庆《文史杂志》第 2 卷第 2 期，1942 年 2 月）

# 评张荫麟先生《中国史纲》（第一册）

陈梦家

出版兼发行：贵州遵义浙江大学史地教育研究室，史地教育丛刊之一。三十年五月初版，一一四页共十万言。

这是我最近所看到历史教科书中最好的一本"创作"。我们称此篇创作以别于从前许多以抄录为主的教科书，它们重复前人所犯的错误，忽略近人新立的学说。这本书的作者既详细利用所有的材料，并且遵守若干预立的原则，有条不紊地把融化了的史实用清楚明白而动人的文字写出来，使读者在优美的行文中浏览古代社会的大略，所以我名之为"创作"。

这部书的第一册属于上古史范围，述商至秦汉之际共分八章。第一章述商与周的兴起，附商以前有传说可稽的四五百年。作者用五千字来作商代文化的缩写，据笔者所知，这是一篇最可满意的描写。第二章以封建制度为纲目，述周帝国的组织，奴隶，庶民，都邑，商业，家庭，士，宗教，卿大夫及帝国的崩溃。第三章述春秋五霸的兴起与各霸主。其次述战国以前两个转捩时代的大人物，一是子产，一是孔子。子产附于第三章，为孔子独辟第四章详述其一生历史和他在教育上和政治上的贡献。第五章述战国时期政治与经济和其间特异的人物。第六章的战国思潮可以说是先秦思想的缩写。第七章秦始皇与秦帝国的成立。第八章秦汉之际，述秦之亡与楚汉之争以迄汉之统一。

评张荫麟先生《中国史纲》（第一册）

　　笔者并非专攻历史的，但因为此书已发表的部分只限于汉以前，正是笔者所研究的古器物和古文字所包含的时代，所以在极高兴的情绪下读完此书，很愿意就其所知贡献一点感想。我以为我们要把一国民族的历史写出来，最重要的目的乃在"复原"，即是复原古代的事物和人在这些事物上所表现的，和这些事物影响于当时的人的。历史本是重"写"与重新"复原"，我们判断某一本写出来的历史的好不好，至少有一个标准是少不了的，即是考求这本历史是否和当时的事物相接近。当然，写出来的历史必不能与当时的史实完全符合，但只求其相近似而已。我们以为写历史要有创作的精神者，并非说作者要有创作文学的精神（虽则本书作者的行文远过目下流行的文学创作），乃是要作者如何凭藉种种材料在合理的方法下去"复原"。复原的主要的工作至少有三部分：一是如何慎重甄别与选择所用的材料，二是如何利用这些材料而选择若干"要点"以表现当时整个的面目，三是当史料缺乏不全时如何用合理的推论去弥补这些空隙。我们拿这三点来看这部书，感觉非常的满意，就材料而论，这本书的文献的材料除了很少的例外都用在适当的程度上。除文献外，这本书已尽量地利用古器物的材料，而且所举出的例子都是读者所易于了解的。商文化的缩写，大部分依据出土的殷代遗物。西周历史中作者也举了不少铜器铭文以为助证。关于"要点"的选择，作者的理论以为考验史实的重要与否有四个兼顾并用的标准：（1）新异性，即内容的特殊性；（2）实效，即史事所直接牵涉和间接影响于人群的苦乐的程度；（3）文化价值，即真与美的价值；（4）现状渊源，即追溯现状所由发生的本源。作者在此书中"选择少数的节目为主题，给每一节目以相当透彻的叙述"，而在叙述中扼要地把整个的社会表现出来。我们读到此书所叙春秋战国的争霸与交攻，在主要的史实以外，我们同时看到各个霸主和诸侯的个性，各国地理上的优势或劣势，各国所以致胜的人才的和经济的关系。在普通的通史中，往往容易流入两种弊病：一是偏狭，一是援用不能成立的假设。在这部书中，可以没有这个危险。我们应用已有的史料来"复原"古史，一定免不了材料缺乏之虞，如此必须利用情理和推论来补足它。如此书第三章第三节推论小国对于依附的霸国所负的义务，第五章第四节论"斩山填谷"的交通的改进与军事的影响，从两个传说中得其消息，这些都是十分准确的。

除了上述几点以外，本书还有其他的优点：这本书援引"原始文件的载录，力求节省"，偶或加以简明的解释，使读此书者没有不了解的地方。这本书行文清楚而优美，杂以适宜的当时文学作品，增加读者的兴趣。这本书"融会前人研究结果"，尤其是近来学者间关于古史的种种意见，都融入书中。这本书中有不少是作者自谦为"玩索所得"的新见解。

这本书从商代讲起，是我们所赞同的，因为我们有丰富的商代直接史料（实物也在内）来复原商史。早于商（严格地说早于成汤或早于盘庚）的诸代历史，至今甚为茫昧，只有一些不足为据的传说和神话。从前王国维以为"研究中国古史为最纠纷之问题，上古之事传说与史实混而不分，史实之中固不免有所缘饰，有与传说无异；而传说之中亦往往有史实为之素地，二者不易分别"。上古史断自商代始，就是根据无缘饰的史实而暂时搁置那些有史实为素地的传说。夏曾佑的上古史首先分别此二者，所以在他的第一篇内名春秋战国为化成期而名此以前为传疑期。传疑期中则以伏羲氏、女娲氏、神农氏为"上古神话"。夏氏这种安排仍然不能避免一种误会，即这些神话中的帝王其时代早于有史的帝王，这些神话的帝王或许是真实的人物。这本书第一章为《中国史黎明期的大势》，于商代文化以次附述尧、舜、禹、黄帝的传说，我们以为各种史料应该把在它适宜的地位内，最好移此节于第六章战国内。原来这些太古神话当然有不少有史实为之素地，而且这种神话与传说本有其神话或传说的价值，虽则他在史料的甄别上是受摈斥的。它们出现于战国，乃战国的史学家所构成的上古史系统，我们对于三礼的价值亦同此。作者在第六章第四节中讲"孟子、许行及《周官》"，以为《周官》的作者是战国人，晚于孟子而与孟子的学说同属一系，又说《周官》一书是一无名作者"对周制的智识和他的社会理想交织而成的"，这种看法是非常正确的。《周官》中确乎有不少真正的周制，我们可以由周代的铜器铭文得佐证。《周官》的组织很明显的是一种理想。我们可以作者处置《周官》的方法同样的处置上古神话传说，因为它们有些是战国时所遗存的上古史的记载而加以当时人对于太古的理想为渲染，再加上当时人的历史观（如五帝德等）混杂而成的，所以最好把它放在战国。同书第六章第五节于庄周之后说《老子》这本书，作者说"战国时期这书中所具的学说已成为显学，而书中的话屡为《庄子》所引，那么这学说当有一部分产生于庄周著书以前，也许有一部分是承袭孔子同时的老聃的"。所谓《老子》当时已为显学，或系指《韩非子》中的《解老》《喻老》，这两篇据近人的考据非韩非原作，也许构成略晚。《庄子》这本书并不与庄周同时，犹《老子》这本书不与老聃同时。今本《庄子》有一部分或系庄周所作，有一部分或系与庄周同时同派的人所作，有一部分或系战国以后的人所作。所以，我们可以把《老子》放在庄周其人之后，属于战国的最晚期，较为妥当。同书第二章第七节括弧内云"卦爻辞皆西周初的作品"，也不大妥当。《易》的卦爻辞其中固然包含西周初年的史迹，但它的构成和其大部分的内容都在西周初年以后。又第一章所引《牧誓》恐怕也不是西周开国时的作品。

这本书所选的要点，以上已略略提到了。"整个的"面目的表现，当是这部《史纲》所希望达到的。作者说"这部中国史的着眼点在社会组织的变迁，思想和文物的创辟，以及伟大人物的性格和活动"。作者于序中也以"社会的变迁，思想的贡献，和若干重大人物的性格"的同时表现完备为此书所悬三鹄的之一。我们回看上述八章略目，可见此书如何以"人"与"事"并重兼顾了。这一册至少有两个明显的特征：一是特意注重伟大人格的叙述，其中如纯粹的思想家和当政者而兼为思想家的，占据此册大约四分之一的篇幅。一是特意注重封建社会的组织，以此剖析周代社会并述其演变的大势。有人也许以为用这些篇幅去叙述思想家，不是太多吗？我们以为如其要减少这方面的篇幅，不如扩张其他的方面，作者本不想对于上古史有太详细的描写，但是读者们还是希望作者可以更充实一点纯粹史事的材料。

战国时期至少有四种势力改变当时社会的性质：（1）是社会组织的变更；（2）是外族文化的侵入；（3）是新智识阶级的兴起；（4）是经济的进步和交通的发达。这四者又是互相影响的，作者于此四者都有详细的分析与叙述。作者对于周代则以"封建社会"为主题而分析之，是本书的精彩部分。春秋的争霸、战国的交攻，可以说是封建制度崩溃的影响，然而一直到秦汉大一统的局面才是这个制度真正灭亡的时期，不但如作者所说"周代的社会组织可以说是中国社会史的基础"，并且是整个上古史的基础。作者说"这个封建帝国的组织在大体上是以氏族为经家族为纬的"，他并且以家族的命运来解释以家族为经纬的封建帝国的命运，都是十分正确的。但是我们以为封建制度并不是周人所创制，作者既已指明封建社会与家族的关系，其崩溃犹如大家庭的分子愈传而愈疏而互为仇敌，因此我们可以理解封建制度是较古的政制，其时国家的范围不大，"国"与"家"的关系极其密切，等到人口繁众地域广大以后，这个制度自然会发生动摇的。我们似乎可以把这个制度再推上一步，即是当商代时或已有之。封建制度的要素如作者所述是王室下有宝塔式的封君，封君即是诸侯，或同姓，或异姓。传说诸爵有五等，我们由商卜辞中所见则有公、侯、伯、子、男、甸等爵，商王出征，往往率诸侯同行，如《殷虚书契续篇》卷三百十三之一云"乙丑王卜贞……余其尊遣告侯甸册□方羌方羞方庚方，余其从侯甸迮戈四邦方"，又武丁时其诸子往往从边地遣人入告边鄙的纠纷，是武丁诸子或有被封于外的可能，我们据此怀疑当商世或已有封建了。作者说："周朝的旧国当中从没有听说是商朝后裔的，而唯一奉殷祀的宋国却是周人所建，可知王子分封之事在商朝若不是绝无，亦罕有。"我们的解释是，商王子孙封侯之事之所以不见于载籍，一则是整个西周的记载甚为阙略，二则是三监与武庚叛周时周公曾有过一次更大的扫荡，此在铜器铭文上名之为"后克商"，商同姓诸侯在此时铲除殆尽。当商周之际，周的文化远不及商，所以它无往而不袭用商制，如周人的"天"事实上是商人的帝。商人的官制如马、亚、大右、左射（武官之属），师、尹、小子、小臣（教官之属），史、大史、卿史、祝、卜（史官之属），辟臣、士、州臣、耤臣等大部分又重现于西周金文中。又如西周金文中所见周人祭名衣、禘、燎、烝、□、酌等又都是直袭商制，极为明显。凡此皆足见"周因于殷礼"的信而有征。

以上是我读了这部书的一些感想，其余有一二小问题的商榷，我想不再一一说了。由于笔者所学的甚为偏狭，对于此书的批评不能无所囿，是要请作者和读者原谅的。最后，我愿意慎重地介绍这本书给两种人读，凡是高中学生愿意读到一本最好而有兴趣的中国史，请先读此书；凡是高中以上的人已经读过了别人的中国史，希望对于中国史得一新而正确的鸟瞰者，亦请再读此书。除此以外，凡是研究上古史的人们，也无不欢迎此书的出现。在此三年内，我们看到三部新出版的通史，此书是其一。其余两本，一是钱穆先生的《国史纲要》（商务印书馆出版，上下两册）；一是顾颉刚先生的《上古史》（云南大学讲义，分章载《文史杂志》）。这两部书都是值得读者们再去参考的。钱氏的广博而多新见解，可以作中国通史的纲目看。顾氏和张氏此书同以"说故事的方式"出之，令人读之津津有味，而每章之末附有详细的注脚，以便有志深入者进一步探求，尤为特色。四年以前，笔者与钱氏同在蒙自，因为看到他的《上古史纲要》而希望他写出一整部《国史纲要》，这个愿望到底达到了，对于有志史学者真是嘉惠不浅。张氏蓄志作此书远在七七抗战前二年，连年东西奔波还是继续写成，我们认为都是史学家在抗战期中光荣的贡献。

三十年十二月杪昆明龙泉镇

**编者按语**

本社创立之时，张荫麟先生力主尽扫近人互相标榜及无端诋毁之积习，冀以培养忠实平恕之风气，凡论文或通讯中有涉及私人饮酬语者悉予删除，于当代人物尤力避称美阿谀之辞，此意为同人所一致赞成。本刊前曾收到《中国史纲》之书评二篇，荫麟先生即主张不登，以免自誉之嫌，其用心良苦。其一为翟君所作，系缪赞虞先生所介绍，已经退还（后在《文史杂志》发表），一即是篇，为编者搁置一年之久。今荫麟先生既殁，特征编辑部之同意，刊载于纪念号，幸读者鉴之。

张其昀敬识，三十一年除夕

（原载《思想与时代》第 18 期，1943 年 1 月）

# 评张荫麟《中国史纲》（第一册）

童书业

张荫麟先生著《中国史纲》，为当代史学一名著，二十九年，由重庆青年书店初版刊行。吾人所得者，为三十三年七月青年书店再版本，其书起于三代，终于东汉中兴，题名《东汉前中国史纲》。

是书之内容，虽疏误极多，然综论大势，往往有出人之见解。且所述之古史轮廓，颇见正确，立论既不偏于疑古，亦不固执而信古；既有丰富之史学知识，又具通贯之史学眼光；深入浅出，人人能解。在当代通史作品中，允称佳著。

吾人绎读之余，除佩其见解精到外，于其疏误之点，亦略加校记，凡得数十条，近复得浙江大学三十年五月出版之改订本，题为《中国史纲》（第一册），起三代，迄秦亡汉兴。其原本中疏误之点，已自动校正若干处，而新加之文字中又有新误。爰就其"考据上之疏误"及"叙述上之疏误"分别略论如次：

## 一、考据上之疏误

有穷氏以鉏为根据地，当启于太康时，攻占了夏都（时在斟鄩），以后统治了夏境至少有六七十年，太康逃居于外，有穷氏以次立其弟仲康及仲康子后相为傀儡，后相继被窜逐，追杀。（页八）

案：《左传》言羿自鉏迁于穷石，因夏民以代夏政，未云在太康时，亦未有攻占夏都之事。有穷氏统治夏境至少六七十年，于古籍并无明文。有穷氏废太康而立仲康及后相等事，皆无确据。此节之说盖述自伪《古文尚书》及后儒臆见。

成汤的先世累代为部族长，他的先十四代祖契与禹同时，以蕃（今河北平说山附近）为根据地。（页八）

案：契所居之蕃在今山东滕县，王国维考证甚确，平说山之说恐不可从。

后来商朝亡后，王弟箕子能避入朝鲜而历世君临其地。（页八）

案：《论语集解》引马融曰："箕子、比干，纣之诸父。"王肃说同。服虔、杜预以为纣庶兄。高诱注《淮南子》以为纣无庶兄，注《吕氏春秋》以为纣诸父，而无"王弟"之说。

相土以后二三百年间，商人的事迹无闻，也许这是他们的中衰时代。到了成汤，才复把商人带领到历史上。（页八）

案：相土后有王亥、上甲微，皆商之名主。卜辞祭王亥以牛三百，称为"高祖"。《山海经》《竹书纪年》并纪王亥事。卜辞又称"自上甲至于多后"。《国语》："上甲微能帅契者也，商人报焉。"《楚辞》："昏微遵迹，有狄不宁。"王亥、上甲微勋业至隆，安得谓"事迹无闻"及"中衰"乎？

至古公亶父（后来追称太王）原居于豳……古公在豳，还住地穴，其时周人的文化可想而知。迁岐之后，他们开始有宫室宗庙和城郭了。（页九）

案：公刘在太王之前，而《笃公刘》之诗曰："京师之野，于时处处……笃公刘，于京斯依，跄跄济济，俾筵俾几，既登乃依，

乃造其曹，执豕于牢，酌之用匏……"郑《笺》："乃见其可居者
于京，谓可营立都邑之处。""厚乎公刘之居于此京，依而筑其宫
室。"崔东壁《丰镐考信录》云："自公刘居邠，至太王已十余世
矣，必无未有家室而尚穴居之理。况《公刘》一诗所称几筵、鞞琫、
厉锻之属，服用盛备，亦绝不似穴居者。……疑太王去邠之后，先
暂居于沮漆之上，陶复穴以栖身，迨定居岐山，始筑宫室耳。"书
业旧作《中国疆域沿革略》辨之曰："古公亶父如即太王，则太王
已能翦商，何必避狄？……公亶父陶复陶穴。而公刘已筑有都邑宫
室，似公刘尚在亶父之后。然公刘自杜徂漆，既在民之初生之时，
似又在公亶父之前。岂《公刘》之诗为后人所述，其间有不可信者
在乎？"今张先生既认古公亶父即太王，而又谓"迁岐之后，他们
开始有宫室宗庙和城郭"。复不辨《公刘》之诗，殊嫌疏略。

淮夷自前五一五以后，不见于历史，其结局无考，大约非被灭
于吴，则被灭于越。（页十五）

案：《后汉书·东夷传》云："后越迁琅玡，（淮夷）与其征战，
遂凌暴诸夏，侵灭小邦。秦并六国，其淮泗夷皆散为民户。"据此，
淮夷不得云"结局无考"。亦不得遽断为"非被灭于吴，则被灭于越"。

县的名称一直沿到现在，在春秋时似乎还只秦、晋、齐、楚等
国有之……齐国在春秋时有县的惟一证据，乃在灵公时代一件遗器
（齐侯镈钟）的铭文，内记灵公以三百县的土地为赏，显然齐国的
县比晋、楚等国的县小得多。（页三十二）

案：春秋县制，略分两种：一为大县，即县郡之"县"，如楚、
秦、晋等国之县是也。一为县鄙之"县"，其区域极小，如齐灵公
赐叔弓"其县三百"之县，恐属此类。《齐侯镈钟铭》并非春秋时

齐国有县之"惟一证据"，古书中尚载有较大之齐县，惟多不可信。可信据之记载，如昭二十年《左传》："县鄙之人，入从其政；偪介之关，暴征其私。""县鄙"者，国都郊外之地，《国语·周语》："国无寄寓，县无施舍。""国有班事，县有序民。""国"者国都，"县"者郊鄙也。县鄙之"县"，春秋诸国盖皆有之，如《左传》昭四年："（鲁申丰曰：）山人取之，县人传之"，则鲁亦有"县"也。张先生谓春秋时惟秦、晋、齐、楚等国有县，而又不别两种县制，皆失考。

直至春秋末年，最大的晋、楚两国，其兵力不过四千乘左右。（页七十）

案：张先生此说之误，盖据鲁昭十二年，楚灵王曰："今我大城陈蔡不羹，赋皆千乘。"子革曰："是四国者，专足畏也。"杜《注》："四国，陈蔡二不羹。"及十三年平丘之会，晋"治兵于邾南，甲车四千乘"，叔向曰："寡君有甲车四千乘在"等语。不知晋之兵力是时至少近五千乘，《左传》昭五年，"晋人若丧韩起、杨肸，五卿、八大夫辅韩须、杨石，因其十家九县，长毂九百；其余四十县，遗守四千（杜《注》：计遗守国者，尚有四千乘）"可证。至楚之兵力，四县已有四千乘，再加中央及其他地方武备，亦决不止四千乘也。

六国的外交政策，不出两途，即所谓合从（纵）和连衡（横），或简称从和衡。依韩公子非在他的遗书里所下的界说：从者，合众弱以攻一强也；衡者，事一强以攻众弱也。所谓一强，不用说是秦国了。秦在西方，六国皆在其东，六国中任何一个与秦国的结合是东西的结合；东西为横，故称连衡。六国共相结合，是南北的结合；

南北为纵，故称合从。（页七十二）

案：合从连衡之策非专对秦者，凡合众弱以摈一强，皆谓之"合从"；事一强以攻众弱，皆谓之"连衡"。韩非之说允矣！《史记·六国年表序》云："三国终之卒分晋，田和亦灭齐而有之，六国之盛自此始。务在强兵并敌，谋诈用而从衡短长之说起。"盖从衡之说早已有之，故《吴起传》云："起……相楚……要在强兵，破驰说之言从横者。"是时秦犹未强而已有"从横"之术。《乐毅传》云："诸侯害齐湣王之骄暴，皆争合从，与燕伐齐"，则伐齐亦得称"合从"；从横不专指对秦明矣！

前三一八年，六国第一次合从攻秦，以楚怀王为从长。但实际上参战的，只有韩、赵。次年这两国的兵给秦大败于修鱼。（页七十三）

案：前三一八年为周慎靓王三年。据《史记·六国年表》即秦惠王后元七年，魏哀王元年，韩宣惠王十五年，赵武灵王八年，楚怀王十一年，燕王哙三年，齐湣王六年（案：实为齐宣王二年）。《表》于秦书："五国共击秦，不胜而还。"于魏、韩、赵、楚、燕皆书："击秦不胜。"《秦本纪》："（惠王后元）七年……韩、赵、魏、燕、齐帅匈奴共攻秦，秦使庶长疾与战修鱼，虏其将申差。败赵公子渴、韩太子奂，斩首八万二千。"《魏世家》："哀王元年，五国共攻秦，不胜而去。"《韩世家》："（宣惠王）十六年，秦败我修鱼，虏得韩将鲣、申差于浊泽。"《赵世家》："（武灵王）八年，韩击秦，不胜而去。……九年与韩魏共击秦，秦败我，斩首八万级。"《楚世家》："（怀王）十一年，苏秦约从山东六国兵攻秦，楚怀王为从长，至函谷关。秦出兵击六国，六国兵皆引而归，齐独后。"《燕世家》："燕哙三年，与楚、三晋攻秦，不胜而还。"
《史记》诸篇参差殊甚，《秦本纪》出自"秦记"，当最可信，据
其所述，此次合从者为韩、赵、魏、燕、齐五国及匈奴（即义渠？），
且确有合兵"攻秦"之事，惟韩、赵二国兵独大败耳。至"楚怀王
为从长"盖出《苏秦传》说，《苏秦传》说本为子虚乌有之事，近
人辨之已详矣。

前二九六年，齐遂领着三晋和宋合从攻秦，秦人竟不敢应战。
（页七十四）

案：据《秦本纪》尚有中山一国。

（齐）湣王出走……结果为莒人所杀。别国的兵饱掠赐归后，
燕军继续前进。五年之间，把整个齐国的七十余城，除了莒和即墨
外都占领了，并且列为燕的郡县。（页七十四）

案：《史记·田敬仲完世家》，"湣王……走莒，楚使淖齿将
兵救齐，因相齐湣王，淖齿遂杀湣王，而与燕共分齐之侵地卤器。……
淖齿既以去莒，莒中人及齐亡臣相聚求湣王子，欲立之。……于是
莒人共立法章，是为襄王，以保莒城。……"则杀湣王者楚将淖
齿，非莒人公意也。又案：破齐之役，主其事者实为秦、赵二国，
燕不过乘间复仇耳（另有考证）；当燕军深入之际，秦、赵仍未攻
齐，齐国未沦陷之土尚多。《赵世家》："（惠文王）十五年，燕
昭王来见，赵与韩、魏、秦共击齐，齐王败走，燕独深入，取临淄。
十六年，秦复与赵数击齐，齐人患之。苏厉为齐遗赵王书……于是
赵乃辍谢秦，不击齐。王与燕王遇。廉颇将攻齐昔阳，取之。……
十九年，赵奢将攻齐麦丘，取之。二十年，廉颇将攻齐。"若是时
乐毅已尽下齐城，惟余二邑，则赵所伐取之齐地何来？齐以二邑之

地仍能抗二国之师而不亡？此皆事理之必不可通者。考《战国策·齐策》："（邹忌）入朝见威王曰：'……今齐地方千里，百二十城。'……"林春溥《战国纪年》云："况宣、湣以来，取燕灭宋，割楚淮北，西侵三晋，拓地愈广，而谓七十余城之外惟余莒与即墨，其他别无可取，岂其然乎？"杨宽正先生以为齐有五都，莒、即墨为其二，惟余莒、即墨未下者，谓二都未下，非谓仅二邑未下也。

秦将白起出汉中，攻破鄢郢，把楚先王陵墓的宏伟建筑付之一炬，楚兵溃散不战，楚王狼狈迁都于陈国的故城，后来还不放心，又迁都于寿春（今安徽寿县）。秦兵破鄢郢之后，即把它占领置为南郡。（页七十五）

案：《史记·秦本纪》："（昭襄王）二十八年，大良造白起攻楚，取鄢、邓，赦罪人迁之。二十九年，大良造白起攻楚，取郢，为南郡。"《楚世家》："（顷襄王）二十年，秦将白起拔我西陵。二十一年，秦将白起遂拔我郢。"《六国表》楚顷襄王二十年："秦拔鄢西陵。"二十一年："秦拔我郢"。秦昭襄王二十九年："白起击楚，拔郢，更东至竟陵，以为南郡。"据此，鄢自鄢（鄢与西陵相近，并在宜城附近，别有详考），郢自郢，置为南郡者乃纪郢（江陵，即"郢"），非鄢郢（宜城即"鄢"）也。或以为战国时楚都鄢郢，不都纪郢，其说不可信（参看书业所著《楚王熊章钟铭"西阳"解》，上海《中央日报·文物周刊》第七十三期）。又案：楚迁寿春在考烈王二十二年，距顷襄王二十一年东保陈城，凡三十八年，二事亦不能并为一谈也。

墨子的出身无疑地是窭人子。（页八十二）

案：墨子为宋大夫，且有"宋信子罕之计而囚墨翟"事，其出

身当为公族，不能为"婴人子"也。（别详我等所作《墨子姓氏辨》，国立北平研究院《史学集刊》第二期）

太后的姘夫嫪毐在咸阳反叛……并且株连到吕不韦，将他免职，逐归本封的洛阳，过了两年，又把他贬到蜀郡，在忧忿夹攻之下，不韦服毒自杀。（页九十四）

案：《史记·秦始皇本纪》："十年，相国吕不韦坐嫪毐毒免。……十二年，文信侯不韦死，窃葬。"《索隐》："按不韦饮鸩死，其宾客数千人窃其葬于洛阳北芒山。"《吕不韦列传》："秦王七年十月，免相国吕不韦……而出文信侯就国河南。岁余，诸侯宾客使者相望于道请文信侯。秦王恐其为变，乃赐文信侯书曰……其与家属徙处蜀。吕不韦自度，稍侵，恐诛，乃饮鸩而死。"《集解》："骃案：《皇览》曰：不韦冢在河南，洛阳北邙道西大冢是也。"《六国表》秦始皇帝十年："相国吕不韦免。"十一年："吕不韦至河南。"十二年："吕不韦卒。"据此：吕不韦虽有迁蜀之诏，而未实行迁蜀即死也。《太史公自序》云："不韦迁蜀，世传《吕览》。"盖发愤之言，非史实。

## 二、叙述上之疏误

周公以成王命，把殷旧都及畿辅之地封给武王的少子康叔封。（页十一）

案：康叔封非武王子也。

前四八四吴国、鲁国和王师伐齐，俘齐国甲车八百乘，甲士三千人。（页十八）

案：此当指鲁哀十一年吴齐艾陵之战。是役，《春秋·经》书：

"五月，公会吴子伐齐。甲戌，齐国书帅师及吴战于艾陵，齐师败绩，获齐国书。"《左传》云："为郊战故，公会吴子伐齐。五月，克博；壬申，至于嬴。中军从王，胥门巢将上军，王子姑曹将下军，展如将右军；齐国书将中军，高无平将上军，宗楼将下军。……甲戌，战于艾陵，展如败高子，国子败胥门巢，王卒助之，大败齐师，获国书公孙夏闾丘明陈书东郭书，革车八百乘，甲首三千，以献于公……"《国语·吴语》："吴王夫差既退于黄池，乃使王孙苟告劳于周，曰……今齐侯壬不鉴于楚，又不承共王命，以远我一二兄弟之国，夫差不贳不忍，被甲带剑，挺铍搢铎，遵汶伐博，簦笠相望于艾陵，天舍其衷，齐师还。夫盖岂敢自多，文武实舍其衷。"据此：艾陵之役绝无周王之师参加在内，张先生盖涉《左传》"王卒"（吴王之卒）二字而误也。

前六六一，宋国向楚人赎那"睅其目，皤其腹"的华元，用兵车百乘，文马百驷。（页十九）

案：《左传》宣二年："宋人以兵车百乘，文马百驷，以赎华元于郑"。非"向楚赎人"也。

社神的来历是怎样的？……现在都不得而知。（页二十九）

案：《左传》昭二十九年，《国语·鲁语》《礼记·祭法》皆言后土句龙为社，汉人又言禹为社，则社神之来历不得谓不得而知也。

春秋时代的第一个鲁君隐公就是一位佞巫者。他未即位之前，曾做过郑国的俘虏，被囚在尹氏家中；这家有一个著名灵验的钟巫，他买通尹氏，私去祈祷，后来郑人把他放归，他便把钟巫都带到鲁

国来。（页三十）

案：《左传》隐十一年："公之为公子也，与郑人战于狐壤，止焉，郑人囚诸尹氏，赂尹氏而祷于其主钟巫，遂与尹氏归，而立其主。"此言隐公为郑人所俘，郑人囚之尹氏，隐公私赂尹氏，祷于钟巫，而与尹氏私逃归鲁，非"郑人把他放归"也。否则"赂""祷"何为邪？

前四九三晋国伐郑，军中曾出过这样的赏格：克敌者，上大夫受县……（页三十二）

案：此谓鲁哀二年晋郑铁之役。《左传》云："齐人输范氏粟，郑子姚子般送之，士吉射逆之，赵鞅御之，遇于戚。"是为晋人御郑，非晋人伐郑也。《史记·郑世家》云："晋范、中行氏反晋，告急于郑，郑救之，晋伐郑，败郑军于铁。"乃《史记》之误。

灭莱是齐国史中一大事，不独此后齐国去了一方的边患，不独此后它的境土增加了原有的一半以上……（页三十八）

案：莱为东夷小国，齐灭莱后，境土不能增加原有一半以上。

吴师……遂攻入郢都，楚平王逃奔于随。……平王复国后，把国都北迁于鄀……（页四十五）

案："平王"当作"昭王"。

公山不狃不待季孙氏动手，先自发难，率费人袭入都城，定公和三桓仓皇躲进季孙氏的堡中，被费人围攻着，叛徒快到定公身边了，幸亏孔子所派的援兵及时赶到，把费人杀败。……（页五十六）

案：《左传》定十二年："季氏将堕费，公山不狃、叔孙辄帅费人以袭鲁，公与三子入于季氏之宫，登武子之台，费人攻之，弗克。入及公侧。仲尼命申句须乐顾下伐之，费人北……"据此："孔子所派的援兵及时赶到"云云似有语病。

子夏做过晋大夫魏成子即后日魏文侯的老师。（页五十八）

案：魏成子乃文侯弟，非即魏文侯也。

宋……在被灭之前已是一个拥有五千乘兵力的四千里之国。（页七十四）

案：宋被灭时只有"五千乘"之兵力，安得有"四千里"之土地？

东郡（河北山东毗连的一带）落了一块陨石，就有人在上面刻了"始皇死而地分"六个大字。（页一百）

案：《史记·秦始皇本纪》："五年，将军骜攻魏，定酸枣、燕、虚、长平、雍丘、山阳城，皆拔之，取二十城，初置东郡。"《魏世家》："景湣王元年，秦拔我二十城，以为秦东郡。"《六国表》秦始皇帝五年："蒙骜取魏酸枣二十城，初置东郡。"酸枣在今河南延津县附近。燕，《正义》以南燕国解之，则在河南汲县附近。长平在今河南西华县。雍丘在今河南杞县。山阳城在今河南修武县。诸地皆在今河南省。盖东郡地介今豫晋冀三省也。又案：《史记·秦始皇本纪》："三十六年，荧惑守心，有坠星下东郡，至地为石，黔首或刻其石曰：始皇帝死而地分。"则有七字，不得云"六个大字"也。

次年（笔者注：许降楚后），齐以大军伐郑，郑人杀其君以求

和于齐。（页三十九）

案：僖七年《左传》云："齐人伐郑……夏，郑杀申侯以说于齐。……冬，郑伯使请盟于齐。"绝无"郑人杀其君以求和于齐"之事。《公》《穀》二传及《史记·齐、郑世家》《十二诸侯年表》并无之。张先生盖误以郑大夫"申侯"为郑君也。（似误以"申"为谥法，"侯"为郑君爵位）。

吴国称霸，鲁对它供应军赋车六百乘，邾三百乘。（页四十二）

案：《左传》哀七年："鲁赋八百乘，君之贰也；邾赋六百乘，君之私也。"杜《注》："鲁以八百乘之赋贡于吴。"十三年："鲁赋于吴八百乘，若为子男，则将半邾以属于吴，而如邾以事晋。"杜《注》："半邾，三百乘。""如邾，六百乘。"据此，张说误。

前五四八，晋执政赵文子令减轻诸侯的币，而加重待诸侯的礼，他的同僚就预料兵祸可以从此稍息。（页四十二）

案：《左传》襄二十五年："赵文子为政，令薄诸侯之币而重其礼，穆叔见之，谓穆叔曰：自今以往，兵其少弭矣。齐崔庆新得政，将求善于诸侯。武也知楚令尹，若敬行其礼，道之以文辞，以靖诸侯，兵苟以弭。"据此："自今以往兵其少弭"为赵文子告鲁叔孙穆叔之言，非赵文子"同僚"之语也。

白起为秦将，南征鄢郢，北阬马服（马服谓赵将马服君赵奢，此指长平之战）。（页一〇七）

案：《史记·项羽本纪》载陈馀遗章邯书云："白起为秦将，

南征鄢郢，北阮马服。"《索隐》："韦昭云：赵奢子括也，代号马服。"张说大误。

（以上四条为后出改订本之误）

上举本书之疏误，读者或嫌苛刻，然此类小疵，实不足影响本书之真正价值。太史公《史记》疏误之多远过本书，而史公固不失其大史学家之地位。且本书优点之多，已足掩其小失而有余，如论战国学术及汉初黄老之学，均极有见地，非寻常史书可及，此文所评，诚无伤于日月也！

（原载上海《东南日报·文史》，1949年2月20日、27日；后收于《童书业史籍考证论集》，中华书局2005年）

# 评《中国史纲》（上册）

苏诚鉴

多少年来，大家都希望着有一部好的中国通史出版。为了文史教育的推行，我们不仅是要人们多读文史书，而重要的乃是希望有好的文史书给人读，这应该是推行文史教育的第一步工作。中国通史的著作并不是没有，随便举几个例子：在战前就有缪凤林先生的《中国通史纲要》、章嵚的《中华通史》、邓之诚的《中华二千年史》、金兆丰的《中国通史》。抗战以来出版的，有钱穆的《国史大纲》、吕思勉的《中国通史》、陈恭禄的《中国史》、周谷城的《中国通史》等。然而这些书都是供大学生做教本用的，学院式的严肃气味使一般读者不敢去接触它们。为了推行文史教育，和使一般读者爱好历史知识起见，我们需要一些"深入浅出"的中国通史。

我们现在所介绍的这本《中国史纲》恰好是这一类的书。这部书现在只出了上册，叙述到东汉之兴为止。除了自序外，共有十章。在自序中，作者说明所以在这个时候出版一部中国通史的两个理由：一个是就中国史本身的发展上看，谁都知道我们现在是"处于中国有史以来最大的转变关头"，旧的一切在毁灭，新的一切在创造，"若把读史比于登山，我们正达到分水岭的顶峰，无论回顾与前瞻，都可以得到最广阔的眼界。在这时候，把全部的民族史和它所指向的道路作一鸟瞰，最能给人以开拓心胸的历史的壮观"。再一个理由是就中国史学的发展上看，过去的十来年是中国史学相当有成绩的时期，"严格的考证的崇尚，科学的发掘的开始，湮没的旧文献的新发现，新研究范围的垦辟。比较材料的增加，和种种输入的史观的流播，使得司马迁和司马光的时代顿成过去，同时史界的新风气也结了不少新的果，虽然有一部分还是未成熟的果"。凭这两点理由，也就值得我们的史家写出一部新的中国通史，以供我们这个民族在空前大转变时期的自知之助了。这以下作者又总括出以往通史家所用的五个作史的标准：一是新异性的标准（Standard of Novelty），二是实效的标准（Standard of Practical Effect），三是文化价值的标准（Standard of Cultural Value），四是训诲功用的标准（Standard of Didactic Utility），五是现状渊源的标准（Standard of Genetic Relation with Present Situations）。作者认为除第四种另有专门之学外，其余四种都应该采用，这可以说是作者的史学方法论。以下他又举出"统贯动的历史的繁杂"的四个范畴（即历史发展的规律），一为因果，二为发展，发展可分定向、演化、矛盾三种，合上因果的范畴，共为四种。这四种范畴是应该兼用无遗的，这是作者的历史哲学的简单说明。

正文十章的章目是：三代以上、周代的封建社会、霸国与霸政、孔子及其时世、战国时代的政治与社会、战国时代的思潮、秦的兴亡、大汉帝国的发展、汉初的学术与政治、改制与易代。每一章之内，又分若干节。章节的安排，很是得当，扼要活泼，不像教科书那样的事事必备，而又没有那一件事说得明白。

写中国通史最感觉不易处理的，大约是在开头的一段，从前的人"每喜欢从天地剖判或混沌初开说起"，近来的人则又"喜欢从星云凝结，地球形成说起"。然而作者不管这些，却自己另下体例，而置许多古代史上争讼的问题于不顾。他说："这部中国史的着眼点在社会组织的变迁、思想和文物的创辟，以及伟大人物的性格和活动，这些项目要到有文字记录传后的时代，才可得确考。"于是这本书一开始就讲"殷商文化"，但又巧妙地用了倒叙法以说明黄帝、尧、舜、禹的故事。这手法是聪明的，值得我们同情的。

第二章周代的封建社会分做（1）封建制释义、王室与封君，（2）奴隶，（3）庶民，（4）都邑与商业，（5）家庭，（6）武士，（7）宗教与巫祝，（8）大夫与世室，（9）封建帝国的分裂，九节来描写，给我们一个完整的封建社会的印象，可以说是一种新的作风。而为旧史家所不曾注意的，同样的描写得有声有色的是第四章"孔子及其时世"的一章，这样的一个我们历史上伟大的人物，是应该用一章的篇幅来叙述的。这里作者把他的先世，时世和公私生活，大部根据《论语》写了出来，生动而有趣，但并没有轻蔑，也没有谀颂，像冯友兰先生在《中国哲学史》中一样给孔子一个教育家的称号。在介绍战国时代的思潮的第六章，用生动的笔法，故事的穿插，把这时代几个主要思想家的学说述了出来，比读干燥艰深的哲学史要有味得多。论王莽的一章（第十章），把当时的社会背景和思想背景来衬托，使王莽这个角色得到应得的历史上的地位，也是一般教本所不及的地方。

中国史籍，浩如烟海，但因文字的艰深，叙事的呆板，使大多数人失掉欣赏的机会。我们今日要写新的中国历史，首先就得免去这种文字的困难，而用生动的文学笔调来叙述它。我们很高兴的是这部书颇合于我们的要求，这部书的文字技巧很好，叙事生动明白而能引人入胜，随处流露着作者的用心，在叙述中常常引入几首诗歌，殷周时代的引用《诗经》不消说了，如叙述秦始皇的功业之前，就引了一首"秦皇扫六合，虎视何雄哉！"的李白的古风；又如汉武帝的伐匈奴，匈奴人所流传的一首歌："失我焉支山，使我妇女无颜色！失我祁连山，使我六畜不蕃息！"也被引入。我们知道诗歌是最美的文学作品，而在向来被认为枯燥无味的中国历史书中，加上这种美化的工作，实在是必需的。其次，利用对话也能增加文字的生动，本书在叙述孔子与阳货相遇于途及子路向长沮、桀溺问津的一段，都用了对白，好像写小说一样。引用故事也往往能增加读者的兴趣，这例子在本书中很多，不必细举。题外的穿插也使人感觉得新鲜，如第五章叙述三晋的历史时，说到晋景公的诛戮赵氏，仅留下赵氏一个孤儿，便接着一段题外的话。"这件故事，后经点窜，成为一件很动人的传说。我国在十八世纪最先传译于欧洲的一部戏剧《赵氏孤儿》，便以这段传说做底子的。"（页五二）又如说秦始皇的大修驰道，便在注中插入十九世纪时俾斯麦对李鸿章的谈话，虽说是扯得太远，但援今证古，却也容易使人引起读史的兴趣。

现在的人研究古代史事有两种困难，一个是史料湮没不彰或不完全，使我们不能得到全部的了解；另一个是古今人生活思想的不同，使我们不懂得古人的行事。史家的任务就在为我们解除这种困难。为达到这个目的，我们认为"想象"（Imagination）与"解释"（Interpretation）两种功夫是不可少的，尤其在研究古代史时更为需要。如本书第一章第一节"殷商文化"，采用"速写"（Sketch）的手法，就有若"想象"和"解释"；又如第二章第三节"庶民"，也因记载的残缺，而做了一个"悬想"，将"公田""私田"作一个很合理的"解释"；又如"解释"西汉初年道家学说的风行，引老子的话与当前现实对比，也使我们明了这数十年的时代思潮的造因。

"浅出"是表现的手法，是为读者设想的，但"浅出"的第一步是"深入"，这是研究或造诣的问题，是要求之于作者的。如果只有"浅出"而不能"深入"，那就流于"浅薄"，或抄袭成说而流于"俗"。我们以上所说的是这本书的"浅出"的地方，然而作者的"深入"功夫，却亦是值得我们钦佩的。所谓"深入"的功夫，不外"取材"和自身研究两方面。史料有原料、次料以至于三四等料之分，我们应当尽可能地运用原料，而运用原料就是少不了自身的研究功夫。要能这样才能称为"深入"。本书作者颇能做到此点。运用原料的地方随处可见，不必细说，即如叙述封建时代武士生活的一节，说明"大武之舞"的节曲，也可见出作者"深入"的功夫。

然而可惜的是这本书也还有若干错误及待商榷的地方。如封建之制在商代已经有之，武丁曾分封武臣于雀，叫侯雀，封子于郑、宋，叫子郑、子宋，又封他的许多夫人于外，叫妇庞、妇邢等（见顾颉刚先生的《周室的封建及其属邦》，载《文史杂志》第一卷第六期）。而作者说："这些诸侯的来源，大抵是本来独立部族的君长，为商王所征服的，或震于商朝的威势而来独立部族的君长。（其中是否有商王分封自己的子弟而建立的，不得而知。）"（页七）这实是作者疏忽的地方。

古公亶父和太王本系两人，而自孟子以下，大家都认为太王是古公亶父的追称，是一个人，作者亦沿袭成说，显见其误。（参看顾颉刚先生《周人的崛起及其克商》的注五，《文史杂志》第一卷第三期）

文王所灭的密国在今甘肃灵台县西，作者误为陕西灵台县，按灵台逼近陕西，所以作者因一时疏忽致误。又攀回在今山西黎城县东北，黎城在山西的东南部，作者误为西南部。又崇国本在今陕西鄠县东，所以《史记·周本纪》说："明年伐崇侯虎，而作丰邑"，可见丰邑即在崇国之内，而丰邑明在长安、鄠县之间，《史记正义》也说："崇国盖在丰、镐之间"，而本书说在今河南嵩县附近，相距太远，不知作者是根据什么材料的。

孔子生于西元前五五二年，五三一年孔子应为二十二岁，本书作十五岁，但其他的地方并没有弄错，大约这一处是手民之过。

第九章"汉初的学术与政治"，说到汉代的徭役，原书云："汉代的徭役有三种。（应役的年限有些时是从二十三岁到五十六岁，有些时是从二十岁起。）一是充更卒，就是到本郡或本县或诸侯王府里服役，为期每年一月，但人民可以每次出钱三百替代，谓之'过更'。其次是充正卒，即服兵役，为期两年……其次是戍边，每丁为期一年。……"（页二九一——二九二）然而《文献通考》则说："更为三品，有卒更，有践更，有过更。古者正卒无常人，皆迭为之，一月一更，为更卒也。贫者欲得雇更钱，次直者出钱雇之，月二千，是为践更也。天下人皆直戍边三日，亦名为更，律所谓繇戍也，虽丞相子亦在戍边之调。不可人人自行三日戍，又行者当自戍三日，不可往便还。因便往一岁一更，诸不行者出钱三百入官，以给戍者，是谓过更也。"（原注：《昭帝纪》如淳注，卷一百五十兵考）就两段记载比较，可知作者之误，一在误"践更"为"过更"，"过更"是指戍边三日的出钱不到者，并不是指"月为更卒"的出钱买役者。二在误"践更"出钱二千为三百，这是与"过更"的误用而连带错误的，因为"过更"是出钱三百呵。其次，汉代戍边究竟是三日还是一年，马端临在《文献通考》中亦有考证，作者说戍边每丁为期一年，也不免武断。

以上的错误及尚待商榷的地方，我们很希望作者于再版时予以更正，我们以为这是一部值得一读的书，所以也希望它能达到完璧无瑕的程度。

再说几句题外的话，我们很为作者抱委屈，承印的书店实在有点糟蹋这本书，纸张太坏，油墨也太坏，有许多地方竟至看不出字来。还有书内的节目，在第三章以前是有的，从第四章起忽又不印出了，这对于读者非常不便，校对的人应该负责，也希望再版时能予以补正。

（原载《文史教学》第六期，1942 年 11 月）

# 答苏诚鉴先生评张著《中国史纲》（上册）

仲矩（徐规）

张著《中国史纲》的书评，依笔者所知，有陈梦家、翟宗沛、苏诚鉴三先生文，陈、翟二先生文曾投《思想与时代》月刊，张荫麟师皆已寓目，惟苏氏之文发表时，荫麟师已去世矣！（苏文见《文史教学》第六期，民国三十一年十一月一日）今就苏文所谓"然而可惜的是这本书也还有若干错误及待商榷的地方"试逐条答辩如下：

（一）《史纲》第九章《汉初的学术与政治》有云"汉民的徭役有三种：（中略）一是充'更卒'就是到本郡或本县或诸侯王府里服役，为期每年一月；但人民可以每次出钱三百替代，谓之'过更'。其次是充'正卒'，即服兵役，为期两年，（中略）其次是戍边，每丁为期一年。"苏氏引《文献通考》所载《汉书·昭帝纪》如淳注，谓《史纲》之误为"一在误'践更'为'过更'，'过更'是指戍边三日（百）的出钱不到者，并不是指'月为更卒'的出钱买役者。二在误'践更'出钱二千为三百，这是与'过更'的误用，而连带错误的，因为'过更'是出钱三百呵。其次，汉代戍边究竟是三百还是一年，马端临《文献通考》中亦有考证，作者说戍边每丁为期一年，也不免武断。"

按日人滨口重圆著有《践更与过更——如淳说之批评》（《东洋学报》十九卷三号）与《秦汉之徭役》（杨炼译载《中国历代社

会研究》，二十四年出版）二文，据其考证，谓"汉代除原则上在兵籍者外，对于一般庶民，每岁各为一月更卒，（中略）其时民值役者，谓之践更，免值者谓之过更。（中略）（政府）应向过更者征收更赋，即更卒实役之代偿金是也。据其所照，自发的过更者，应纳更赋，一月约三百文；至于他动的过更者，所纳更赋额，大体亦相近。"杨译《秦汉之徭役》，其详可参阅《践更与过更》一文，惜此间无此其学报，近人李源澄先生著《汉代赋役考》（《浙江大学文学院集刊》第一集，三十年六月出版）谓"钱文子作《补汉兵志》，已疑汉钱重，不得定月更钱为二千，使如应劭、如淳之说，更卒年得数万钱，人将争为之，何以视为苦役耶。"据此，则如淳之说误，而《史纲》实未尝误也。

又戍边时间问题，滨口氏谓"前汉时代守备边境之义务，不问其为兵士与否，应由全体男子负担之，其时间回数，原则上规定一年一次"（《秦汉之徭役》引《践更与过更》第三节）。又董仲舒之言："（秦代）加月为更卒，已复为正一岁，屯戍一岁，力役三十倍于古。……汉兴，循而未改。"可谓确证（《秦汉之徭役》引《汉书·食货志》上）。李氏亦云："应劭、如淳谓戍边三百亦误。《汉书·晁错传》错上《守边备塞疏》云：'然今远方之卒，守塞一岁而更，不知胡人之能。'《史记·将相年表》云：'高后五年，初令戍卒岁更。'与董仲舒一岁屯戍之言，若合符节。"据二氏之考证，则汉代戍边，每丁为期一年，固彰彰明甚。

（二）苏氏谓"古公亶父和太王本系两人，而自孟子以下，大家都认为太王是古公亶父的追称，是一个人。作者亦沿袭成说，显见其误（参看顾颉刚先生《周人的崛起及其克商》的注五，《文史杂志》第一卷第三期）。"

按郭沫若先生所著《屈原》尝云："《诗·大雅·绵》中的古

公亶父即太王，说见《孟子》。近人顾颉刚先生说他不是太王。其
实他没有细细的考究，周人在太王以前的传说，都是后来假造的。"
（页七八注一）荫麟师沿袭成说，当有所见也。

（三）苏氏谓"封建之制在商代已经有之，武丁曾分封武臣于雀，
叫侯雀，封子于郑宋，叫子郑、子宋，又封他的许多夫人于外，叫
妇庞、妇邢等（见顾颉刚先生的《周室的封建及其属邦》，载《文
史杂志》第一卷第六期，三十年六月）。而作者说：'这些诸侯的
来源，大抵是本来独立部族的君长，为商王所征服的，或震于商朝
的威势而自愿归服的。'（其中是否有商王分封自己的子弟而建立
的，不得而知。）这实是作者疏忽的地方"。

按荫麟师曾于二十九年冬更正此段为"这些诸侯的来源，大抵
是本来独立部族的君长，为商王所征服的，或震于商朝的威势而自
愿归服的；似乎还有一部分是商王把田邑分给自己的臣下或亲族而
建立的"（浙江大学史地教育研究室石印本四至五页，三十年三月
出版）。盖苏氏未见浙江大学之石印本也。

（四）《史纲》页十上（石印本）谓文王所灭之崇国，在今河
南崇县附近。苏氏据《史记·周本纪》及《史记正义》谓应在长安
鄠县东。实则崇之所在地，早由徐中舒先生考定。彼谓："《左
传》载秦灭崇，晋侵崇，其地又必在秦、晋间，疑即汉弘农郡，今
嵩县附近地。古嵩、崇本是一字。《国语·周语》：'昔夏之兴也，
融降于崇山。'韦注：崇山即崇高山（汉以后作嵩高），山当由
崇国得名。"（《安阳发掘报告》第三期《再论小屯与仰韶》，页
五三四，民国二十年六月出版）此后丁山先生又申其说云："旧说
皆谓丰邑即崇侯旧地。按，昭公四年《左传》：'康有酆宫之朝'，
酆宫当即文王所作丰邑，是文王作邑，即作宫也。《括地志》：'鄠
县东三十五里，有文王酆宫。'《三辅决录》'镐在丰水东，酆在

丰水西，相去二十五里'，丰、镐相距如是其近，崇果即丰，其墉既仡，其势又雄，周人焉得奕世载德，安枕镐京？崇所在地自以徐中舒先生《再论小屯与仰韶》说崇、嵩一字，崇在今河南崇县附近地之说为允。"（《中央研究院历史语言研究所集刊》五本一分，《由三代都邑论其民族文化》，页一一一，民国二十四年出版）据此则《史纲》之说未尝误也。

（原载重庆《文史杂志》第五卷第三、四期合刊，1945 年 4 月；后收入徐规：《仰素集》，杭州大学出版社 1999 年）

# 评张荫麟著《中国史纲》

[苏]B.鲁宾撰

王祖耀译　何兆武校

目前所有的对于中国历史的开端问题的见解（准确地说，就是中国国家史的开端）在颇大程度上是与中国历史的传统有关的。夏（公元前二十三至十八世纪）和殷（按传统的纪年是公元前十八至十二世纪）在历史传统上被认为是最早的朝代。但是，考古学者迄今所发现的最古的文字史料只是关于殷代的后半期的（大约从公元前一千三百年起），比这更早的时期一点也没有被提到过。对夏代及殷代初期的史料的可靠性的承认与否就引起对中国历史开始的年代的意见分歧，并且对于判断最初的中国国家的性质也有很大的影响。相信中国古代法典史料的可靠性的历史学家们大多数都认为在公元前十八世纪在中国形成了阶级社会。[1]张荫麟则属于另一派的历史学家，他们认为不可能依据那些未经考古材料所证实的史料，因而他们叙述中国古代史是从公元前十四至十三世纪开始的。[2]对于经过了多次加工的儒家典籍中的史料加以严格地处理，我们认为这是完全正确；就现有的科学资料而言，著者所定的中国历史的开

---

1　见吕振羽：《简明中国通史》，北京人民出版社，1955年版；吴泽的《殷代的奴隶社会》，上海棠棣出版社，1953年版。

2　有关殷代社会的特性（几乎完全依据考古材料来说明）见这几种书：侯外庐的《中国古代社会史论》，1955年北京版；郭沫若的《奴隶制时代》，1954年北京版。

端是完全有根据的。

张荫麟没有说出殷代社会的特征，但他所引的材料说明他认为殷代是国家和原始奴隶制出现的时期。著者的这个见解已受到时间的考验。虽然还不能认为殷代社会制度的问题已经解决了（有些历史学家认为在中国古代社会的这个时期奴隶占有制已经达到了高度的发展）[1]，但是最近，愈来愈多的历史学家得出这样的结论：殷代社会应该认为是早期的奴隶占有制。[2] 这些历史学家对殷国家性质的论断基本上是和张荫麟一致的。

第一章末尾著者所论述的见解引起了反对的意见。按照他的说法，中国人的民族自觉心在公元前八世纪已经形成了。当然，这里所指的不应该是民族自觉心，而应该是历史的与文化的统一意识，但就是这种统一意识，也不会是在那么遥远的时代就形成了的。我们认为（公元前）八世纪时只可能出现它的最初的闪光。这一点完全可以通过分析原始史料而得到证实。例如在有关公元前八到五世纪历史的最重要的史书《左传》里，各诸侯国的居民通常并不称为"中国人"，而是视他们所居住的诸侯国家而称为"宋人""齐人"等等。在上千次的这样的称呼里只有五处是用"诸夏"或"诸华"的名字来称呼中国人的。最早的这种词句出现于公元前六六〇年。[3]

周代初期的"封建"制度是和秦始皇对全国郡县所实行的中央集权的官僚体系的行政管理相对立的。中国古时不懂得遵循历史唯

---

1　见吕振羽的《简明中国通史》及吴泽的《殷代的奴隶社会》；李亚农的《殷代社会生活》，1955年上海版。

2　见尚钺主编的《中国历史纲要》，1954年北京版；朱本源的《论殷代生产资料的所有制形式》，载《历史研究》1956年第6期；侯外庐的《中国古代社会史论》。

3　《左传》闵公元年。见古夫乐尔的《鲁国编年史》第一部，1951年版，第209页（中法文对照）。

物主义理论的历史学家们对这一点都是公认的。当然，这种观点和把封建制度看作是一定的体现着生产力与生产关系的统一的社会经济形态的概念是不相符合的：无论如何也不可能称公元前十一至五世纪是封建社会，因那时还处在青铜器时代的阶段，只有在这个时期的末尾才开始熔炼铁器。这种不容置疑的情况在现在中国历史学家的著作中是日益得到肯定了。[1]

著者对于"封建"的概念并不妨碍他基本上忠实地叙述了公元前十一至五世纪的奴隶情况。但应当指出，对五百年时期的总结性的评论中，著者没有说明古代中国的奴隶制度在这一个时期所经历的发展。如果张荫麟所写的关于手工工人的奴隶地位，对这一时期的最初几个世纪是确实的，那么公元前六至五世纪的史料便可证明在这时就已有了自由的手工工人。[2]战国时期使用奴隶劳动的大手工业作坊（而且后来是颇有地位的）大概是富有的上层者所设立的。

关于农民地位的论述是显得过时了。的确，著者对私田制的见解，我们认为要比那些以为在这种制度下对农民的剥削只限于劳役地租（公田上的无偿劳动）的历史学家们的说法更使人信服得多。[3]但是中国的历史学家现在正在探讨中国农村的公社制度，它的特点以及它的解体过程的特殊性，而中国古代农民的一切问题便可以从这里而得到解决。有些研究者从这一观点来考查私田制，把它看作

1　见郑昌淦的《中国封建社会是从西周开始吗？》，载《教学与研究》1955年第2期；黄子通、夏甄陶的《春秋战国时代的奴隶制》，载《历史研究》1958年第6期。

2　《左传》中所引约公元前四二九年晋国将领赵鞅的话说明手工工人和奴隶之间有很明显的区别。赵鞅说："庶人工商遂，人臣隶圉免。"见古夫乐尔的前引书第二卷，第607页。

3　杨宽的《战国史》，1955年上海版，第60页；杨向奎的《试论先秦时代齐国的经济制度》，载《文史哲》杂志1954年第11期。

是农村公社的土地占有制。[1]

叙述战国时期的几章是书中写得最成功的。著者能说明而具体地指出这个时期的特点。而由这些特点能明确这是中国历史上一个新的和重要的阶段。著者对这一时期在中国古代生活起着特别重大的作用的军事的特点表现了极大的研究兴趣。应该记得这一时代的名称，其本身就意味着是"交战的国家"。

著者对这个时期出现的周游列国的出身下层社会的政治家新阶层的意义是正确的看出来了的；但却无论如何不能同意著者说孔子的活动对于这一阶层的兴起起了决定的作用。其实，孔子作为第一个有独立精神的理论家和教育家而出现，这本是早在公元前六世纪就已形成的新的社会情况的结果；著者正确地指出公元前五世纪末至四世纪初所完成的革命变化的意义；然而他也并不是无可厚非的，他把这一点过分地绝对化了，从而未能说明战国时代蓬勃灿烂的新现象的深厚的历史根源。

著者对于儒教之所以被宣布为官方思想的原因的解释是值得重视的。但是张荫麟没有提到那些根本的政治见解。那些见解在公元前二世纪末使得统治集团所采取的种种措施是在中国思想史上产生了巨大的影响的。问题在于汉朝引用了儒者，认为他们在当时是精通中国古代国家机器史的最好的专家，特别是他们细致地解决了国家的管理问题。武帝和他的集团有意要利用他们的效劳来解决很多国家及行政上的问题。[2]

著者发现王莽改革失败的原因是由于对外政策的无能，也由于对国家经济的管制加强之后，这些改革就使官吏贪污和横暴起来。

---

1 见B. A. 鲁宾的《介绍〈文史哲〉杂志上关于中国古代史分期问题的讨论》，载苏联《古代史通报》1955年第4期。

2 见冯友兰的《中国哲学史》，1952年普林斯顿版，第405页。

但王莽的经济政策的失败是有着更为深刻的根本原因的。我们看来，其主要原因在于王莽的改革违反了商业经济发展的趋向。如果是依靠这时正在形成的更为先进的封建社会关系，那么破坏当时的经济关系就有着进步的意义。但王莽受孟子宗法思想影响所决定的措施并不是使社会前进，而是使社会倒退，是要回复到在政治和经济上早已成为过去的氏族贵族的统治阶段。在腐化的，自私自利的国家机器内要以国家的管理包办来代替已经形成的商业关系的企图是空想的，而且反动的。它只是使农民的情况恶化。农民终于推翻了王莽，并废除了他的制度。

我们已说过张荫麟不是站在马克思主义的立场上的。著者在书中所反映的世界观可以认为是资产阶级民主主义学者的观点。张荫麟是不认识生产力在历史发展过程中具有决定性意义这个概念的。他不知道历史上社会经济形态的有规律的更替。他阐明中国古代历史所根据的方法论是十分模糊的，有时是自相矛盾的。这一点既表现在本书的内容上，也表现在本书的结构上。例如在分析公元前十一至五世纪的"封建"社会时，著者曾详尽地论述了奴隶阶级、农民阶级及统治阶级的各个阶层。如果著者能继续进一步阐明它们的地位以及中国古代社会的新社会集团的出现，那么这本书无疑就会写得更加成功了。但是从孔子的活动这一章作为结束了对这一时期的叙述后，张荫麟就完全按另一种方式来编写这本书的其余几章，其中主要是论述政治及文化史，而几乎没有提到社会史。

但站在民主主义的立场上，并且以尊重和同情中国古代劳动人民的精神来评论历史上人物和事变的彻底性和这本书的方法论上的不彻底性及动摇性是互相矛盾的。这位历史学家的全部论述给人以这样独特的印象——可以说，从这本书的字里行间也会感觉到他不但是位历史学家，而且是一个人。处理史料时感情丰富，能激发读者们对于创造了伟大的中国的文化的普通人民的热烈关怀，这是此书最吸引人的特点之一。

把科学的解释和通俗性成功地结合起来也是《中国史纲》的优点。在张荫麟的笔下，中国古代的历史是鲜明的、容易了解的、对现代的读者是亲切的。同时在书里没有一点庸俗化的地方，也没有用使一些问题简单化和否认别人的研究成果的手段来降低自己的论述水平的企图。如果估计到中国古代史料的复杂性以及几千年所积累的儒家的编史学——有时甚至于那些努力运用马克思主义的观点来说明中国古代史的历史学家们也还不容易从它们的影响之下解放出来——那么就应该赞扬著者的才能已达到了高度的科学水平，同时又能够美妙、丰富而简捷地讲述古代中国历史的命运。

（原载苏联《古代史通报》，1957 年第 1 期；译文原载河南《史学月刊》，1958 年第 8 期，并加有编者按："苏联历史学家 B. 鲁宾同志《评张荫麟著〈中国史纲〉》一文前后可分两部分，前部分主要是介绍张著全书内容，后部是对张著的分析批判，并提出自己对中国古代社会的意见，由于本刊篇幅所限，我们仅发表了后一部分"。）

# 评介《中国上古史纲》

宋　晞

写一部供人检查的"中国史百科全书"容易，要写一部供人阅读的中国通史就难。张荫麟先生著《中国上古史纲》，是利用所有的材料，遵守写通史的原理中之若干原则，把史实融化了，用清晰而动人的文字写出来，使读者在优美的行文中获得上古历史的轮廓。

本书除前面刊有著者的《中国史纲献辞》及三篇自序，末尾刊有笔者的"校后记"外，正文共十二章，第一章《中国史黎明期的大势》，述商与周的兴起，附以夏商大事及其以前的传说。中国史本信而有征的原则，暂断自商代始是可以的。因为关于商代历史，已有丰富的直接史料，地下发掘所得的实物，足供研究的根据。商文化的缩写，大部分依据出土的殷代遗物。早于商的各代历史，至今甚为茫昧，只有一些不足为据的传说。第二章《周代的封建社会》，是以封建制度为纲目，叙述周帝国的组织、奴隶、庶民、都邑与商业、家庭、士、宗教、卿大夫及封建组织的崩溃。这段历史，著者也举了不少铜器铭文，以为佐证。第三章《霸国与霸业》，先述春秋五霸的兴起与霸主，次叙战国以前转捩时代的伟大人物——郑子产。在这里，我们可以看到各个霸主和诸侯的个性，各国地理上的优势或劣势，各国所以致胜之人才的和经济的关系。第四章《孔子及其时世》，详述孔子一生的历史与时代背景，以及他在政治、教育方面的贡献。第五章《战国时代的政治与社会》，叙述战国时期的政治与经济以及其间的特异人物，更及国际局面的变迁。第六章《战国时代的思潮》，是先秦思想的缩写。其中"孟子、许行及《周官》"一节，认为《周官》（亦称《周礼》）的作者是战国时人，晚于孟子，而与孟子的学说同属一系。"《周官》的作者是一大学者，他似乎曾尽当时所能得到的文献对周制做过一番研究工夫。《周官》一书是他对周制的知识和他的社会理想交织而成的。"此一揣测有非常的价值。第七章《秦始皇与秦帝国》，叙述秦之统一六国，以及新帝国的经营。第八章《秦汉之际》，叙述秦末群雄纷起、楚汉之战及其结局。第九章《大汉帝国的发展》，叙述纯郡县制的重建，秦汉之际中国与外族之关系，以及武帝对外开疆拓土事业之经营与对内新经济政策之实施。第十章《汉初的学术与政治》，叙述道家学说的全盛及其影响，儒家的正统地位之确立，以及儒家思想在武帝朝的影响。十一章《改制与"革命"》，叙述外戚王氏的专权，新莽兴衰及其改革，东汉的建立及其开国规模。十二章《汉帝国的中兴与衰亡》，为著者未竟之稿。

这部书原名《中国史纲》，此为第一册，著者抱负是析四千年事为数十目，综合人、事、物而贯通之。又以独力难胜，拟分约专家，先为长编。魏晋间有残稿，北宋已完成《宋朝的开国和开国规模》和《北宋的外患和变法》二章（刊载《思想与时代》月刊第四、五两期）。著者写此书态度之审慎："每撰一章，稿凡数易，书一人名，记一年代，皆斟酌周详。一篇之中，首尾相照，脉络相贯。即其全书，亦莫不然。各章定名，煞费匠心，篇次尤具心裁。"（见徐规撰《张荫麟先生治史方法拾遗》）其作《史纲》时所悬之鹄的为：（一）融会前人研究结果和作者疏索所得，以说故事的方式出之，不参入考证，不引用或采用前人叙述的成文，即原始文件的载录亦力求节省；（二）选择少数的节目为主题，给每一所选的节目以外

的大事，只概略地涉及以为背景；（三）社会的变迁，思想的贡献，和若干重大人物的性格，兼顾并详。（见初版自序）

至于史实的选择，有其史学的标准与秩序。在本书前面一篇长达五千余言的自序里，他说："最能'提要'的通史，最能按照史事之重要的程序以为详略的通史，就是选材最合当的通史。"所称"重要"与否如何辨别？他说："在史事的比较上，我们用以判别重要程度的，可以有五种不同的标准。"这五种标准：（一）"新异性"（Novelty），即内容的特殊性，按照这标准，史事愈新异愈重要。（二）"实效"（Practical Effect），按照这标准，史事所直接牵涉和间接影响于人群的苦乐愈大则愈重要。（三）"文化价值"（Cultural Values），按照这标准，文化价值愈高的事物愈重要。（四）"训诲功用"（Didactic Utility），按照这标准，训诲功用愈大的史事愈重要。旧史家大抵以此标准为主要的标准，近代史学的趋势，在理论上要把这标准放弃。著者主张在通史里这标准是要被放弃的。（五）"现状渊源"（Genetic Relation with Present Situations），按照这标准，史事和现状之"发生学的关系"（Genetic Relation）愈深，愈有助于现状的解释，则愈重要。以上五种标准除了第四种以外，都是史实选择与史料取舍的重要标准。

本书著者感一般国民历史知识之贫乏，因而发奋为中小学作国史教科书，小学国史以人物为经，而纳入每朝大事，始自孔子，止于孙中山先生，为传记五十篇（仅成十余篇），初中国史以史实为主，草创未成。此为高中国史，惜志业未竟，于民国三十一年十月二十四日与世长辞。然此书不仅适合大中学生研读之用，要亦国民必读之书籍。

# 附：《中国上古史纲》校后记

张荫麟先生著《中国史纲》，民国三十年春首由国立浙江大学史地教育研究室石印五百册，线装，名曰《中国史纲》第一册。始自《中国史黎明期的大势》，迄乎《秦汉之际》，凡八章。前有简短自序，说明写此书所悬之鹄的。

次为青年书店本，名曰《东汉前中国史纲》。初版年月不详，再版在三十三年七月。书首刊作者民国二十九年二月在昆明写的长序，都五千六百余言，为通史方法论和历史哲学的纲领。正文共十章，其一至七章内容暨章节标题与石印本大同小异，如第一章曰《三代以上》。第七章曰《秦的兴亡》，内容包涵石印本第七《秦始皇与秦帝国》与第八《秦汉之际》两章。新增者为第八章《大汉帝国的发展》、第九章《汉初的学术与政治》与第十章《改制与易代》。书尾附录贺麟撰《我所认识的荫麟》一文。

三为正中书局本，名曰《中国史纲（上古篇）》，三十七年四月初版，书首除刊石印本序以为"初版自序"外，增刊一仅九十一字之"再版自序"（三十一年九月书；同年十月二十四日著者即与世长辞）。其中有云："此书再版和初版不同的地方，除多处笔误和刊误的校正，数处小节的增删外，乃是第九至第十一章的添入。"此云初版，当指石印本而言。此本与青年书店本相较，后三章与其第八、九、十章略同。

四十一年冬，吾师张晓峰先生以著者为文之有关《中国史纲》者，尚有零篇短简，嘱加搜集，以臻完备。乃检得《中国史纲献辞》、《中国史纲自序》（即青年书店本所刊者）、《汉帝国的中兴与衰亡》凡三篇，并就其体例，将前二者冠于书首，后一者列为第十二章。书名改为《中国上古史纲》，以示自成段落。于征得正中书局同意，列入"现代国民基本知识丛书",由中华文化出版事业委员会印行。本人既校订书稿于前,复校清样于后,爰略述本书版本之沿革如上,以助读者之阅览。

1953 年 3 月 1 日宋晞谨识于台北市

（原载《学术季刊》第 1 卷第 4 期, 1953 年 6 月; 录自宋晞:《中国史学学论集》, 台北: 台湾开明书店 1974 年）

# 记所见二十五年来之通史

牟润孙

通史之称，昉自梁武帝，而其体裁实效诸欧西东瀛，非复《史记》以来之纪、表、志、传也。顾自清末维新以来，通史实罕佳著，非堆砌事实，即识见凡庸，或有分别章门，宛同类书者，其昧于制度与治乱之关系明矣。于是益知刘子玄所称之三长并擅，诚为难遘。夏曾佑之《中国古代史》，原为清季中等学校教科书，其后竟收入"大学丛书"。夏氏受天演论之影响，观念较新，大胜于其时抄袭日本人之作，故其书颇为人所重，多年之后又为重印。及今观之，盖犹有其不可及处也。在此一时期，通史之作则当推钱穆与张荫麟。

《国史大纲》，钱穆著。此书为钱氏在北京大学讲授通史之讲义，二十八年印行，胜利后又重印多次。全书自尧舜以迄民国，为完整之中国通史。识见、议论、编排、文章，均超越前人之作。享誉史学界，诚非倖致。钱氏怀爱国之热忱，于我国文化之构成、发扬、递嬗诸端，阐述最为详明。举凡历史上重大事件，如统一、分裂、强盛、衰亡等，钱氏悉能掌握其原因、结果、发展线索，予以清楚叙述。盖其所重者在政治、经济、制度、学术、文化、社会、民族各方面，而非徒如前人之拘牵于朝代帝室之兴衰。钱氏此书中爱国家、爱民族思想洋溢满纸，于世之持自卑自贱之论者，痛加针砭，立论极足使人感动。吾人今日避地海外，形势之恶劣，较诸二十余年前数十倍过之。读钱氏之书，当使懦夫有立志，病夫有生气，热血沸腾，奋然而思有所以自存矣。此为读史之大用，亦即史学家所贡献于世者也。《国史大纲》所可贵者在此，苟徒以字句考据求之，如买椟之还珠，非所以知钱氏也。抑更有进者，治史之目的在于知古明今，以为用于当时。钱氏抗战时避居西南，讲史滇蜀，著有《政学私言》；大陆变革，钱氏兴学海隅，时去台湾讲演，有《历代政治得失》等书之作；是皆钱氏出其所学，教人以致用之道，而其基干则在于史。盖必能深知乎斯义，而后可以与论钱氏治史之旨也。

张荫麟著《中国史纲》，三十年印行，后又重印者多次。张氏为梁任公高弟，毕业清华，留学美国，治哲学与历史，学问博雅，才气横溢。此书起于商代，终于西汉末，全书为语体。张氏之识见文笔，均足独步一时。最可称赏者，厥为文章。著史固重征实，而史书为供一般人诵读之用，初不必细举出处，章章引书，句句为注，读者必烦，阅者迷途。夫讨论问题，自当不厌烦琐，条举证佐，书名、卷数、作者，缺一不可；此《通鉴考异》之为体也。若夫《通鉴》正文，则何尝如此哉？张氏之文，畅达可诵，且能状述人物，优美典雅。以语体文为史，能达此境地者，张氏其首也。况张氏擅长考据，于史料之辨别选择，亦极当行。惜张氏三十七岁而死，未竟其业耳。

张其昀著《中华五千年史》，自五十年起，陆续印行，已编至春秋，印行者三册。全书完成，期以十年。书中于我国缔造之艰难，与夫昔贤先圣之思想事迹，叙述綦详尽。西周史中之周公，春秋史中之孔子，作者皆用最多之篇幅与文字，以说明其伟大与贡献。张氏自云撰五千年史，将欲伸民族之大义，发潜德之幽光。就其已发表之部分观之，其必足以副其志愿，成此盛业，无疑也。

（选自牟润孙：《记所见之二十五年来史学著作》，杜维运、黄进兴编：《中国史学史论文选集》第二册，台北：华世出版社1976年）

# 附录一

# 张荫麟史事编年

李欣荣

**光绪三十一年（1905）　一岁**

**11月2日（旧历十月初六日），张荫麟生于广东东莞石龙镇。**

容庚批校伦伟良编《张荫麟文集》（台湾"中华丛书"委员会1956年版）云："荫麟生于光绪三十一年十月初六日，卒于民国三十一年十月廿四日，年三十七岁。容庚记。"（广东省立中山图书馆藏容庚档案）今取此说。

张荫麟在美国斯坦福大学的学籍档案，填写的生日是1906年1月6日。

弟子李埏云："张荫麟先生是广东东莞石龙镇人，清光绪三十一年（公元1905年）十一月生于那个镇上的一户'书香人家'中。……从他开蒙受书，便给他以严格的旧学训练，要他把五经、四书、三传、史汉、通鉴、诸子书、古文辞，一一熟读成诵。"（李埏：《张荫麟先生传略》，《东莞文史资料》第29期）

**张氏父亲张茂如，东莞西湖人，生母早丧。有弟炜麟、泽麟，另有一同父异母之弟桂麟。**

张荫麟父亲张茂如，东莞西湖人。后举家迁往石龙镇竹园街。荫麟生母早逝，张茂如再娶莫冬菊女士。……笔者据石龙85岁老

321

人朱作新先生告之：张荫麟有一弟弟（同父异母）张桂麟。（李炳球：《张荫麟乡谊史料辑录》，周忱选编：《张荫麟先生纪念文集》，汉语大辞典出版社 2002 年版）

**张荫麟无字，笔名素痴、燕雏。**

君讳荫麟，无字，间只署素痴。（王焕镳：《张君荫麟传》，《思想与时代》第 18 期，1943 年 1 月）

《国闻周报》第 5 卷 30 期登有署名"燕雏"的《王德卿传》一文，后此文在《学衡》第 67 期转载，署名张荫麟；朱宝樑主编：《二十世纪中国作家笔名录》（台湾汉学研究中心 1989 年版，第 37 页）和陈玉堂编著：《中国近现代人物名号大辞典》（浙江古籍出版社 1993 年版，第 459 页）均记张氏有"燕雏"笔名。


**民国十一年（1922）　十七岁**

**秋，考入北京清华学校中等科二年级。**

据张荫麟申请斯坦福大学时提供的清华学校成绩单。

案：清华学校是利用美国退还"庚款"余额而建的留美预备学校，毕业即获公费赴美留学的资格。1925 年中等科结束，新开办大学部和研究院国学门，招收大学部及研究院第一届新生。参见苏云峰：《从清华学堂到清华大学（1911—1929）》前言，三联书店 2001 年版。张荫麟为清华学校完成改大前的最后一届旧制生。


**民国十二年（1923）　十八岁**

**9 月，发表第一篇学术论文《老子生后孔子百余年之说质疑》（《学衡》第 21 期），与梁启超辩论老子的考证问题。**

**约在年底，与贺麟认识，从此时相过从。**

民国十三年（1924） 十九岁

6月，在《清华学报》创刊号发表长篇学术论文《明清之际西学输入中国考略》。此文在《明清之际耶稣会教士在中国者及其著述——〈中国近三百年学术史·附表一〉校补》一文的基础上增订而成，《校补》则为补正梁任公缺失之作。

民国十四年（1925） 二十岁

4月，在《学衡》40期发表《评近人对于中国古史之讨论（古史决疑录之一）》，反对顾颉刚的"疑古"论滥用"默证"。此文引起顾氏的重视，收入《古史辨》第二册。

**秋季，贺麟任《清华周刊》总编辑，张荫麟主持《书报介绍副刊》，陈铨主持《文艺副刊》。张、陈特别热心，半年之内共出《书报介绍副刊》四册和《文艺副刊》四册。**（贺麟：《我所认识的荫麟》）

**本年，选修吴宓"翻译"课程，求学期间与吴宓过从甚密，深得后者的指导和赞赏。**

他开了一班"翻译"的课程，选习的人并不多。有时课堂上，只有荫麟、陈铨和我三人。我们三人也常往吴先生住的西工字厅去谈论。……在吴先生鼓励下，荫麟译了不少的西洋诗。……他自己曾说过，他的文学兴趣是雨僧先生启发的。（贺麟：《我所认识的荫麟》）

乘火车至 Kew Gardens 访庄士敦君于其宅……庄君述清华事甚详。又谓异日庚款有望，则请宓来英讲学。宓以陈寅恪、浦江清、张荫麟三君推荐。（《吴宓日记》，1931年1月25日）

民国十五年（1926） 二十一岁

5月16日，识东莞同乡容庚、容肇祖兄弟于陈垣（广东新会人）

宅中，从此定交。容庚于次年任《燕京学报》编辑委员会主任，刊发了不少张荫麟的文章，致其成名甚早。

十二时，至西安门外大街陈垣宅中，赴宴。柳公、李君及张荫麟已先至。宴于同和居（西四牌楼）。毕，仍归陈宅茗谈。并晤容庚、容肇祖兄弟。（《吴宓日记》，1926 年 5 月 16 日）

1926 年（民国十五年丙寅），我二十九岁。这年夏季，我在北京大学毕业。在北大，我选有陈垣《校勘学》的课程。我毕业前，陈垣约我们兄弟吃饭，并请清华大学吴宓教授和他的学生张荫麟（东莞同乡），由此，我们始与张荫麟相稔。（容肇祖：《我的家世和幼年》，《民俗学刊》第一辑，澳门出版社 2001 年 11 月）

1925 年（乙丑）5 月 16 日识张荫麟于陈垣家。（容庚：《颂斋自定年谱》）

案：容庚与容肇祖、吴宓的纪录刚好相差一年，当是其误忆。

**夏初，在贺麟陪伴下第一次拜谒梁启超，梁氏对其鼓励有加。**

直到民国十五年的夏初，我才第一次陪着他去拜谒梁任公。梁先生异常欢喜，勉励有加，当面称赞他"有作学者的资格"。但此后两三年中，他却从未再去谒见过梁任公。他很想请梁任公写字作纪念，也终于没有去请。（贺麟：《我所认识的荫麟》）

贺先生在清华大学与张荫麟是同学，和张荫麟两人一起去拜见梁启超。贺先生对我说，"梁启超对张说（用广东话）：'你有作（jie）学者（xue zhe）的资格呀。'他没说我有作学者的资格"。（任继愈：《贺麟先生》，《念旧企新——任继愈自述》，山西人民出版社 1997 年版，第 79 页）

**7 月，因回乡奔丧，顺途送贺麟赴美，在上海黄浦码头握别。以埋头学问，少写肤浅文章发表相勉励，并告诫说："没有学问的人，到处都要受人轻视的。"**（贺麟：《我所认识的荫麟》）

**秋，因经济困难到同乡伦明家教其女儿伦慧珠。期间暗生情愫，但初时伦氏并未接受其追求，因而倍感痛苦，几不能自拔。**

在他出国前一两年内，他曾堕入了情网，对伦小姐（即他后来的夫人）发生了恋爱。他因作家庭教师，教授伦小姐的国文，于是他这个充满激情的青年对于一个女子初次激动起诚挚纯洁的爱慕。然而对方却没有接受他的爱。在痛楚之余，他仍然"死心塌地"去追，以后对方终有觉悟爱他的可能。在他出国之前，经友人从旁提醒，劝他勿再迷恋。……所以他说他心上带有一个很大的伤痕而出国。……从前不理会他，令他失恋抱着创痕的伦慧珠女士，后来又继续同他通信，恢复了爱情，他想回国结婚。（贺麟：《我所认识的荫麟》）

去国前蒙兄揭露真相，醒弟迷梦，于弟于珠都是有益，复何所悔恨？珠不知如何？若弟之苦痛，迟早终不免，愈迟则痛愈深，而振拔愈难。今若此已是万幸。近来反思静念，萦系渐除，乃知两年来之苦痛皆由太与社会隔绝，不知处世对人之道，使当初遇珠即存一临深履薄之戒，何致失望？（张荫麟致容庚，1930 年 1 月 2 日，广东省立中山图书馆藏容庚"来鸿集录"）

**12 月，《清华学报》第三卷第二期发表张荫麟对张其昀《金陵史势之鸟瞰》一文的提要介绍，是为二人文字定交之始。**（张其昀：《敬悼张荫麟先生》，重庆《大公报》1942 年 10 月 27 日）

### 民国十六年（1927）　二十二岁

从 12 月至次年 9 月，《国闻周报》连载张荫麟译《斯宾格勒之文化论》，《学衡》在次年亦分两期转载。此书为吴宓所看重，认为："此书关系重大，须译述之，以供国人之诵读也。"（《吴宓日记》，1927 年 2 月 23 日）因而请张荫麟译之。张氏因此成为"翻译有关斯宾格勒理论之专著的第一人"。（王敦书：《斯宾格勒的"文化形态史观"在华之最初传播》，《历史研究》2002年第4期）

12月14日，吴宓宴请赵万里、张荫麟、浦江清，请其协助《大公报·文学副刊》事。此后张氏即成为该副刊的主要撰稿人之一。（《吴宓日记》）

民国十七年（1928）　二十三岁

5月21日，《大公报·文学副刊》第20期发表先生署名"燕雏"的《评清史稿》一文，就《清史稿》中"体例之宜增革者"和"内容之缺憾"进行严厉批评。此文后引起清史馆的关注，并来函答复。张氏文中谓"历志及乐志中涉及推算技术之部分，皆成专科，亦宜淘汰"，引来《清史稿·乐志》的作者张尔田作文反驳。

先读贵报（《文学副刊》第20期）所载《论清史稿》一文，正深钦佩，又蒙赐示，感幸至矣！……文末承示错误各节，正当于校勘记中正之。……燕雏先生能示姓名，尤感。（《清史稿来函》，《大公报·文学副刊》第23期，1928年6月11日）

贵报登《评清史稿》一文，语多造微，惟评《乐志》数语，认为尚有可商者，故一及之。（《张尔田君来函》，《大公报·文学副刊》第37期，1928年9月17日）

7月30日，《大公报·文学副刊》第30期发表张荫麟的《清华学报第五卷第一期》的书评，中对朱希祖《中国古代铁制兵器先行于南方考》的批评引起朱氏的强烈不满。双方论辩"竟引起数万言之辨论，历时半年未休"。最后《文学副刊》以《本报对于此问题之结论》一文主动结束此场争论。

荫麟驳朱逖先君在《清华学报》上所发表之《古代铁器先行于南方考》一文之无据。朱反讥，张因又反驳。大体真理属张，特朱地位高，负盛名于国学界，一朝被批，岂有不强辨之理。……马叔平向人言《大公报·文学》副刊专攻击北大派，实则余等初无是意也。（浦江清：《清华园日记　西行日记》增补本，1928 年 8 月 28 日，三联书店 1999 年版，第 11 页）

《大公报》与朱君之笔战，弟始终未复一字，来书所云或系传闻之误也。（"马衡致容庚"，1928 年 9 月 8 日，广东省立中山图书馆藏容庚"来鸿集录"）

张荫麟君在《文副》上为文与朱希祖辩论，吴甚怕得罪人，颇不以此为然。张声明再不做批评文字矣。（浦江清：《清华园日记　西行日记》增补本，1928 年 9 月 20 日，第 19 页）

下午 1—3［时］浦江清来，谈朱希祖攻诋《副刊》事。旋见宓所撰《马勒尔白纪念》文，颇有异议，讨论久之。宓陈办事之困难，浦君感情郁激，至于哭泣。宓只得勉慰之。宓作事之困难不能告人。盖《文学副刊》赞襄诸君，皆系文人书生。（《吴宓日记》，1928 年 9 月 20 日）

### 民国十八年（1929）　二十四岁

**2 月 11 日，在《大公报·文学副刊》发表《近代中国学术史上之梁任公先生》一文，悼念梁启超去世。**

梁任公新殁，张允明日动笔写哀悼文字。……张文甚佳，颇能概括梁先生晚年思想上及学术上之贡献。（浦江清：《清华园日记　西行日记》增补本，1929 年 1 月 31 日、2 月 6 日，第 23、28 页）

及至民国十八年，梁任公逝世，全国报章杂志纪念追悼他的文章，寂然无闻。独有荫麟由美国写了一篇《史学家的梁任公先生》寄给天津《大公报·文学副刊》发表。这文恐怕至今仍是最能表彰梁任公的史学的文章，也最足以表现他与梁任公在学术史上的关系。

（贺麟：《我所认识的荫麟》）

昔任公之殁也，予亦曾为文悼之（载当时天津《大公报·文学副刊》）。顾年稚无知，于其民国后之政治生涯，妄加贬抑。今读晓峰兄《别录》，一夕拉杂书此，聊以自忏云。（张荫麟：《跋〈梁任公别录〉》，《思想与时代》第 4 期，1941 年 11 月）

**夏，通过王庸介绍，与张其昀在上海首次见面。**（张其昀：《敬悼张荫麟先生》）

**夏，清华学校高等科毕业。初秋，以公费出国留学，入斯坦福大学，攻读哲学和社会学，为将来研究历史作准备。**

国史为弟志业，年来治哲学治社会学，无非为此种工作之预备。从哲学冀得超放之博观与方法之自觉，从社会学冀明人事之理法。（《张荫麟致张其昀》，1933 年 3 月 7 日，《思想与时代》第 18 期，1943 年 1 月）

他到美国进的美国西部的斯丹福大学，专攻哲学。他进斯丹福大学的主要原因，系因西部生活程度低，可以节省一些美金，汇回国内供给他的弟弟读书。（贺麟：《我所认识的荫麟》）

张荫麟初到美国，写英文长信给贺麟，提及过去三年的两件大事，除申言苦恋伦氏之事外，还陈述自己在过去三年政治思想的转变——"由民族主义的思想，进而赞成一种近似英国费边式的社会主义"。（贺麟：《我所认识的荫麟》）

**民国十九年（1930） 二十五岁**

**1 月 2 日，去信容庚，拟在美期间编《美国访书志》和《清史外征》，并为其在《燕京学报》第六期《伪古文尚书案之反控与再鞫》的错误辩解。**（广东省立中山图书馆藏容庚"来鸿集录"）

案：《伪古文尚书案之反控与再鞫》一文颇引起时贤的注意。

伦明指出当中存有错误。英文《中国科学美术杂志》在第 11 卷第 6 期发表的 Recent Scholarship in China 一文中有所介绍。胡适在晚年说："方法和我的［《〈易林〉判归崔篆》］的方法一样，算是全集（指伦伟良编《张荫麟文集》）中最好的一篇。"（胡颂平：《胡适之先生晚年谈话录》，台湾联经出版事业公司 1984 年版，第 64 页）

1 月，收到伦慧珠女士的挂号信，从此恢复联系，感情日进。（广东省立中山图书馆藏容庚"来鸿集录"）

本年，贺麟在归国之前自德国来信，提出八九条发展此后中国哲学的方案。但除了"介绍并译述西洋典型哲学家"一条外，张荫麟都不同意。其"治哲学所取的途径，比较偏重数理哲学"，与贺麟可谓"志同而道不合"。此后两人的哲学各自发展，意见多不合。

他治哲学所取的途径，比较偏重数理哲学。……他常对我说："冯芝生讲理学，我已经不赞成，你要兼讲理学和心学，合心学、理学为一冶，我更不赞成了！"这句话很明白表示他的哲学思想的取径了。（贺麟：《我所认识的荫麟》）

民国二十年（1931） 二十六岁

1 月，在斯坦福大学 Chinese Educational Mission 获哲学学士学位。（《斯坦福大学学生年册》，1931—1933，美国斯坦福大学档案馆藏）

民国二十一年（1932） 二十七岁

2 月 10 日，在容庚主编的抗日报章《火把》上发表《为东省事件复容希白教授书》，由此前所极力主张的"费宾"式改革，转而认为"布尔雪维克"和"费宾"式两种方法"皆有试验之价值与必要"。

秋，在斯坦福大学经济系选修社会学，获哲学硕士学位，硕士论文题目为《杜威摩尔二人伦理学说之比较研究》。（《斯坦福大学学生年册》，1931—1933）

民国二十二年（1933）　二十八岁

夏，因向《国闻周报》寄文《中国民族前途的两大障碍物》，与王芸生定交。

**本年结业，起程回国，其时尚未取得博士学位。**

他在斯丹福大学一直住了四年（中间曾往加州大学作过短期研究），完成他的学士、硕士学位，并履行了博士考试的手续，只有博士论文尚未写成缴进。（贺麟：《我所认识的荫麟》）

四年前赴美学哲学，在斯丹福大学得博士学位。（《陈寅恪致傅斯年》，1933 年 11 月 2 日，《陈寅恪集·书信集》，第 46、47 页）案：陈说有误。

**归程横贯美国，游览东部地区，渡大西洋，游历英伦欧陆，由南欧乘船，经地中海东归，于 1933 年冬抵香港，旋即北上，年底到北平，暂住在燕京大学容庚家中。**（贺麟：《我所认识的荫麟》）

民国二十三年（1934）　二十九岁

元旦下午，携伦慧珠和容庚儿女往访贺麟，这是两人阔别七年多以来首次见面。贺麟感觉张氏："身体比前健康，态度比前开展，也比前喜欢说话，而且也学会抽纸烟。"（贺麟：《我所认识的荫麟》）

春，应清华之聘，任历史和哲学系专任讲师，同时在北京大学兼授"历史哲学"课程。（贺麟：《我所认识的荫麟》）

**本年，与张岱年相识定交，成为好友。**

在清华任教，最值得纪念的一件事情是与张荫麟先生订交。……

他虚怀若谷，看到我在《大公报·世界思潮》上发表的文章，表示赞同，遂成挚友。他时相过访，议论相近。（张岱年：《耄年忆往——张岱年自述》，山西人民出版社 1997 年版，第 10 页）

当时我曾在《大公报》上发表过一些论文，受到荫麟先生的注意。他给我寄一小笺云："对于你的学术观点和社会理想深表同情，愿附朋友之末。"他长我四岁，又是留美回来的博士，而我不过是一个国内大学毕业的，荫麟先生如此相待，实在令我感动。（张岱年：《〈张荫麟文集〉序》，《张岱年全集》第八卷，河北人民出版社 1996 年版）

**春夏间，与钱穆相识。**（钱穆：《中国今日所需要之新史学与新史学家》，《思想与时代》第 18 期）

4 月，与钱锺书在吴宓宴会上相识。钱氏后来在《国风》发表《北游》组诗，中有《初识张荫麟》一首。

5 月，吴晗、梁方仲、汤象龙等人发起史学研究会，张荫麟亦加入其中。（罗尔纲：《师门五年记》，三联书店 1998 年版）

6 月，与容庚、容肇祖、商承祚、徐中舒等人发起成立"金石学会"，后改名为"考古学社"，并出有社刊《考古社刊》；后在《考古社刊》第 4 期发表译文《中国古铜镜杂记》。

9 月，与容庚、顾颉刚、洪业、容肇祖诸人创办《大公报·史地周刊》，21 日创刊。（容庚《颂斋自订年谱》）

我们的野心是以兴味的甘饵引起一般人对于史地，尤其是本国史地的注意，并且供给他们以新国民所应有的史地智识。我们盼望本刊的一大部分能够成为中小学的史地教师和学生的读物。（《大公报·史地周刊》第 1 期，1934 年 9 月 21 日。）

**约在本年，加入国民政府国防设计委员会第八组（文化组）。**（张其昀：《张荫麟先生追悼会致辞》，《思想与时代》第 18 期）

民国二十四年（1935）　三十岁

1月14至28日，与容庚、容肇祖夫妇、唐兰赴南京、安庆、芜湖、上海、杭州、济南。（《颂斋自订年谱》）

2月，经傅斯年推荐，受国防设计委员会聘，编撰中学历史教科书，先从高中部分入手。

这套课本包括高中和初中两部分。完成的期限是三年，以二年完成其中的一部分，以一年完成其余的一部分。……为着研究和编纂的便利，我们打算从高中部分着手，因为由博返约，则约者易精。（《中学本国史教科书编纂会征稿启事》，《大公报·史地周刊》第21期，1935年2月7日）

4月14日，与伦慧珠结婚。婚后育有一子张匡，一女张华。（张效乾：《怀念张荫麟先生》，《传记文学》第39卷第1期，1981年7月）

本年任《清华学报》第十卷编辑委员会成员。


民国二十五年（1936）　三十一岁

秋，在历史系授学年课程"宋史"，全学年四学分。

本学程从社会组织，学术思想，"大人物"，及政治变动四方面考察，约自纪元九五〇至一二八〇年间之历史，并说明以上四因素之相互关系。（《文学院历史学系学程一览》，民国二十五年至二十六年度，清华校史研究室编：《清华大学史料选编》第二卷，清华大学出版社1991年版，第346页）

秋，与孔繁霱、刘崇鋐、雷海宗共同讲授学年课程"史学名著选读"。本课程目的为训练精读西文史籍。（《文学院历史学系学程一览》，民国二十五年至二十六年度，《清华大学史料选编》第二卷，第344页）

秋，为清华文科研究所历史学部开设"清史专题研究"课程，专为研究生而设。

秋，在哲学系授学年课程"英美近代哲学家选读"，每周二小时，全学年四学分。

选读家之派，由学生按自己兴趣所近，与教者商酌后决定。课堂上讲授，则拟侧重 Bradley，Bousanquet，G.E.Moore，Alexander，Pierce，Dewey 诸家。以读书报告或原作翻译计成绩。（《文学院哲学系学程一览》，民国二十五年至二十六年度，《清华大学史料选编》第二卷，第 333 页）

**10 月，起草《教授界对时局意见书》，主张中日交涉应在不辱主权的原则下进行，并绝对公开；后经顾颉刚修改，通过燕京大学师生将宣言寄往全国各地，反响巨大。**（顾潮：《历劫终教志不灰——我的父亲顾颉刚》，华东师范大学出版社 1997 年版，第 182 页）

**本年任《清华学报》第十一卷编辑委员会成员。**

**约在本年，受教育部委托，编撰高中、初中和高小历史教科书。**

我的计划后来改变了（并非出于自动），先在这一学年内编一高小历史教科书，而把《史纲》的完成退后一年（或更退后而先成初中本国史）。现高小教本已大体完成，将陆续在本刊发表，征求批评。（张荫麟：《高小历史教科书初稿征评》，《大公报·史地周刊》第 130 期，1937 年 4 月 2 日）

教育部……于 1936 年 7 月设立教科图书编辑委员会，依据部颁课程标准、教学大纲，编辑修订中小学教科用图书。（李华兴主编：《民国教育史》，上海教育出版社 1997 年版，第 493 页）

民国二十六年（1937） 三十二岁

春天，与吴晗、钱穆等人参加清华历史系西北旅行团，到西安、开封、洛阳游历。归途游华山，遇匪。〔吴晗：《记张荫麟（公元一九〇五—一九四二年）》，《大公报》1946 年 12 月 13 日；钱穆：《八十忆双亲 师友杂忆》，三联书店 1998 年版，第 205 页〕

夏，张其昀来函，聘请张荫麟、钱穆和贺昌群往浙江大学任教，仅贺昌群应约。

某夜，余、荫麟、昌群共饮一小酒店，商议晓峰邀南行事。又同赴一著名拆字人处，彼云昌群当先行，余两人随后亦有机会去。昌群乃先赴杭州。（载钱穆：《纪念张晓峰吾友》，《八十忆双亲·师友杂忆合刊》，《钱宾四先生全集》第 51 册，台湾联经出版事业公司 1998 年版）

6 月，与梁方仲共同主编中央研究院社会科学研究所所刊《中国社会经济史集刊》五卷二期。

卢沟桥事变后，南下浙江，在天目山小住，为浙江大学作短期讲学。

冬间，一度到长沙临时大学。到学校又将西迁时，回东莞短期居住。

民国二十七年（1938）　三十三岁

夏初，与陈寅恪自香港乘海轮自越南入滇。其时，西南联大已迁云南蒙自（后迁昆明），仍任历史和哲学系教授。

暑假过后，为历史系讲"宋史"，为哲学系授"逻辑"课程。（李埏：《张荫麟先生传略》）

在西南联大时期，李埏从张氏学宋史，常以习作请教。张氏每次皆即时批改，边改边讲，不仅改内容，而且改文字，教导如何做文章。（李埏：《张荫麟先生传略》）

民国二十八年（1939）　三十四岁

年初，正值寒假，忽接重庆军委政治部陈诚部长电报，命驾飞渝。以为会对国事有所贡献，岂料备顾问、资清谈而已，于是与贺麟同返联大授课。（贺麟：《我所认识的荫麟》）

7月中旬回昆明后，住欧美同学会，地处幽僻，和同事少来往。此期萌发了和容琬的一段恋情。（贺麟：《我所认识的荫麟》；《吴宓日记》1942 年 10 月 26 日）后来悬崖勒马，劝容氏回北平完婚（容琬 1942 年 7 月 24 日在北平结婚），并接妻儿来昆明。（贺麟：《我所认识的荫麟》）

10 月，夫人伦慧珠携儿女、母亲到昆明，岂料琴瑟失和，数月后即回广东，最后以离婚收场。

我们在张先生遗下的皮箱里，发现一份协议离婚书，用一张红线条的八行信笺写的，双方亲笔签名。〔管佩韦：《张荫麟教授的最后岁月（1940—1942 年）》〕

民国二十九年（1940）　三十五岁

2月，青年书店版《中国史纲》自序写成。4月以《通史方法略论》为题发表于《益世报·史学》第 2 期，略有删节。

7月底离开昆明西南联大，到遵义浙江大学任教。除了感情波折之外，对清华的待遇不满也是原因之一。离开之前，曾与贺麟通宵夜谈，对于以后的著述工作有所筹划。（贺麟：《我所认识的荫麟》）

到浙大的最后三年，讲授"中国上古史"、"唐宋史"和"历史研究法"三门课程，诸生多受教益。（徐规：《张荫麟师培养学生情况述略》，《杭州大学学报》第 25 卷第 3 期，1995 年 9 月；管佩韦：《张荫麟教授的历史教学》，《浙江大学在遵义》，浙江大学出版社 1990 年版）

民国三十年（1941）　三十六岁

4月，张其昀来访，与之彻夜长谈，拟建立"思想与时代社"，并以学社为中心，负荷国史编纂之业，刊行"国史长编丛书"。（张其昀：《敬悼张荫麟先生》）

5月，浙江大学出版《中国史纲》石印本。

6月，重庆青年书店出版《中国史纲》油印本，但舛误甚多，连作者也误作"杨荫麟"。此版《史纲》虽在浙大石印版后出版，但写定却在前。此版《自序》影响巨大，往往被视作张荫麟通史理论的宣言。

6月，在蒋介石的支持下，思想与时代社成立。8月1日《思想与时代》创刊号出版。（张其昀：《敬悼张荫麟先生》）

民国三十一年（1942）　三十七岁

6月21日，文学院教授作公开演讲。张荫麟以章太炎为题，"述章太炎受英美政治影响，主张放任主义，晚年致力于通俗散文。"（《竺可桢日记》）

8月13日，贺麟至遵义文庙街五号先生的寓所，见先生最后一面。（贺麟：《我所认识的荫麟》）

9月，为浙大再版《中国史纲》写序，并增加第九至十一章。但未及出版，即已去世。此稿直到1948年方由南京正中书局出版。（徐规：《中国史纲·说明》，商务印书馆2003年版）

秋，病中仍开设"魏晋南北朝史"课程，虽不能上课，但要求学生读书、做笔记。

他因身体不好，不能上课，今年的"魏晋南北朝史"，他指定参考书，由同学自行阅读，但须缴阅笔记。他指定的书，有《通鉴纪事本末》《晋书》《魏书》《南北史》《周书》《北齐书》《宋书》

《齐书》《梁书》《陈书》。这一张书单可以吓死人，一年时间如何读得完。（王省吾：《浙大生活杂录》，《国立浙江大学史地学系成立二十五周年纪念集》，台北私立"中国文化研究所"1963年版）

10月15日，病倒，送入浙大卫生院。19日，病状加剧，张其昀赴渝请医。（《竺可桢日记》）但因中途覆车，未能及时医治；张其昀：《敬悼张荫麟先生》）

张荫麟于10月24日凌晨三时去世，葬于遵义南门外旗杆山天主堂坟地。

11月2日，谢幼伟在浙大总理纪念周上演讲先生事迹，述其生平、为人与学问。大略言："张信 Symbolism、Logic（符号论、逻辑）……其研究历史之有成就，由于其有哲学论理之根底也。"（《竺可桢日记》）

11月29日，浙大开张荫麟追悼会，蒋介石送赙仪万元，教育部送五千元。（《竺可桢日记》）

12月4日，西南联大开张荫麟追悼会，吴宓发言，并募集张荫麟纪念奖学金，为数约一万元。（《吴宓日记》；吴晗：《记张荫麟（一九〇五—一九四二）》）致辞者有梅贻琦、冯友兰、雷海宗、吴晗和吴宓。弟炜麟略述荫麟在浙大临终情形。（《梅贻琦日记》）

# 附录二

# 张荫麟著译作系年

李欣荣

1. 老子生后孔子百余年之说质疑

《学衡》第 21 期，1923 年 9 月。

2. 明清之际耶稣会教士在中国者及其著述——《中国近三百年学术史·附表一》校补

《清华周刊》第 300 期，1923 年 12 月 28 日。

3. 钱大昕和他的著述

《清华周刊·书报介绍副刊》第 10 期，1924 年 4 月 11 日。

4. 仁友会十二周年纪念庆祝记

《清华周刊》第 312 期，1924 年 5 月 2 日。

5. 怎样的涵养品格和磨炼智慧

《清华周刊》第 318 期，1924 年 6 月 13 日，梁任公演讲，与贺麟共同笔记。

6. 明清之际西学输入中国考略

《清华学报》第 1 卷第 1 期，1924 年 6 月。

7.《清华学报（第 1 卷第 1 期）》撰著提要

《清华学报》第 1 卷第 1 期，1924 年 6 月。

### 8. 清代生物学家李元及其著作

《清华周刊·书报介绍副刊》第 13 期，1924 年 10 月，署名：YLC。

### 9. 纪元后二世纪间我国第一位大科学家——张衡

《东方杂志》第 21 卷第 23 号，1924 年 12 月。

### 10.《清华学报（第 1 卷第 2 期）》撰著提要

《清华学报》第 1 卷第 2 期，1924 年 12 月。

### 11.《安诺德罗壁礼拜堂诗》之第一章（译）

《学衡》第 39 期，1925 年 3 月。

### 12.《威至威斯〈佳人处幽僻诗〉》之二《彼姝宅幽僻》

《学衡》第 39 期，1925 年 3 月。

### 13. 张衡别传

《学衡》第 40 期，1925 年 4 月。

### 14. 评近人对于中国古史之讨论（古史决疑录之一）

《学衡》第 40 期，1925 年 4 月；《古史辨》第 2 册，朴社 1930 年。

### 15. 上海英日人八次惨杀我国同胞始末

《京报副刊》，1925 年 6 月 8 日。

### 16. 告全国智识阶级

《京报副刊》，1925 年 6 月 9 日。

### 17. 智识阶级应当怎么样救国？

《京报副刊》，1925 年 6 月 10 日。

### 18. 葛兰坚论学校与教育（译）

《学衡》第 42 期，1925 年 6 月。

### 19. 宋燕肃吴德仁指南车造法考（译）

《清华学报》第 2 卷第 1 期，1925 年 6 月。

### 20. 图书馆生活

《清华周刊第十一次增刊：清华介绍》，1925 年 6 月。

### 21.《清华学报（第 2 卷第 1 期）》撰著提要

《清华学报》第 2 卷第 1 期，1925 年 6 月。

### 22. 葛兰坚黑暗时代说（译）

《学衡》第 44 期，1925 年 8 月。

### 23. 论最近清华校风之改变

《清华周刊》第 352 期，1925 年 9 月 25 日。

### 24. 宋卢道隆吴德仁记里鼓车之造法

《清华学报》第 2 卷第 2 期，1925 年 12 月。

### 25. 自了篇：记所见也

《清华周刊》第 364 期，1925 年 12 月 18 日。

### 26.《清华学报（第 2 卷第 2 期）》撰著提要

《清华学报》第 2 卷第 2 期，1925 年 12 月。

### 27. 洪亮吉及其人口论

《东方杂志》第 23 卷第 2 号，1926 年 1 月 25 日。

### 28.《罗色蒂女士〈愿君常忆我〉》之三（译）

《学衡》第 49 期，1926 年 1 月。

### 29. 论"入井运动"

《清华周刊》第 24 卷第 5 号，1926 年 3 月 26 日。

### 30. 弘毅学会缘起

《弘毅》第 1 卷第 1 期，1926 年 5 月。

### 31. 毫无疑问的信仰

《弘毅》第 1 卷第 1 期，1926 年 5 月。

### 32.《荀子·解蔽篇》补释

《清华周刊·十五周年纪念增刊》，1926 年。

### 33.《清华学报（第 3 卷第 1 期）》撰著提要

《清华学报》第 3 卷第 1 期，1926 年 6 月。

### 34. 芬诺罗萨论中国文字之优点（译）

《学衡》第 56 期，1926 年 6 月；另见《东北文化月刊》第 6 卷第 2 号，1927 年 2 月。

### 35. 回粤见闻记

《清华周刊》第 26 卷第 1 号，1926 年 10 月 8 日；第 2 号，10 月 15 日。

### 36. 中国印刷术发明述略（译）

《学衡》第 58 期，1926 年 10 月。

### 37.《清华学报（第 3 卷第 2 期）》撰著提要

《清华学报》第 3 卷第 2 期，1926 年 12 月。

### 38. 蒙古近状记（译）

《弘毅》第 2 卷第 1、2 期合刊，出版时间未详，约在 1926 年末至 1927 年初。

### 39.《秦妇吟》之考证与校释（译）

《燕京学报》第 1 期，1927 年 6 月。

### 40. 双忽雷影本跋

《史学与地学》第 2 期，1927 年 7 月。

### 41. 九章及两汉之数学

《燕京学报》第 2 期，1927 年 12 月。

### 42. 斯宾格勒之文化论（译）

《国闻周报》第 4 卷第 48 期，1927 年 12 月 11 日；第 4 卷第 49 期，1927 年 12 月 18 日；第 5 卷第 10 期，1928 年 3 月 18 日；第 5 卷第 21 期，1928 年 6 月 3 日；第 5 卷第 22 期，1928 年 6 月 10 日；第 5 卷第 30 期，1928 年 8 月 5 日；第 5 卷第 31 期，1928 年 8 月

12 日；第 5 卷第 32 期，1928 年 8 月 19 日；第 5 卷第 33 期，1928 年 8 月 26 日；第 5 卷第 34 期，1928 年 9 月 2 日。又见《学衡》第 61 期，1928 年 1 月；《学衡》第 66 期，1928 年 11 月。

**43. 评李泰棻《西周史征》**

《大公报·文学副刊》第 3 期，1928 年 1 月 16 日。

**44. 续评《小说月报·中国文学研究号》**

《大公报·文学副刊》第 8 期，1928 年 2 月 27 日。

**45. 评《中山大学语言历史研究所周刊》论文**

《大公报·文学副刊》第 8 期，1928 年 2 月 27 日；又见《中山大学语言历史研究所周刊》第 2 卷第 19 期，1928 年 3 月 6 日；前半部分后收入《古史辨》第 2 册，朴社 1930 年。

**46. 论历史学之过去与未来**

《学衡》第 62 期，1928 年 3 月。

**47. 评郭沫若译《浮士德》上部**

《大公报·文学副刊》第 13 期，1928 年 4 月 2 日。

**48. 评三宅俊成《中国风俗史略》**

《大公报·文学副刊》第 15 期，1928 年 4 月 16 日。

**49. 罗色蒂作幸福女郎诗（译）**

《大公报·文学副刊》第 19 期，1928 年 5 月 12 日；又见《学衡》第 65 期，1928 年 9 月。

**50. 评《清史稿》**

《大公报·文学副刊》第 20 期，1928 年 5 月 21 日。

**51. 评戈公振《中国报学史》**

《大公报·文学副刊》第 21 期，1928 年 5 月 28 日。

**52. 王静安先生与晚清思想界**

《大公报·文学副刊》第 22 期，1928 年 6 月 4 日；又见《学衡》

第 64 期，1928 年 7 月。

**53. 中国历史上之"奇器"及其作者**

《燕京学报》第 3 期，1928 年 6 月。

**54. 评梁乙真《清代妇女文学史》**

《大公报·文学副刊》第 24 期，1928 年 6 月 18 日，署名：燕雏。

**55.《燕京学报》第三期（书评）**

《大公报·文学副刊》第 27 期，1928 年 7 月 9 日；部分收入《古史辨》第 2 册，朴社 1930 年。

**56.《清华学报》第五卷第一期（书评）**

《大公报·文学副刊》第 30 期，1928 年 7 月 30 日。

**57. 答朱希祖君（附来书）**

《大公报·文学副刊》第 32 期，1928 年 8 月 13 日；第 33 期，8 月 20 日；第 34 期，8 月 27 日。

**58. 托尔斯泰诞生百年纪念**

《大公报·文学副刊》第 36 期，1928 年 9 月 8 日；又见《国闻周报》第 5 卷第 38 期，1928 年 9 月；另见《学衡》第 65 期，1928 年 9 月。

**59. 再答朱希祖君**

《大公报·文学副刊》第 46 期，1928 年 11 月 29 日。

**60. 罗色蒂女士上古决绝辞（译）**

《学衡》第 64 期，1928 年 7 月。

**61. 评杨鸿烈《大思想家袁枚评传》**

《大公报·文学副刊》第 43 期，1928 年 10 月 29 日。

**62. 评胡适《白话文学史》上卷**

《大公报·文学副刊》第 48 期，1928 年 12 月 3 日。

**63. 评雪林女士《李义山恋爱事迹考》**

《大公报·文学副刊》第 50 期，1928 年 12 月 17 日；又见《国闻周报》第 5 卷第 50 期，1928 年 12 月 23 日。

**64. 评卫聚贤《古史研究》**

《大公报·文学副刊》第 52 期，1928 年 12 月 31 日。

**65. 近代中国学术史上之梁任公先生**

《学衡》第 67 期，1929 年 1 月；又见《大公报·文学副刊》第 57 期，1929 年 2 月 11 日。

**66. 王德卿传**

《学衡》第 67 期，1929 年 1 月；又见《国闻周报》第 5 卷第 30 期，1928 年 8 月 19 日。

**67. 所谓"中国女作家"**

《大公报·文学副刊》第 59 期，1929 年 2 月 25 日。

**68. 论中国语言之足用及中国无哲学系统之故（译）**

《大公报·文学副刊》第 64 期，1929 年 4 月 1 日；又见《学衡》第 69 期，1929 年 5 月，题目改为"德效骞论中国语言之足用及中国无哲学系统之故"。

**69. 评容庚《宝蕴楼彝器图录》**

《大公报·文学副刊》第 69 期，1929 年 5 月 6 日。

**70. 白璧德论班达与法国思想（译）**

《大公报·文学副刊》第 72 期，1929 年 5 月 27 日；又见《学衡》第 74 期，1930 年 3 月。

**71. 罗素《评现代人之心理》（译）**

《大公报·文学副刊》第 74 期，1929 年 6 月 10 日。

**72. 伪古文尚书案之反控与再鞫**

《燕京学报》第 5 期，1929 年 6 月。

**73. 戴闻达英译《商君书》**

《大公报·文学副刊》第 77 期，1929 年 7 月 1 日。

### 74. 纳兰成德传

《学衡》第 70 期，1929 年 7 月。又见《大公报·文学副刊》第 77 期，1929 年 7 月 1 日；第 78 期，7 月 8 日；第 79 期，7 月 15 日；第 80 期，7 月 22 日。

### 75. 论作史的艺术（译）

《国闻周报》第 6 卷第 42 期，1929 年 10 月 27 日。

### 76. 革命诗选（自美国寄稿）

《大公报·文学副刊》第 110 期，1930 年 2 月 17 日。

### 77. 司马迁疑年之讨论

《大公报·文学副刊》第 126 期，1930 年 6 月 9 日。

### 78. 关于朱熹太极说之讨论

《大公报·文学副刊》第 148 期，1930 年 11 月 10 日；又见《国闻周报》第 7 卷第 50 期，1930 年 12 月 22 日，署名素痴。

### 79. 甲午中日海战见闻记（译）

《东方杂志》第 28 卷第 6 号，1931 年 3 月 25 日；第 7 号，1931 年 4 月 10 日。

### 80. 中国书艺批评学序言

《大公报·文学副刊》第 171 期，1931 年 4 月 20 日；第 172 期，4 月 27 日；第 173 期，5 月 4 日；第 174 期，5 月 11 日。

### 81. 评冯友兰君《中国哲学史》上卷

《大公报·文学副刊》第 176 期，1931 年 5 月 25 日；第 177 期，6 月 1 日。后收入冯友兰：《三松堂学术文集》附录；《古史辨》第 4 册，朴社 1933 年。

### 82. 二战士（译）

《大公报·文学副刊》第 206 期，1931 年 12 月 21 日。

### 83. 评郭沫若《中国古代社会研究》
《大公报·文学副刊》第 208 期，1932 年 1 月 4 日。

### 84. 为东省事件复容希白书
《火把》第 29 期，1932 年 2 月 10 日。

### 85. A Comparative Study of the Ethical Theories of G.E.Moore and John Dewey
M.A.Thesis, Stanford University, March 1932。另有劳悦强中译本，收入《张荫麟全集》，清华大学出版社 2013 年。

### 86. 浮士德（译）
《大公报·文学副刊》第 222 期，1932 年 4 月 4 日；第 223 期，4 月 11 日；第 224 期，4 月 18 日；第 243 期，1932 年 8 月 29 日；第 245 期，9 月 12 日；第 273 期，1933 年 3 月 27 日；第 280 期，5 月 15 日；第 282 期，5 月 29 日。

### 87. 为东省事件再与容希白教授书
《鞭策周刊》第 1 卷第 11、12 期，1932 年 5 月 15、23 日。

### 88. 历史之美学价值
《大公报·文学副刊》第 238 期，1932 年 7 月 25 日。

### 89. 代戴东原灵魂致冯芝生先生书
《大公报·世界思潮》第 14 期，1932 年 12 月 3 日；收入冯友兰《三松堂全集》附录。

### 90. 龚自珍诞生百四十周年纪念
《大公报·文学副刊》第 260 期，1932 年 12 月 26 日。

### 91. 传统历史哲学之总结算
《国风》第 2 卷第 1 号，1933 年 1 月 1 日；又见《思想与时代》第 19 期，1943 年 2 月，改名为"论传统历史哲学"。

### 92. 戴东原乩语选录（二）

《大公报·世界思潮》第 27 期，1933 年 3 月 2 日。

### 93. 罗素最近之心论（译）

《大公报·世界思潮》第 33 期，1933 年 4 月 13 日。

### 94. 梁漱溟先生的乡治论

《大公报·社会问题》第 5 期，1933 年 4 月 15 日。

### 95. 道德哲学之根本问题

《大公报·世界思潮》第 40 期，1933 年 6 月 1 日。

### 96. 龚自珍《汉朝儒生行》本事考

《燕京学报》第 13 期，1933 年 6 月。

### 97. 戴东原乩语选录（三）

《大公报·世界思潮》第 44 期，1933 年 6 月 29 日。

### 98. 中国民族前途的两大障碍物

《国闻周报》第 10 卷第 26 期，1933 年 7 月。

### 99. 悼丁玲

《大公报·文学副刊》第 296 期，1933 年 9 月 4 日。

### 100. 论思想自由与革命（对话体）——戴东原乩语选录之四

《国闻周报》第 10 卷第 39 期，1933 年 10 月。

### 101. 戴东原乩语选录（五）

《大公报·世界思潮》第 57 期，1933 年 10 月 19 日。

### 102. 玩易（上下篇）

《大公报·世界思潮》第 59 期，1933 年 11 月 16 日。

### 103. 评孙曜《春秋时代之世族》

《大公报·文学副刊》第 307 期，1933 年 11 月 20 日。

### 104.《可能性是什么——一个被忽略了的哲学问题》

《大公报·世界思潮》第 64 期，1934 年 1 月 25 日。

### 105. 戴东原乩语选录（六）

《大公报·世界思潮》第 67 期，1934 年 3 月 8 日。

### 106. 跋今本《红楼梦》第一回

《大公报·图书副刊》第 17 期，1934 年 3 月 10 日。

### 107. 戴东原乩语选录（七）

《大公报·世界思潮》第 68 期，1934 年 3 月 22 日；第 71 期，5 月 3 日；第 75 期，6 月 28 日。

### 108.《珠玉新抄》和《义山杂纂》

《大公报·图书副刊》第 28 期，1934 年 5 月 26 日。

### 109. 不列颠博物院所藏中国写本瞥记（敦煌写本）

《国闻周报》第 11 卷第 21 期，1934 年 5 月 28 日。

### 110. 道德哲学与道德标准

《大公报·世界思潮》第 73 期，1934 年 5 月 31 日。

### 111.《与陈寅恪论〈汉朝儒生行〉书》

《燕京学报》第 15 期，1934 年 6 月。

### 112. 小泉八云撰《甲午战后在日见闻记》（译）

《国闻周报》第 11 卷第 28 期，1934 年 7 月 16 日。

### 113. 读《南腔北调集》

《大公报·图书副刊》第 44 期，1934 年 9 月 15 日。

### 114. 戴东原乩语选录（八）

《大公报·世界思潮》第 81 期，1934 年 9 月 20 日。

### 115. 甲午战前中国之海军

《大公报·史地周刊》第 1 期，1934 年 9 月 21 日；第 2 期，9 月 28 日。

### 116. 关于"历史学家的当前责任"

《大公报·史地周刊》第 2 期，1934 年 9 月 28 日。

### 117. 晚明与现代

《大公报·史地周刊》第 5 期，1934 年 10 月 19 日。

### 118. 戴东原乩语选录补篇（一）

《清华周刊》第 42 卷第 3、4 期合刊"尊孔与复古问题特辑"，1934 年 11 月 12 日。

### 119.《古石刻零拾》序

东莞容氏印本，1934 年 12 月。

### 120. 甲午中国海军战迹考

《清华学报》第 10 卷第 1 期，1935 年 1 月。

### 121. 中学本国史教科书编纂会征稿启事（附：高中本国史教科书草目）

《大公报·史地周刊》第 21 期，1935 年 2 月 7 日。

### 122. 关于中学国史教科书编纂的一些问题

《大公报·史地周刊》第 24 期，1935 年 3 月 1 日。

### 123. 跋《水窗春呓》（记曾国藩之真相）

《国闻周报》第 12 卷第 10 期，1935 年 3 月 18 日。

### 124. 论非法捕捉学生

《独立评论》第 143 号，1935 年 3 月 25 日；又见《新社会》第 8 卷第 7 期，1935 年 4 月 15 日。

### 125. 说可能性

《哲学评论》第 7 卷第 1 期，1935 年 4 月。

### 126. 曾国藩与其幕府人物

《大公报·史地周刊》第 36 期，1935 年 5 月 24 日，与李鼎芳合著。

### 127. 严幾道

《大公报·史地周刊》第 41 期，1935 年 6 月 28 日，与王栻合著。

**128. 孟子所述古田制释义**

《大公报·史地周刊》第 42 期，1935 年 7 月 5 日。

**129. 春秋"初税亩"释义**

《大公报·史地周刊》第 42 期，1935 年 7 月 5 日。

**130. 冯友兰《中国哲学史》下卷（书评）**

《清华学报》第 10 卷第 3 期，1935 年 7 月；后收入《三松堂学术文集》附录。

**131. 春秋时代的争霸史**

《大公报·史地周刊》第 52 期，1935 年 9 月 13 日。

**132. 周代的封建社会**

《清华学报》第 10 卷第 4 期，1935 年 10 月。

**133. 梁任公辛亥以前的政论与现在中国**

《大公报·史地周刊》第 79 期，1936 年 4 月 3 日。

**134. 读史杂记**

《大公报·史地周刊》第 79 期，1936 年 4 月 3 日。

**135. 沈括编年事辑**

《清华学报》第 11 卷第 2 期，1936 年 4 月；后收入《宋史论丛》。

**136. 历史哲学的根本问题**

《哲学评论》第 7 卷第 2 期，1936 年 4 月。

**137. 说民族的"自虐狂"**

《独立评论》第 199 号，1936 年 5 月 3 日。

**138. 南宋初年的均富思想**

《大公报·史地周刊》第 87 期，1936 年 5 月 29 日；又见《道德》第 3 卷第 19 期，1936 年 5 月；后收入《宋史论丛》。

**139. 土地法的修正和民生的改善**

《申报》，1937 年 6 月 6 日。

### 140. 中国古铜镜杂记（译）

《考古社刊》第 4 期，1936 年 6 月。

### 141. 关于戊戌政变之新史料

《大公报·史地周刊》第 95 期，1936 年 7 月 24 日。

### 142. 教授界对时局意见书

《学生与国家》第 1 卷第 2 期，1936 年 10 月 25 日。

### 143. 南宋末年的民生与财政

《华北日报·史学周刊》第 111 期，1936 年 11 月 12 日。

### 144. 端平入洛败盟辨

《大公报·史地周刊》第 112 期，1936 年 11 月 20 日。

### 145. 南宋亡国史补

《燕京学报》第 20 期，1936 年 12 月；后收入《宋史论丛》。

### 146. 读史与读《易》

《大公报·史地周刊》118 期，1937 年 1 月 1 日。

### 147. 三国的混一

《益世报·史学副刊》（天津版）第 45 期，1937 年 1 月 12 日。

### 148. 孔子

《大众知识》第 1 卷第 8 期，1937 年 2 月 5 日；第 9 期，3 月 5 日；第 10 期，3 月 20 日。

### 149. 戴东原乩语选录乙编之一（为窃书案答辩）

《大公报·图书副刊》第 169 期，1937 年 2 月 18 日。

### 150. 民生主义与中国农民

《申报》，1937 年 3 月 14 日。

### 151. 评冀朝鼎的《中国历史中的经济要区》

《大公报·史地周刊》第 107 期，1936 年 10 月 16 日。后转载于《中国社会经济史集刊》5 卷 1 期，1937 年 3 月，改名为"书评：

Key Economic Areas in Chinese History, by Chao-ting Chi（冀朝鼎），1936，London."

### 152. 宋初四川王小波李顺之乱（一失败之均产运动）

《清华学报》第 12 卷第 2 期，1937 年 4 月；后收入《宋史论丛》。

### 153. 高小历史教科书初稿征评

《大公报·史地周刊》第 130 期，1937 年 4 月 2 日；第 131 期，4 月 9 日；第 139 期，6 月 4 日。

### 154.《宋史·兵志》补阙

《中国社会经济史集刊》第 5 卷第 2 期，1937 年 6 月。

### 155. 九国公约会议与中国抗战前途

《国命旬刊》第 3 号，1937 年 10 月 30 日。

### 156. 宋儒太极说之转变

《新动向》（昆明）第 1 卷第 2 期，1938 年 7 月 1 日。

### 157. 抗战中心的问题

《益世周刊》第 2 卷第 1 期，1939 年 1 月 13 日。

### 158. 蒋委员长论抗战必胜训词释义

军事委员会政治部印行，1939 年 3 月。

### 159. 陆学发微

《云南大学学报》第 1 期，1939 年 4 月。

### 160. 北宋的土地分配与社会骚动

《中国社会经济史集刊》第 6 卷第 1 期，1939 年 6 月。

### 161. 陆象山的生平

《中国青年》（重庆）第 1 卷第 2 期，1939 年 8 月 20 日。又见《益世报·史学》第 6 期，1940 年 6 月 13 日，改名为"陆九渊（一一三九——一一九二）"。

### 162. 近代西洋史学之趋势（译）

《中国青年》第 1 卷第 5、6 期合刊，1939 年 12 月 1 日，与容琬合译。

### 163. 历史科学（译）

《益世报·史学副刊》（昆明版）第 24、25、26 期，1939 年 11 月 18、22、23 日，与容琬合译。

### 164. 王塪——道光间建议管理货币及白银国有政策者

《益世报·史学副刊》（重庆版）第 1 期，1940 年 3 月 28 日；第 2 期，4 月 11 日。

### 165. 五代时波斯人之华化

《益世报·史学副刊》（重庆版）第 5 期，1940 年 5 月 30 日。

### 166. 南宋之军队

《益世报·史学副刊》（重庆版）第 5 期，1940 年 5 月 30 日。

### 167.《刘锜与顺昌之战》自序

《益世报·史学副刊》（重庆版）第 6 期，1940 年 6 月 13 日。

### 168. 论历史叙述的选择标准

《中日战事史料征辑会集刊》第 1 期，1940 年 6 月。

### 169. 宋代南北社会之差异

《史地杂志》第 1 卷第 3 期，1940 年 9 月。

### 170. 组织、宣传与训练

《扫荡报》（重庆版），1940 年 8 月 9 日；又见《新力》第 5 卷第 25 期，1940 年 9 月。

### 171. 宗教对抗建的重要

《益世报·雷鸣远司铎追悼会特刊》，1940 年 11 月 29 日。

### 172. 归纳逻辑新论发端

《哲学评论》第 7 卷第 4 期，1940 年 11 月。

**173.《顺昌战胜破贼录》疏证（附：顺昌战前之刘锜）**

《清华学报》第 13 卷第 1 期，1941 年 4 月。

**174. 中国史纲（第一册）**

浙江大学石印版，1941 年 5 月；重庆青年书店油印版，1941 年 6 月，书名曰"中国史纲（上册）"，作者误作"杨荫麟"。

**175. 王阳明以前之知行合一说**

《国立浙大师范学院院刊》第 1 集第 2 册，1941 年 6 月。

**176. 燕肃著作事迹考**

《国立浙大文学院集刊》第 1 集，1941 年 6 月；该论文摘要载于《史地杂志》第 2 卷第 1 期，1942 年 1 月。

**177. 宋太祖誓碑及政事堂刻石考**

《文史杂志》（重庆）第 1 卷第 7 期，1941 年 7 月。

**178. 宋太宗继统考实**

《文史杂志》（重庆）第 1 卷第 8 期，1941 年 8 月。

**179.《思想与时代》征稿条例**

《思想与时代》创刊号，1941 年 8 月 1 日。

**180. 柏格森（1859—1941）**

《思想与时代》第 1 期，1941 年 8 月。

**181. 哲学与政治**

《思想与时代》第 2 期，1941 年 9 月。

**182. 泰戈尔爱因思坦论实在与真理**

《思想与时代》第 2 期，1941 年 9 月。

**183. 从政治形态看世界的前途**

《思想与时代》第 3 期，1941 年 10 月。

**184. 关于战时抚恤制度的一个建议**

《大公报》，1941 年 10 月 15 日。

185. 关于改善士兵生活之建议

《大公报》，1941 年 10 月 29 日。

186. 跋《梁任公别录》

《思想与时代》第 4 期，1941 年 11 月。

187. 宋朝的开国和开国规模

《思想与时代》第 4 期，1941 年 11 月；后收入《宋史论丛》。

188. 北宋的外患与变法

《思想与时代》第 5 期，1941 年 12 月；第 6 期，1942 年 1 月。

189. 北宋关于家庭制度之法令

《益世报·文史副刊》第 1 期，1942 年 2 月 17 日。

190. 怀黑特论哲学之正鹄

《思想与时代》8 期，1942 年 3 月。

191. 宋武功大夫河东第二将折公墓志铭跋

《益世报·文史副刊》，1942 年 5 月 28 日；后收入《宋史论丛》，改名"跋折公墓志铭"。

192. 论中西文化的差异

《思想与时代》第 11 期，1942 年 6 月。另有谢文通英译本，发表于浙江大学英文刊物 Asia（《亚西亚》）。

193. 论修明政治的途径

《大公报》（重庆版），1942 年 10 月 27 日。

194. 师儒与商贾

《思想与时代》第 16 期，1942 年 11 月，徐规笔述。

195. 说同一（未完稿）

《思想与时代》第 17 期，1942 年 12 月。

196.《曾南丰先生年谱》序

重庆商务印书馆 1943 年。

## 197. 北宋四子之生活与思想

《思想与时代》第 27 期，1943 年 10 月。

# 后　记

　　2000年有幸得到桑兵师的指导，以张荫麟为题作本科毕业论文，不觉已有二十三年。其间承蒙罗志田师提点，博士阶段虽然转向法律史的研究，但是对于这位传奇的"天才史学家"一直存有浓厚的兴趣，继续蒐集相关资料，并用心体会其学问理路。世论常言四十岁以前没有真正的史学家，然而张荫麟以三十七岁的天年，能在大师辈出的民国学界占得一流的地位，留给后人的思考尚有许多。

　　张荫麟以考据论文起家，却又不甘于考据。其治学规模奠基于清华诸大师，私淑梁启超承接其博通之治史理路，从王国维习得哲学的思维和兴趣，与陈寅恪时相过从而备得青睐，吴宓则启发其文学的天分，并予其在报章展现天才的机会。1929年张荫麟留学美国，学习的是哲学和社会学。用他的话来说，"从哲学冀得超放之博观与方法之自觉，从社会学冀明人事之理法"，均为治国史作准备。归国后，学术理路趋于专精，集力于宋史研究，余力及于近代史与哲学。1935年因傅斯年之荐而为教育部编著高中、初中和小学历史教科书，得以着手久欲从事的通史之业。其旨在超越弥漫学界的考据学风，借助哲学、美学和社会学等西方学理，另辟一条博通的"新史学"大道。

　　令人印象深刻的是学界对于张荫麟的重视，以至逝后的悼文、挽诗、挽联涌现，也有不少与闻者在日记中表达惋惜之意。向达时在西北考古，有《西征日录》，忽闻荫麟之讣，喟然绝笔。特别是陈寅恪的两首悼诗传诵一时，连政界的翁文灏也在日记中全文抄录。

357

故本文集之编成，并不感到特别费力。诚然，学界对于张氏的学术成就，也是有异辞的。如胡适、方豪、邓广铭等人对荫麟的整体学术成绩并不认可，吴宓则对其《中国史纲》创为新体，不以为然。但无论如何，回顾民国史学史，绝不能忽视张荫麟的存在。即如近年围绕"默证"学说能否应用于古史研究的热烈讨论，便缘起于张荫麟在 1925 年为顾颉刚《古史辨》所作之书评，说明其发轫的论题至今仍有关注的价值。

此次结集偏重史料性质，分为四部：一、时人纪念，搜集荫麟去世后各方的重要悼念文章；二、弟子怀师，收录李埏、徐规等门人对于张氏教学、研究的实录；三、史迹留存，节选民国重要学者之日记、书信、回忆录中的荫麟片段；四、学术评议，主要是学界对张荫麟的代表之作《中国史纲》的评论意见。

二十三年间的研究路途需要感谢者不可胜数。桑兵师导我进入史学门墙，谆谆教诲，影响我至深。罗师志田于本项研究多有关注，训勉有加，亦非一谢字所能表达。多年前，与美国的陈润成教授合编相关的史料集，常相过从，书信往返，惠赠海外资料，谨此深致谢意。同时感谢吴义雄、张荣芳、曹家齐、李帆、陈勇、孙宏云、曹天忠、潘光哲等前辈的帮助和支持。在史学史的研究路上，得到戴海斌、林辉锋、岳秀坤、吴敏超、张凯、马建强、区志坚、陈建守、林志宏等友朋之助，实属幸事。特别感谢谭徐锋兄之雅意，本集才有出版的机会。中山大学历史系的邓雨、刘璐、梁倩影、蒲欢、杨妮等同学参与校对的工作，在此亦一并致意。

李欣荣

谨识于永芳堂观棉室

2023 年 4 月 8 日

# 学记丛书

谭徐锋　主编

蒙文通学记：蒙文通生平与学术（增订版）　蒙　默　编

励耘书屋问学记　陈智超　编

载物集：周一良先生的学术人生　周启锐　编

柳诒徵学记　武黎嵩　编

蒿庐问学记新编　张耕华　编

谭其骧学记　孟　刚　编

缪钺学记（增订版）　缪元朗　编

傅衣凌学述　杨国桢　著

邵循正学记　李恭忠　编

张荫麟学记　李欣荣　编

田余庆学记　余松风　编

张舜徽学述　王余光　著

邓广铭学记　聂文华　编

程应镠学记　虞云国　编

韩国磐学记　韩　昇　编

陈旭麓学记　谭徐锋　编

章开沅学述　谭徐锋　著

王家范学记　周　武　编